A New Regional Development Theory

Happiness Hope Opportunity

대구경북연구원
이 성 근 외

행복 · 희망 · 기회균등한 사회를 위한

H_2O 지역개발론

집현재

▌머리말▌

H_2O 지역개발론은 지역주민에게 행복(Happiness), 희망(Hope), 균등한 기회(Opportunity)를 제공하고, 그 수단으로 물(H_2O)의 원리와 속성인 소통, 순환, 생명, 평등, 투명, 융합의 여섯 가지 조절변수를 활용한 새로운 전략적 지역개발이론이다.

최근 지역개발 패러다임 변화에 대한 관심이 고조되면서 새로운 이론 모색이 활발하다. 이러한 움직임은 이론적인 측면, 정책적인 측면에서 다양하게 나타나고 있다.

지역개발이론 전개과정에서 살펴보면 전통적 지역개발이론은 효율성을 지향하는 성장거점전략 중심의 불균형성장이론이었으나 형평성을 지도이념으로 하는 균형이론이 등장하면서 기초수요접근과 도농통합이 강조되었고, 이후 지식, 혁신, 학습의 중요성이 높아지면서 유연생산체제이론, 지역혁신체제이론, 학습지역이론 등의 대안이론이 잇따랐다.

최근에는 환경을 중시하는 지속가능한 발전이론, 생태도시이론, 도시재생이론 등의 환경이론과 사회적 관계와 가치를 설명하는 거버넌스이론, 네트워크이론, 사회적 자본이론 등의 사회이론이 새롭게 주목받고 있다.

정책적으로는 그 동안의 물적 성장이나 산출중심 접근에 대한 반성을 토대로 친환경성, 삶의 질, 수평적인 협력, 주민참여 등을 강조하는 상향식 정책으로 변화하는 경향이 뚜렷하다.

이러한 추세는 세계적으로도 공통된 양상으로 나타나고 있다. 주요 선진국의 지역개발은 90년대 이후 주민 행복에 대한 관심, 지역의 주체적 역할이 강조된 지방분권화, 새로운 지역개발 주체로서의 지역공동체 복원 등 이전과는 차별화된 접근이 활성화되고 있다. 이같은 흐름은 삶의 질, 환경 등에 대한 국제적 논의와 각 국가에서 나타나는 지역개발정책의 변화, 정책학 및 행정학 등의 학문 분야에서 나타나는 대안적 접근 등에서 동일하게 나타나고 있지만 지역개발에 있어 하나의 통합된 틀로서 제시된 바는 없다.

기존 대부분의 지역개발이론은 특정지역 문제를 해결하기 위해 개발된 이론으로 지역이 처한 문제점을 종합적으로 고려하는 데 한계가 있으며, 지역주민이 체감하는 주관적 만족감, 즉 삶의 질 수준을 통시적으로 파악할 수 있는 수단이 부족하고 실행전략을 통한 지역조건의 상쇄효과에 대한 고려가 미흡하였다.

이에 사회·환경적인 접근을 통합하고, 기존 지역개발에서 중시하는 투입 대비 산출이 아닌 과정(전략)과 결과(만족도)에 초점을 둔 새로운 지역개발이론인 H_2O 지역개발이론의 필요성이 제기되었다.

따라서 여기에서는 지역민의 행복(Happiness), 희망(Hope), 기회(Opportunity) 증진이 지역발전의 중요한 목표가 되는 H_2O 지역개발의 이론적 틀을 제시하고 세부적으로 H_2O 지역개발의 구조, 전략, 적용에 관해 고찰하였다.

H_2O 지역개발이론의 중심개념은 지역주민에게 현재의 행복과 미래 시점의 희망을 보장하고, 균등한 기회를 제공하여 지역주민의 주관적·심리적 '삶의 질'을 제고하고, 이를 통해 지역발전을 도모하는 데 있다. 주민의 H_2O를 지역개발에 대한 결과(Outcome)로 보고 현재의 삶의 질, 미래의 실현가능성, 모두를 위한 기회를 통섭하는 노력을 말한다.

H_2O 지역개발은 투입과 산출만을 중시하던 기존 지역개발을 보완하여 지역개발의 목표와 수단을 재설계하였다.

첫째, 투입 대비 산출을 높이고자 했던 과거 목표에서 벗어나 주민의 행복, 미래, 기회 향상을 궁극적 목표로 설정하였고, 주민이 느끼는 주관적 만족감(Outcome)이 지역개발 투입, 과정, 산출의 최종결과임을 강조하였다.

둘째, 과정을 중시하여 전략을 재조명하였다. 기존의 지역개발에서는 과정을 단순한 집행으로 여겼으나 H_2O 지역개발에서는 주민의 주관적 결과를 조정하는 전략수단 적용과정으로 본다. H_2O 지역개발전략은 지역개발정책 의사결정자와 집행자가 지역개발을 실천하는 과정에 요구되는 것으로 인간과 환경을 중시하는 대안적 이론에서 도출된 핵심요소(소통, 순환, 생태, 평등, 투명, 융합)로 구성되었다.

전략수단에 대한 평가는 지역개발 집행과정에서 H_2O 제고와 정책의 신뢰와 품질을 보증하는 기준이자 체제로 작동한다. 지역개발정책이 기획되어 주민에게 이르는 전 과정을 보증하고 관리하는 H_2O 지역개발 품질보증 및 관리체제로 볼 수 있다.

이를 바탕으로 구체화된 H_2O 지역개발은 지속가능한 지역발전, 생태적 미래기획 추구, 창조적 발전 지향, 공동체가 참여할 수 있는 개방형 거버넌스체계 구축, 내발적 개발에 초점을 둔다.

H_2O 지역개발은 미래 세대의 수요를 고려하면서 기존 수요를 충족시킬 수 있는 지속가능한 지역발전을 추구하고, 경제의 양적 성장뿐만 아니라 환경의 질 혹은 생태적 가치 제고를, 대형 인프라 산업보다는 매력적인 공간 창출을, 관료와 소수 전문가들이 만든 정책을 일방적으로 받아들이는 수동적 정책 수용사에서 주민, NGO, 전문가, 관료가 함께 참여하는 개방형 거버넌스 체제를, 지역의 부존자원, 노동력 및 기술을 최대한 활용하여 그 지역의 고용 및 소득을 창출하고 다시 지역경제로 재투입하는 내발적 개발을 추구한다.

또한 H_2O 지역개발이론은 지역주민이 체감하는 주관적 만족감을 통시적으로 파악할 수 있는 수단이자 실행전략을 통한 지역 조건의 상쇄효과에 대한 고려도 포함하는데, 이를 통해 사회·경제·환경문제를 다차원적 혹은 종합적으로 다룬다.

H_2O 지역개발이론의 구조를 살펴보면, 크게 지역개발에 필요한 투입요소(Input)를 의미하는 독립변수, H_2O 증진에 필요한 실행전략을 의미하는 전략변수, 지역의 객관적 현황인 산출(Output), 주관적 삶의 질 혹은 만족도(H_2O)를 의미하는 종속변수(Outcome)로 구성되어 있다.

H_2O 지역개발은 지역주민의 주관적인 행복, 희망, 기회에 대한 인식을 기본지표로 제시하여 궁극적 정책목적을 분명히 하고, 이에 대한 계측을 통하여 지역에 대한 진단을 할 수 있도록 하였다. 지역에서 추진되고 있는 각 분야별

프로그램과 사업, 예산, 조직, 인력, 법·제도 등의 정책적 요소를 투입요소인 독립변수로 두고 그 효과를 극대화할 수 있는 전략수단으로 소통, 순환, 생태, 평등, 투명, 융합 등의 여섯 가지 조절변수를 제시하였다.

H_2O 지역개발이론은 기존의 물적 성장(객관적 조건의 개선) 중심의 접근 한계를 넘어 궁극적인 지역주민의 만족감(Outcome; H_2O 행복, 희망, 기회)에 초점을 두지만 그와 동시에 객관적 조건을 또 다른 산출물(Output)로 설정함으로써 여전히 객관적 조건 개선의 중요성을 간과하지는 않는다. 즉 지역주민의 주관적 만족감(삶의 질)의 개선을 위해서는 고용이나 소득과 같은 경제적 조건, 사회·교육, 여가·문화, 정치·행정, 건강·복지, 생활편의, 재해·안전, 녹색환경 분야의 인프라, 정책 및 행정의 효과성과 같은 객관적 조건이 개선되어야 함을 전제하지만, 다양한 대안이론들이 지적하는 것처럼 이와 같은 객관적 조건의 개선만으로 궁극적인 지역주민의 만족감이 높아지는 것은 아니라는 점을 강조한다.

따라서 지역의 정책과 개발에 있어 소통, 순환, 생태, 평등, 융합, 투명과 같은 기존과는 차별화되는 전략이 적용될 때 같은 객관적 조건에서도 주관적인 만족감의 차이가 있을 수 있으며 이러한 전략을 통해서 객관적 조건의 영향력을 극대화시킬 수 있음을 제시하였다.

H_2O 지역개발이론은 지역개발의 목적을 H_2O라는 개념으로 제시하면서 이 수준을 향상시키기 위해서는 객관적 지역조건의 향상도 필요하지만 같은 조건에서라면 소통, 순환, 생태, 평등, 투명, 융합 등의 H_2O 전략을 적용하였을 때 H_2O 수준을 극대화할 수 있다고 본다. 목적으로서의 H_2O 지표, 필요조건으로서의 지역조건지표, 전략변수로서의 H_2O 전략지표 등 H_2O 이론의 세 가지 주요 요소별로 측정지표를 개발하여 지역과 정책주체를 진단하고 강점과 취약점을 파악할 수 있으며 전략을 통한 개선의 정도 역시 측정할 수 있도록 하였다.

이 연구는 '탐색적 연구'로서 논의의 마무리가 아니라 새로운 논의를 촉발하고 시작하기 위한 연구로서 그 한계를 가지므로 향후 다양한 실증연구와 검증이 요구된다. 따라서 후속 연구과제로는 첫째, H_2O 지역개발이론에 대한 다양한 논의와 검증, 적용을 통한 사례의 축적이 필요하다. 둘째, 추가적인 이론적 검증과 예비조사 등을 통한 신뢰도·타당도 검증을 통하여 H_2O 지표와 H_2O 전략지표 개발이 요구된다. 셋째, H_2O 전략에 있어서는 실제 지역에서 다양하게 나타나고 있는 혁신 사례에 대한 연구를 통하여 실제 사례에 기반을 둔 전략 프로그램을 구체화함으로써 더욱 실용적인 전략모델로 발전시켜야 한다. 넷째, H_2O 이론을 지역에 시범적으로 적용하여 실제 진단과 개선 컨설팅을 겸한 참여 사례연구를 통하여 시행과정에서 나타날 수 있는 문제들과 해소방안, 혁신방법, 지도력의 문제 등을 점검하면서 이론의 실증적 토대를 구축해야 한다.

끝으로 저자들은 대구경북연구원이 시·도민을 위한 정책연구를 할 수 있도록 지원을 아끼지 않으시는 대구광역시 김범일 시장님과 경상북도 김관용 지사님, 대구광역시의회 이재술 의장님과 경상북도의회 송필각 의장님께 지면을 빌어 깊은 감사를 드립니다. 그리고 출판을 위해 애써 주신 집현재 위호준 대표님께도 감사를 드립니다. 많은 분들의 도움에도 불구하고 이 책에는 부족함과 오류가 있으리라 생각합니다. 앞으로 독자 여러분들의 좋은 의견과 비판을 받아서 더욱 알차게 꾸려 나갈 것을 약속드립니다.

2012. 10.

대구경북연구원장 이성근 외

차 례

제1장 서 론

제2장 지역개발의 패러다임 변화

제3장 H_2O 지역개발모델의 기초이론

제4장 H_2O 지역개발이론

제5장 H_2O 지역개발의 전략

제6장 H_2O 지역개발의 지표개발

제7장 요약 및 결론

부 록

제 1 장

서론

제1장
서 론

제1절 '행복'에 대한 관심

1. '행복' 논의의 대두

오늘날 국내외에서 행복에 대한 관심이 뜨겁다. 기획재정부(2012)는 최근 '행복지수의 세계적 중요성과 시사점'이란 보도자료를 배포하면서 "2012년 4월 유엔 '세계행복보고서(World Happiness Report)' 발표 이후 행복지수의 중요성이 강조되고 있다"고 지적하였다. 기존의 경제성장과 소득 중심의 국내총생산(GDP) 개념이 가지는 한계를 극복하기 위한 국제적 논의가 지속적으로 제기되어 왔으며 앞으로도 계속 진전될 것으로 예상한 것이다. 또한 이 보고서에서 기획재정부는 국내총생산과 소득이 여전히 중요한 지표이기는 하지만 "질과 양의 측면을 함께 고려하는 지속가능한 성장개념이 세계적으로 더욱 중요해질 것"이라고 전망하였다. 그러면서 생산뿐 아니라 삶의 질과 생태환경까지 포괄하여 총체적으로 바라볼 수 있는 지수 개발이 필요하다고 지적하였다.

이미 현 정부에서도 이명박 대통령은 2009년 8.15 경축사를 통해서 '국민행복지수' 개발을 발표한 바 있고, 정치권에서는 박근혜, 정몽준, 손학규 등 전 대통령 후보로 거론되었던 여야 유력정치인들이 앞 다투어 '행복'을 내세우고 있다(김종식, 2012; 동정민, 2012). 청도군, 공주시 등 지방자치단체에서도 '행복'

을 행정지표 또는 목표로 설정하는 사례가 늘어나고 있다. 하지만 이러한 '행복'에 대한 강조가 대부분 구체적인 지표나 정책 또는 전략과 연결되기보다는 구호에 그치거나 다소 추상적인 선언에 그치는 경우가 많았다.

유엔 '세계행복보고서'에서 한국의 행복지수는 조사대상 156개 국가 중 말레이시아나 태국보다 뒤처진 56위에 불과하였다. 경제협력개발기구(OECD)의 행복지수에서도 한국은 조사대상 36개국 중 24위로 하위권에 머물렀다. 이를 보강한 이내찬(2012)의 연구에서는 34개국 중 32위로 최하위권을 차지하고 있다. 국제적인 삶의 질이나 행복지표는 경제규모(10위권)에 비해 극히 낮은 수준을 보이고 있는 현실이다. 따라서 '행복'이 구호나 추상적인 개념에 그쳐서는 안된다. 그러기 위해서는 보다 면밀한 연구와 고찰이 필요하며 궁극적으로 이를 구체적인 정책목적으로 설정할 수 있는 지표개발과 함께 그 지표를 높일 수 있는 전략의 개발이 절실하다고 할 수 있다.

2. 유엔 '세계행복보고서'의 시사점

유엔은 '세계행복보고서(2012)'에서 세계경제는 기술적이고 조직적인 발전을 통해서 생산성의 혁신을 일으키며 계속 발전하고 있지만 이것이 환경을 파괴하고 비만, 흡연, 당뇨병, 우울증과 같은 새로운 현대사회 질병을 동반하고 있음을 지적하였다. 대표적인 사례로 미국의 경우, 지난 반세기 동안 경제적이고 기술적으로 상당한 발전을 이루었지만 국민들의 주관적 행복도는 변함이 없었고 사회경제적인 불평등은 오히려 증가하였으며 사회적 신뢰는 지속적으로 감소하고 있는 것으로 조사되었다고 발표했다. 그러면서 현재와 같은 경제개발이 계속될 경우, 식량 공급, 깨끗한 물, 안정된 기후와 같이 인류의 건강과 생존에 필수적인 지구의 생명지지체계를 쇠퇴시키는 위험을 안고 있다고 경고하고 있다.

이 보고서에서는 한 시점에서는 소득이 높은 사람이 소득이 낮은 사람보다 행복하지만 시계열적으로 보면 일정수준 이상에서는 소득이 증가해도 행복의 증가가 이루어지지 않는다는 '이스털린의 역설(The Easterlin Paradox)'을 언급하면서 그 원인이 상대적인 것에 있음을 지적하고 있다. 사람들은 다른 사람들과 비교하여 스스로를 평가하기 때문에 사회적으로 같이 부가 증가할 경우 지위에 변화가 없기 때문에 그렇기도 하지만 또 다른 분명한 이유는 소득 증가가 상위계층에게 불균등하게 집중이 되며 그에 따라 사회적인 신뢰나, 공동체 정신, 정부에 대한 신뢰 등이 감소하기 때문이라고 설명하고 있다.

이어서 보고서는 경제적 성장에만 집중하는 국가에서의 행복은 한계가 있음을 역설하면서 심리학자들은 많은 연구에서 높은 소득을 우선시하는 사람은 점점 덜 행복해지며 정신적 질환에 더 취약해짐을 밝혀냈다고 지적하고 있다. 또한 경제학적 입장에서도 소득의 한계효용을 언급하면서 가난한 1,000달러 소득을 가진 가구에서는 100달러만으로 올릴 수 있는 삶의 만족감(또는 행복감) 정도는 그의 천배에 달하는 천만 달러 소득을 가진 가구에서는 역시 그 천배인 10만 달러가 있어야 올릴 수 있을 것이라고 설명하면서 그렇기 때문에 세금을 통한 재분배가 필요한 것임을 강조하고 있다.

이에 대해 우리나라 기획재정부(2012)는 행복 논의의 필요성을 강조하면서도 아직 삶의 질이나 행복에 대한 지수가 주관적인 값이어서 신뢰성 확보가 어렵다고 지적하고 있지만 유엔 보고서에서는 오히려 이러한 주관적 지표들이 그동안 다양한 학제에서의 연구들에서 신뢰성과 타당성이 확보되어왔다고 역설하고 있다. 심리학, 경제학, 사회학, 여론조사 등에서 세대에 걸친 연구를 통해 주관적인 경험이 객관적으로 측정되고 평가될 수 있다는 점을 보여주었다. 그래서 사람들에게 이러한 주관적인 행복이나 삶의 만족을 묻는 것이 매우 중요한 정보를 제공해 줄 수 있다는 것이다.

가령 행복에 대한 설문에서 사람들은 "현재 당신은 얼마나 행복한가?"와 같은 현재 감정에 대한 질문과 "당신 인생은 얼마나 행복한가?"와 같은 삶을 평가하는 질문을 구분하여 대답하는 것으로 나타났다고 지적한다. 또한 기존 연구들에서 이러한 주관적 설문에 대한 다층적인 측정은 개인적 수준에서도 높은 신뢰도를 보이며 이미 여러 기관에서 실시 중인 행복이나 삶의 만족도에 대한 국가 비교설문에서 매년 나타나는 국가순위와의 상관관계가 매우 높았다는 것이다.

가령 '갤럽 세계여론조사(Gallup World Poll)'의 경우, 매년 국가순위 간의 상관관계가 0.88에서 0.95로 나타나며, '유럽사회조사(European Social Survey)'에서 행복과 삶의 만족도에 대한 국가순위 역시 서로 다른 차시(wave)간의 상관관계가 0.92에서 0.98로 매우 높았다. 따라서 주관적인 설문의 신뢰도가 떨어진다는 근거는 희박하다고 할 수 있다. 또한, 타당성에 있어서도 국가 평균 행복지수 간의 비교연구에서 그동안 알려진 경제적, 사회적 요소의 변화에 따라 행복지수도 같이 변화하는 것을 보여주고 있다. 이러한 주관적 측정과 개인적인 수준에서 표정, 뇌파변화, 코르티졸(cortisol, 급성 스트레스시 분비 물질) 수준 등과 같은 객관적 지표 그리고 집합적 수준에서 자살률 변화와 같은 객관적 지표 간의 상관관계가 역시 높은 수준을 보여주고 있다. 가령 인구집단에 대한 삶의 평가에 대한 설문은 자살률 예측에 유용함이 밝혀졌으며 마찬가지로 긍정적 평가는 건강 수준이나 사망률 개선과 같은 좋은 결과에도 예측력을 가짐을 보여주고 있다.

결론적으로 유엔의 행복보고서는 경제적이고 물질적인 것을 중심으로 한 발전이 인간의 행복을 향상시키는 데에는 한계가 있음을 지적하면서 '행복' 그 자체가 타당성과 신뢰도 있는 정책적 목표와 지표가 될 수 있음을 역설하고 있다.

제2절 지역개발의 한계와 변화

1. 지역개발의 전개와 반성

지역개발은 산업화, 도시화로 인해 발생되는 사회문제를 지역적 차원에서 해결하고자 정부가 주도하는 개발사업으로 시작되었다. 특히 1920~1930년대 경제공황을 극복하고자 진행되었던 다목적 개발사업을 통해서 본격화되었으나 현대로 올수록 점차적으로 물적 자원 투입, 개발중심의 지역개발에 대한 반성이 일어나기 시작하였다.

1960년대까지 자본주의적 경제성장이 중심이 된 지역개발에서는 물적 자원 투입을 중심으로 한 대규모 양적 성장이 중심이었다. 1970년대 석유위기 등 경제적 위기가 증대된 이후에는 효율성이나 경쟁을 강조하였지만 여전히 물질주의적, 양적 성장 중심의 접근 방식이라는 동일한 특성을 지니고 있었다.

이와 같은 지역개발은 국가(중앙정부)가 중심이 된 요소투입형 외생적 성장 방식에 기초하고 있으며 지역 간의 균형이나 효율성을 강조하는 흐름이 있었으나 이 역시 여전히 중앙 중심의 통제 패러다임이라는 점에서 본질적인 차이를 보이지 않고 있다.

영국, 프랑스, 일본 등 세계 주요 국가들의 지역개발 발전과 최근 동향을 살펴보면 대체로 2차 세계대전 이후에 본격적으로 양적 성장을 중심으로 한 지역개발이 활성화되었으나, 1970~1980년대 침체기를 거쳐 1990년대에서 2000년대를 기점으로 지방분권과 지역주민이 중심이 된 새로운 지역개발의 부흥기를 맞이하였다.

1920년대 경제 공황기에서부터 지역차원의 지역계획이 시작되었으며 2차 세계대전 이후 지역개발이 본격적으로 시작되었던 영국은 1980년대 보수당 대처정부 시기 국가경쟁력 강화, 민간부문 활성화, 작은 정부를 주창하면서 지역개발이 쇠퇴하였다. 그러나 1990년대 이후 다시 지역의 삶의 질 개선을 위해 지역공동체가 주도하는 새로운 지역개발이 본격화되었다(변필성 · 이동우, 2008).

2차 세계대전 이후 파리와 다른 지역 간의 불균형 해소를 위해 추진되기 시작하였던 프랑스의 지역개발은 역시 1970~1980년대 쇠퇴기를 겪었으나 1990년대에 다시 지방분권화와 세계화에 대응하여 중앙의 일방적인 지역개발이 아닌 지방자치단체와 중앙정부가 계약에 의해 공동으로 추진하는 새로운 지역개발이 대두되었다(김용웅 외, 2009; 전훈, 2007).

일본도 지역개발은 2차 세계대전 이후 전후 복구를 위해 본격적으로 추진되었으며 중화학공업을 중심으로 한 물적 성장 중심 개발이 추진되었으나 2000년대 장기불황과 고령화로 인한 문제들을 극복하기 위하여 지역 중심의 분권적이고 삶의 질과 주민참여를 중심으로 한 새로운 지역개발이 활성화되고 있다(강현수, 2008).

이러한 국제적인 흐름을 살펴보면 산업화, 도시화 문제에 대응하면서 나타나기 시작한 지역개발은 2차 세계대전 이후 전후 복구와 맞물리면서 크게 활성화되었으나 1970~1980년대 경제위기 등으로 인해 침체기를 맞았다가 1990년대를 지나면서 분권적이고 지역공동체 중심적이면서 질적 변화를 중심으로 한 지역개발로 다시 주목받게 되었음을 알 수 있다.

우리나라의 지역개발은 한국전쟁 이후 외국 원조를 바탕으로 한 복구사업으로 시작하여 1960~1970년대 경제성장과 자조운동을 중심으로 한 강력한 지역개발전략 추진으로 본격화된 이후 지금까지도 중앙정부가 주도하는 물적 성장 중심의 지역개발이 계속되고 있다. 1980년대부터 자연환경 훼손, 분권화와 자율적 추진, 지역 간의 격차를 고려한 지역개발이 모색되기는 하였으나 여전히 선언적 수준에 머무르는 경우가 많았으며 경쟁력 강화를 목표로 하는 물적 성장 중심의 접근이 지배적인 경향을 띠고 있는 실정이다.

2. 지역개발 대안이론의 등장

그동안 대규모 하향식 물적 성장 중심의 지역개발은 지역 간의 격차와 환경문제 등 새로운 문제들을 야기하고 사회적 배제나 삶의 질에 대한 관심 등 새로운 사회변화에 대한 대응에 한계를 보이기 시작하면서 학술적으로 대안적인 접근이 나타나기 시작하였다.

정책, 행정 및 사회적 측면에서 일방적인 중앙집중형 행정의 한계를 극복하고 지역 중심의 새로운 정책, 행정 모델 그리고 지역개발에 대한 접근으로서 거버넌스이론, 네트워크이론, 사회적 자본이론 등이 등장하였다.

거버넌스이론은 더 이상 정책과 행정이 중앙의 전유물이 될 수 없으며 복잡하고 다면화된 현대사회문제를 해결하기 위해서는 다차원적이고 수평적인 협력과 개입이 필요하고 기존의 전통적인 관료제나 경쟁을 중심으로 한 시장체계와는 다른 접근이 필요함을 강조한다.

네트워크이론은 이와 더불어 상명하복적인 접근에서 벗어나서 느슨하고 수평적이지만 지속적인 상호작용으로 형성되는 신뢰를 바탕으로 한 네트워크를 중심으로 보다 유연하고 궁극적인 지역사회의 해법을 찾고 시행할 수 있음을 설명하고 있다.

사회적 자본이론은 외생적 요소 투입적인 지역개발을 벗어나 지역 내에서 다양한 이해관계자가 주체적으로 협력하고 참여하여 궁극적으로 지역사회의 환경을 변화시키고 그 목적을 성취할 수 있는 바탕으로 물적 중심의 경제적이고 물리적인 자본이 아니라 인간 중심의 사회적 자본을 개념화하고 이를 통한 새로운 지역개발의 대안을 제시하고 있다.

성장 중심의 지역개발이 새로운 환경문제를 발생시키고 더 나아가 인류의 지속가능성의 문제를 제기하면서 이를 극복하기 위하여 물적 성장보다는 환경을 고려하고 기존의 자원을 활용하면서도 새로운 발전을 이루어낼 수 있는 새로운 대안으로 생태도시이론, 도시재생이론, 지속가능한 발전이론 등이 주목받기 시작하였다.

세계적인 환경논의가 시작된 1992년 브라질 리우데자네이루에서 개최된 '환경과 개발에 관한 유엔회의'에서 생태도시에 대한 논의가 시작되었다. 이는 그동안의 도시화가 자연생태계와의 단절을 가져왔다면 자연과 인간의 공생적 발전과 시민들의 쾌적한 생활환경을 만들기 위해 도시를 하나의 생태단위로 인식하는 새로운 접근법으로 발달되었다(황희연 외, 2002).

도시재생이론 역시 양적 확대를 중심으로 한 도시계획에서 질적 발전에 주목하면서 인구 증가에 초점을 맞추기보다는 도심의 문화나 역사성을 기반으로 지역주민의 참여를 통해 다시 주거공간과 도시환경을 활성화시키는 접근방법이다.

지속가능한 발전이론은 1972년 유엔인간환경회의 등을 계기로 환경파괴로 인류의 생존에 대한 위협이 제기됨에 따라 새로운 패러다임 정립의 필요성이 대두되면서 등장한 것이다. 환경과 경제를 통합적으로 인식하고 사회발전과 통합, 환경보호, 경제성장이라는 3대 축이 국제사회가 추구해야 할 정책이념으로 확립되고 있다(김용웅 외, 2003).

이러한 대안이론들은 기존의 물적 성장과 양적 확대 중심, 수직적 상명하복 행정, 중앙 중심의 하향식 접근에서 질적 변화와 삶의 질 중심, 수평적인 협력, 지방분권과 주민참여 등 상향식 접근이라는 차별성을 보이고 있다.

제3절 새로운 지역개발모델에 대한 탐색

1. 지역개발의 시대적 요구와 H_2O

이상을 종합해보면 세계적으로 산업화와 함께 출현했던 지역개발은 100년에 가까운 역사를 통해 발전해 왔지만 초기에 양적이고 물적인 성장 중심이었던 패러다임은 1970~1980년대 경쟁과 효율성이 강조되면서 침체기를 겪었다. 하지만 사회적으로나 정책적으로나 학술적으로 1990년대 이후 이전과는 차별화된 새로운 가치와 방향성, 전략에 대한 논의와 시도들이 활발해지면서 새로운 부흥기를 맞이하고 있다.

세계 주요 선진국에서의 지역개발은 1990년대 이후 분권화, 상향식 접근, 지역공동체 중심, 삶의 질에 대한 관심 등 이전과는 차별화된 지역개발의 접근이 활성화되고 있으며 이에 맞추어 거버넌스, 네트워크, 사회적 자본 등 다양한 대안적 접근과 이론에 대한 논의가 활발히 진행되고 있다.

그동안 막대한 경제발전과 기술혁신 등 물적 성장이 이루어져 왔지만 성장의 선도국이었던 미국을 비롯한 주요 선진국에서부터 그러한 성장에도 불구하고 사람들의 행복감이나 삶에 대한 만족이 거의 증가하지 않았다는 회의론이 확산되면서 질적인 성장이나 변화에 대한 관심이 급증하고 있다. 또한 물적 성장 중심의 개발로 인한 환경파괴가 인류의 생존을 위협할 수준임이 밝혀지면서 양적 확대에서 벗어나 질적 성장을 추구함으로써 보다 지속가능한 발전을 모색해야 한다는 세계적 흐름이 형성되고 있다.

이러한 흐름은 환경 등에 대한 국제적 논의, 각 국가에서 나타나는 지역개발의 변화, 정책 및 행정 등의 학문 분야에서 나타나는 대안적 접근 등에서 동일하게 나타나고 있다. 그러나 지역개발에 있어 하나의 통합된 틀로서 제시된 바는 없으며 특히 우리나라 지역개발에 있어서는 아직도 과거 패러다임에서 벗어나지 못하고 있다.

실제 지역에서 지역개발을 모색하는 데 있어 이러한 새로운 패러다임을 적용하기 위해서는 실질적으로 지역개발의 정책적 목적을 설정하고 이를 성취하기 위한 전략들을 수립하는 데 기초가 될 수 있는 일관되고 체계적인 모델이 필요하지만 새롭게 모색되고 있는 논의들이 대부분 추상적이거나 모호한 측면이 많아 실용적인 통합적 이론으로서 제시되고 있지 못하다.

특히 우리나라 지역개발에 있어서는 정책적 차원에서 추상적인 구호나 선언적 차원 이상으로 새로운 패러다임을 반영한 변화나 실질적인 사업이 추진된 바는 없어 구체적으로 우리나라의 실정에 맞게 지역에서 참고하거나 기초로 삼을 수 있는 모형이나 모델이 제시된 바가 없다.

그동안 기적과 같은 발전을 이룩한 경제적 성장에 비하면 궁극적인 국민의 행복이나 삶의 질은 이에 크게 미치지 못하고 있다. 1997년 IMF경제위기 이후 날로 심각해져가는 양극화나 고령화와 같은 사회 안정성을 위협하는 새로운 사회적 위험과 세계적으로 인류의 생존을 위협하는 환경문제 등을 고려하면 지역개발에 있어서 밑으로부터의 혁신이 더욱 절실한 실정이다.

따라서 해외이론을 바탕으로 단편적인 국내 사례를 참고하는 것보다 적극적으로 새로운 대안적 이론과 개념을 모색하고 그동안 우리나라 지역개발의 경험을 기초로 하여 실질적으로 지역개발에 적용할 수 있는 통합적인 이론모형을 창안하고 제시해야 한다. 이를 통해 보다 짧은 시간과 적은 비용으로 우리나라 지역개발에 있어 새로운 패러다임을 시험, 확산하고 정착시킬 수 있을 것이다. 그럼으로써 현재 지역개발 패러다임을 보다 효과적으로 혁신하고 새롭게 선도할 수 있을 것으로 기대된다.

이미 이성근(2012a)은 본 연구의 미션으로 '행복'과 '희망'을 제시하였고 이를 구체화하여 현재의 삶의 만족감에 대한 '행복(Happiness)', 지속적인 미래의 기대감에 대한 '희망(Hope)', 그리고 이러한 행복과 희망을 성취하는 데 있어서의 공정성과 형평성이 보장되는 '기회(Opportunity)'를 목적으로 설정하는 H_2O의 개념을 제시한 바 있다. H_2O 수준을 높이기 위한 전략은 대안적 이론에서 도출된 핵심요소로 구성된 소통, 순환, 생태, 평등, 투명, 융합 등이다.

이는 앞서 살펴본 '행복'에 대한 국제적 논의와 지역개발 등에서 나타나는 새로운 패러다임과 일맥상통하면서 그 '행복'의 개념에 있어 지속적으로 필요한 성장과 새롭게 직면하고 있는 사회 양극화를 고려하여 '희망'과 '기회'를 다면적으로 포함하고 있다. 또한 이와 같은 목적을 성취하기 위한 수단으로서 지역개발을 위치짓고, 지역개발의 새로운 패러다임을 소통, 순환, 생태, 평등, 투명, 융합 등의 전략으로 구체화하였다. 이와 같은 제안은 행복을 둘러싸고 다양하게 나타나는 국제적 논의와 흐름을 지역개발에 적용할 수 있는 유용한 틀이 될 것으로 기대된다.

2. 연구의 목적과 구성

이를 위해 그 동안의 지역개발의 패러다임 변화를 고찰하고자 한다. 특히 최근의 국제적인 지역개발의 흐름과 우리나라 지역개발의 한계를 분석하여 새로운 지역개발이론에서 필요한 요소들을 도출하고자 한다.

또한 다양한 지역개발의 대안이론을 검토하고 분석하여 H_2O 개념을 중심으로 한 새로운 지역개발의 실천적 모델을 구축하고, 이를 실제 적용할 수 있는 전략과 지표를 구체화하였다.

이를 위해 본 연구는 다음과 같이 구성되었다.

2장 '지역개발의 패러다임 변화'에서는 지역개발의 역사적 전개부터 주요 선진국과 우리나라 지역개발정책의 전개와 최근의 동향을 비교해 보고 기존 지역개발정책의 한계와 새로운 패러다임의 흐름을 살펴보았다.

3장 'H_2O 지역개발모델의 기초이론'에서는 지역개발에서 최근 부상하고 있는 다양한 대안이론들을 검토하였다. 사회이론인 지역거버넌스이론, 지역네트워크이론, 사회적 자본이론, 그리고 환경이론인 생태도시이론, 도시재생이론, 지속가능한 발전이론 등으로 구분하여 고찰하고 이를 통하여 H_2O 지역개발이론을 구체화할 수 있는 이론적 기초를 도출하였다.

4장 'H_2O 지역개발이론'에서는 앞서 분석한 지역개발의 패러다임 변화에서 제시된 흐름과 새로운 대안이론에 대한 분석을 기초로 하여 H_2O 지역개발이론의 구조와 전략의 적용방법을 제시하고 있다.

이러한 지역개발이론의 기본 모델을 바탕으로 이를 더욱 구체화하여 'H_2O 지역개발의 전략'(5장)과 실제 적용에 있어 사용될 수 있는 H_2O 투입지표, H_2O 결과지표, H_2O 산출지표, H_2O 전략지표 등을 'H_2O 지역개발의 지표개발'(6장)에서 제시하고 있다.

이 연구는 어디까지나 '탐색적 연구'로 논의의 마무리가 아니라 새로운 논의를 촉발하고 시작하기 위한 연구이므로 적극적인 비판을 통해 향후 더욱 발전적이고 다양한 연구를 파생시키고자 한다. 이론적으로 시작 단계이며 다양한 실증적 연구가 후속되어야 한다.

이에 따라 지역개발, 지방행정, 지역정책, 도시계획 등의 직접적인 유관 학문뿐 아니라 사회학, 심리학, 정치학 등 기초학문 분야에서의 다양한 비판과 논의를 기대한다. 또한 이를 계기로 우리나라 지역개발에 있어 새로운 패러다임이 촉발되고 확산되기를 바라며 이를 통해 다양한 유관 연구와 검증이 이어지기를 기대한다.

제2장

지역개발의 패러다임 변화

제2장

지역개발의 패러다임 변화

제1절 지역개발의 역사적 전개

1. 지역개발의 대두 배경

지역개발은 지역이 가지는 모호성(W. Isard, 1960; J. Glasson, 1975; H. Richardson, 1973)과 시대와 상황에 따라 범위를 달리하는 개발의 포괄성으로 인하여 합의된 개념적 정의를 찾기 어렵다(Seers, 1977; Todaro, 1989). 일반적으로 지역개발은 한정된 공간에 대해 바람직한 변화를 계획적 혹은 의도적으로 모색하고 이끄는 계획과 정책을 포함하는 것으로 도시화가 진전되면서 발생한 문제지역의 인식에서 출발하였다(Glasson, 1975; Glasson & Marshall, 2007). 실제로 정치 · 경제 · 문화 · 역사적 배경이 다른 지역에서 나타나는 상이한 징후의 문제 해결에 정부가 개입하면서 본격적으로 전개되었다.

지역문제는 지역 자체가 가지고 있는 저개발지역, 침체지역, 과밀지역 등으로 일컬어지는 지역 내 문제(intra regional problems)와 도시와 농촌, 중소도시와 대도시, 수도권과 지방 사이에서 발견되는 격차의 문제인 지역 간 문제(inter-regional problems)로 구분할 수 있다.

프리드만(J. Friedmann, 1965)은 핵심지역과 주변지역이라는 이분법적 개념에서 문제지역을 핵심지역(core region), 상향적 지역(area of upward transition), 하향적 지역(area of downward transition), 자원변경지역(resource frontier), 특수문제지역(area of special problem)으로 구분하였고, 클라센(Klaasen, 1963)은 주민의 소득성장률을 기준으로 번영지역(prosperous region), 잠재적 침체지역(potential depressed region), 침체진행지역(developing depressed region), 침체지역(depressed region)으로 나누어 분석하였다.

역사적으로 지역개발이 본격적으로 대두된 것은 유럽의 봉건체제가 붕괴되고 산업도시가 성장하면서 등장한 지역주의운동이 산업화, 도시화로 인해 나타난 도농 간 갈등, 대도시 환경문제를 해결하고자 도시계획을 추진하면서부터이다(Hall & Tewdwr-Jones, 2011). 중앙집권적 정치권력 탄생, 시장경제로 인한 생활양식의 변화, 지역의 자율성·통제성 약화에 대응하기 위해 출현한 지역주의운동에 뿌리를 둔 지역정책이 산업화·도시화 전개에 따라 나타난 지역문제 해결을 도모한 것이다(김용웅 외, 2009). 영국의 뉴타운 운동, 프랑스의 지역연방주의, 미국의 유역개발과 대도시권 관리 등이 지역주의를 실천적으로 적용한 대표 사례로 꼽힌다.

이러한 배경에서 지역개발학은 도시계획이 확장되면서 발전되었다(Hall & Tewdwr-Jones, 2011; J. Friedmann, 1972). 도시의 공해와 질병, 열악한 빈민가 주거환경에 주목하여 등장한 생활환경 개선운동과 인구·자본 유입으로 도시가 빠르게 성장하면서 요구된 도시기능 고도화, 직주분리, 교통체계 개선 등의 도시능률화를 다루었다. 프리드만(J. Friedmann, 1972)은 일련의 지속적 구조개편을 통해 지역의 생산력을 높이고 인적·물적·제도적 자원과 능력을 활성화하여 복지수준과 기회의 폭을 넓히기 위한 지역계획으로 진전하였다고 보았고, 하성규(2011)는 도시계획학에서 출발하여 경제학, 지리학, 행정학, 사회학 등의 인접 학문의 이론을 원용하고 이를 바탕으로 이론적 틀을 형성하였다고 설명하였다.

지역개발을 위한 계획 수립의 시작은 영국 Doncaster 지역계획(1920년대),[1]

---

1 1922년 Doncaster(South Yorkshire, England) 지방의 지역계획은 산업발전, 도시발전,

미국 TVA(Tennessee Valley Authority)의 다목적 개발사업(1930년대), 프랑스의 낙후지역 격차 해소를 위한 지역계획(1940년대 후반)[2]에서 찾을 수 있다(하성규, 2011).

최초로 지역계획적 차원에서 틀을 갖추고 공식화된 것은 경제공황을 극복하고자 구성된 미국 국가자원계획위원회(NRPB)가 추신한 지역자원개발사업이 광범위하게 진행되면서 시작되었다. 뉴딜정책의 일환으로 채택된 다목적 개발사업을 추진하기 위해 설립된 TVA(Tennessee Valley Authority)의 그린벨트 뉴타운 개발과 하천유역 개발이 대표적이다. 이후 지역 간 발전격차 해소와 낙후지역의 성장이 주요 관심사가 되었고, 이 과정에서 도시에 대한 이해가 높아지면서 지역개발을 통한 국가발전에 관심을 갖게 되었다(하성규, 2011; 김용웅 외, 2009). 국가발전을 위한 집행수단으로서 국가발전목표를 달성하기 위해 지역자원에 선택적으로 투자하게 되었음을 의미한다. 국가가 정책적 추진역량을 갖추면서 국가경쟁력 제고 차원에서 일부 지역의 특수성과 잠재력을 활용하고, 이를 위해 공간적으로 경제사회 발전기능과 역할을 효율적으로 배분하고 인프라를 구축하였다.

이처럼 지역개발은 문제지역 해결을 위해 대두되어 국가발전을 위한 전략적 수단으로 발전되어 온 역사적 전개과정을 거치면서 사회적 수요와 정책적 필요성에 기반한 실용학문으로서의 영역을 구축하였다.

교통체계, 생활환경 및 인프라 구축 등을 중점적으로 다루었다. 이를 바탕으로 지역계획이 영국에서 본격적으로 체계화된 것은 2차 세계대전 이후부터이다.

2 과도하게 집중된 파리와 낙후된 다른 지역 간의 불균형 성장을 해결하기 위해 1947년 지역개발을 위한 1차 계획(1947~1953년)을 마련했고, 1953년 지역개발청을 설치하였다. 본격적인 지역계획은 1960년대에 실시되었고 그 중심에는 초광역지역인 레지옹 계획구역과 지역경제발전위원회가 있었다.

2. 패러다임의 변화와 이론의 전개

1) 패러다임의 변화

사회변화에 따라 지역개발을 둘러싼 이슈와 논쟁이 달라지면서 전통적인 지역개발의 개념과 이론이 위기와 한계에 부딪치게 되고 이를 극복하기 위한 새로운 접근방법들이 끊임없이 제기되면서 새로운 패러다임이 형성되었다(Stimson et al., 2006; Keating, 1998; 고병호, 1994). 그러나 지역개발이 다루어야 할 영역이 방대하고 포괄적일 뿐만 아니라 사회적 수요 및 가치관 변화에 따라 이론 및 접근방법이 단편적이고 개별적으로 전개되어 이론을 확연하게 구분하는 체계화는 곤란하다. 지역개발을 지지한 다수의 이론과 정책이 사회적 수요에 따라 패러다임을 달리하였기 때문이다. 이를 고려하여 지역개발 패러다임 변화와 이론의 전개는 한정적 변화에 의한 이론 체계화가 적절할 것으로 보인다(고병호, 1994).[3]

지역개발 패러다임 관련 선행연구는 주목하는 가치와 사고체계에 따라 지역개발정책과 이론의 패러다임이 상이하게 전개되었다(고병호, 1994; 김용웅 외, 2009; Stimson et al., 2006; Keating, 1998). 그 중 국내 많은 연구에서 인용되고 있는 고병호의 연구(1994)는 시대별 지역개발의 주요 패러다임을 성장모형(1950~1960년대), 재배분모형(1970년대), 유연체제모형(1970년대), 환경모형(1990년대)으로 구분하였다.

성장모형은 1960년대 전후 경제적 효율성을 높이고 지역성장을 촉진하는 것을 최우선 목표로 두고 슘페터(J. A. Schumpeter)의 자본주의적 경제성장이론에 기초한 양적 성장의 이론적 근거로 발전했다.

재분배모형은 1973년 제1차 석유위기를 계기로 경제성장이 지역 간, 계층 간 격차를 증대시켜 오히려 장기적인 사회발전에 부정적인 영향을 끼치게 되

---

3 쿤(Thomas S. Kuhn)의 정상과학에서 제시한 하나의 이론이 다른 이론을 부정하는 급격한 패러다임적 혁명(paradigmatic revolution)의 적용이 어렵다.

〈표 2-1〉 지역개발 패러다임 관련 선행연구 비교

연구	패러다임	주요 이념 및 가치	주요 이론
고병호(1994)	• 성장모형(1950~60년대)	• 효율성, 경제적 합리주의	• 신고전학파 경제이론, 산입화이론, 누적성장이론, 성장거점이론
	• 재분배모형(1970년대)	• 형평성	• 기초수요이론, 고용지향적 접근방법, 최소소득접근방법
	• 유연체제모형(1980년대)	• 쇄신성, 유연성	• 포스트 포디즘, 유연생산체제이론, 내생적 지역개발이론
	• 환경모형(1990년대)	• 환경성	• 환경윤리론, 생태발전론 등
김용웅 외 (2009)	• 경제지향	• 경제성장과 생산확대	• 지역불균형 발전론, 수출기반이론
	• 복지지향	• 기회 및 내부 잠재력 확대	• 기본수요이론, 균형발전이론 등
Stimson et al. (2006)	• 개인주의적 사고(1970년대 중반)	• 비교 이익	–
	• 통화주의적 사고(1970년대 중반~1990년대)	• 경쟁적 이익	–
	• 합리주의적 사고(1980년대 후반~1990년대)	• 협력적 이익	–
	• 지속가능성(1990년대 중반 이후)	• 환경성	–
Keating (1998)	• 거대개발 의존형 경제성장(1950~1980년대)	• 효율성, 거시성장	• 경제성장이론
	• 내생적 성장(1990년대 이후)	• 자율성, 미시성장	• 내생적 성장이론 • 네트워크이론

자 지역개발의 목표를 지역 간 형평과 주민의 복지증진에 두면서 등장했다.

유연체제모형은 1980년대 이후 전통 산업사회를 전제로 하여 현대사회의 변화를 담지 못하는 한계가 지적되면서 기술혁신과 유연한 생산체제에 바탕을 둔 대안적인 지역개발이론으로 대두되었다.

환경모형은 1990년 이후 경제성장과 기존의 지역개발방식에 의한 환경훼손을 반성하고 환경을 보전하는 지속가능한 개발이론으로 강조됐다.

이러한 패러다임 유형 구분은 시기 구분의 모호성과 핵심적 가치변화를 충분히 담지 못하는 한계를 지녔다. 성장모형과 환경모형이 가치를 반영하지만, 재배분모형과 유연체제모형은 제도 및 생산방식에 주목하였기 때문이다. 특히 1970년대 지역개발 분야에서 지배적이었다고 주장하는 재배분 패러다임은 뚜렷한 차별성을 가지고 있지 못할 뿐만 아니라(Stimson et al., 2006) 1960년대 이후 나타난 경제성장에 반하는 다양한 움직임 역시 변화에 대한 내재된 저항에 불과했다.[4] 1970년대 이후에도 성장주의, 물질주의, 대규모 개발, 대량생산 대량소비를 중시하는 경향은 여전했다. 1980년대 제기된 유연생산체계 또한 포드주의 생산방식에 대한 대안으로써 지역개발에 영향을 미친 주된 현상으로 이해하기는 곤란하다.

이에 본 연구에서는 세계관과 거시적 가치변화와의 밀접한 관계를 고려하여 지역개발정책 및 이론의 패러다임을 성장패러다임과 지속가능패러다임으로 구분하였다. 세계적 차원의 가치변화에 근거한 패러다임 재구성으로서 성장패러다임 하에서의 지역개발은 경제성장을 목표로 국가가 주도하여 하향적으로 추진되었으며 요소투입형 성장방식에 의한 외생적 자원개발을 채택하였다고 본다. 지역 간 격차 해소를 위한 성장거점 분산과 관리 또한 광의의 의미에서 성장패러다임에 포함하였다. 경제성장을 중심으로 한 신고전파 입지이론, 자본주의적 경제성장이론, 누적성장이론, 수출기반이론 등이 이론적 근거를 제시한다. 지속가능패러다임에서는 경제성장과 자원개발로 훼손된 환경문제에 대한 인식을 바탕으로 현 세대와 미래 세대와의 형평과 배분을 보장하는

---

4 고병호의 연구(1994)에 따른 성장주의는 시기적으로 포드주의 실행기와 일치하고 그 당시는 정치경제적으로 자본과 노동의 계급타협을 통해 물적 재배분이 주요 관심사로 등장하였다. 그러나 실제로 미국을 비롯한 서구사회에서 중산층이 크게 늘어나 이러한 논리가 지역개발정책에도 반영된 것으로 파악하는 것이 바람직하다.

〈표 2-2〉 지역개발 패러다임 유형 구분

구분	성장패러다임	지속가능패러다임
목표	• 경제성장	• 지속가능한 개발
가치	• 효율성	• 환경성
추진전략	• 하향적	• 상향적
자원활용	• 외생적	• 내생적
발전개념	• 경제성장과 생산 확대	• 기회 및 내부적 잠재력 확대 • 환경지속가능성 유지
생산요소 배분기준	• 생산요소별 수익률 극대화 • 규모 및 집적경제	• 내부적 자원동원능력 확대 • 내부적 행태 및 구조 전환
의사결정	• 중앙집권적	• 중앙집권과 지방분권 혼재
이론적 근거	• 신고전파 입지이론 • 자본주의적 경제성장이론 • 누적성장이론 • 수출기반이론	• 내생적 개발이론 • 지속가능한 발전이론 • 생태발전이론 • 네트워크이론

개발을 강조하였다. 환경적으로 건전한 지속가능한 개발을 추구하여 기존 성장패러다임에 비해 내생적이고 상향적인 특성을 지녔다. 개발의 결과보다 과정을 중시하면서 지방의 역할과 기능이 확대되었고 동시에 내부적 자원동원능력과 체계가 강화되었다.

2) 지역개발이론의 전개

지역개발은 공간을 바탕으로 한 삶의 모든 영역을 포함해야 하는 만큼 폭넓은 견해와 다양한 이론적 접근이 가능하다. 이로 인해 연구영역이나 정책수단은 늘 새로운 전기를 맞이하고 있으며 이론과 접근방법 또한 사회적 수요와 논점사항에 따라 변화를 거듭하였다. 지역문제 해결·개선을 위해 도입되어 학문의 통섭성(consilience)과 종합과학적(multidisciplinary) 성격에 기반한 접근이 필요함을 의미하여(하성규, 2011), 경제성장의 공간적인 현상을 설명하고 이를 의도적으로 달성할 수 있는 전략에 관련된 다양한 논리적 체계와 방법론이 가능하다(김용웅 외, 2003).

김용웅 외 연구(2009)에서는 지역개발 관련 이론을 사회경제적 활동에 관한 공간적인 현상을 설명하는 공간조직이론[5]과 지역개발을 달성하기 위한 전략 관련 논리체계와 방법론을 포괄하는 지역개발이론으로 구분하였다.

공간구조이론은 토지이용, 정주체계 등 공간적 유형과 서비스와 제조업 등 경제활동의 공간적 조직화를 설명하는 이론으로서 지역개발의 기초이론이라 할 수 있다. 인간의 경제사회활동이 어떠한 원칙과 작용을 통해 공간적으로 집중되고 연계하고 변화되는가에 대한 이해를 전제한다. 농업토지이용, 산업입지, 정주체계, 도시체계이론, 대도시권의 공간구조 형성이론 등으로 구분된다.

지역개발이론은 경제성장의 지역적 현상을 원인과 과정 차원에서 설명하는 실증이론과 지역개발을 의도적으로 촉진하는 규범이론으로 나누어진다. 지역개발 실증이론은 고전주의 균형이론과 신고전주의 균형이론을 근간으로 하는 균형성장이론과 성장거점이론, 지역 간 소득불균등이론, 종속이론, 불균형성장이론 등이 있다. 규범이론은 처방과 정책제안에 치중하면서 가치판단적인 정책적 전략 제시를 중시하여 지역발전론과 지역개발전략이론으로 크게 구분되고, 지역개발전략이론은 다시 공간개발전략이론(균형·불균형개발전략)과 추진전략이론(상향·하향개발전략)으로 구분된다.

문제지역을 해결하기 위한 지역개발전략은 국가발전단계와 시대적 가치관을 잘 반영하여 지역개발이론의 발전을 이해하는 데 유용하다(Keating, 1998; 하성규, 2011; 김용웅 외, 2009).

시대의 흐름에 따라 공간개발전략이론은 공간적 불균형전략에서 공간적 균형발전전략으로, 추진전략이론은 하향적 발전전략에서 상향적 발전전략으로, 자원활용 전략이론은 외생적 지역개발전략에서 내생적 발전전략으로 중심축

---

5 공간구조이론은 토지이용, 정주체계 등 공간적 유형과 서비스와 제조업 등 경제활동의 공간적 조직화를 설명하는 이론으로서 지역개발의 기초이론이라 할 수 있다.

이 이동하는 경향이 뚜렷하다(하성규, 2011; 김용웅 외, 2009).

하향적 지역개발은 투자의 효율성과 생산성을 극대화하기 위해 중앙정부, 관료 및 전문가 집단에 의해 추진되어 강력한 추진력과 집행력을 담보하고 주로 성장거점이론, 지역불균형발전이론, 수출기반이론, 혁신이론 등에 배경을 두고 있다. 상향적 지역개발은 지역발전전략에 있어 지역이 지닌 잠재력을 활용하고 주민참여를 바탕으로 능력과 자원을 동원, 주민중심, 지역사회중심, 통합적 방식을 취하는 것이 특징이며 이론적 배경으로 도농지구개발, 생태개발론, 지속가능한 개발방식에 바탕을 두고 있다.

공간전략, 추진전략 및 자원활용 차원에서 효율성·성장을 중시(경제지향)하는 공간적 불균형전략, 하향적 발전전략 및 외생적 지역개발전략과 주민의 복지증진과 분배를 중시(복지지향)하는 공간적 균형발전전략, 상향적 발전전략 및 내생적 발전전략으로 구분하기도 한다(김용웅 외, 2009). 최근의 지역발전전략 수립에 있어 상향적-하향적 이분법적 접근보다는 중앙정부와 지방정부와의 상생 협력적 관계, 민간과 공공과의 파트너십 구축, 시민단체 등의 참여를 통한 거버넌스체제 구축 등의 새로운 접근법이 널리 시도된다.

제2절 각국의 지역개발정책

1. 외국의 지역개발정책

1) 영 국

(1) 도입배경과 변천과정

영국의 지역개발은 1920년대 경제공황기 이후 나타난 지역 간 불균형 문제, 특히 낙후지역 실업문제에 정부가 나서면서 도입되었다(김용웅, 2009). 1922년 돈카스터(Doncaster) 지방이 지역계획을 수립[6]하는 등 1920년대 이미 지역조사와 지역계획을 시도했다. 1920년대부터 제2차 세계대전 종전 이전의 도입기(1920~1945년)에는 1928년 산업이전청을 설치하여 노동자의 재교육 및 타 지역으로의 이전을 추진했다.

1945년에서 1979년 기간 중의 노동당 집권기는 개입주의 지역정책이 활성화되어 체계적인 지역계획을 본격적으로 전개하였다(하성규, 2011). 1947년 '도시 및 농촌계획법(Town and Country Planning Act)'에서 근대적 지역계획의 틀을 완성하였고 그 뒤로 보수당 집권 이후의 상대적 침체기(1951~1959년), 지역정책이 활발히 전개된 융성기(1960~1979년), 1970년대 후반 이후 지역정책의 쇠퇴기(1979~1989년), 지역정책의 활성화기(1990년대 이후) 등을 거쳤다.

대처정권 시기인 1979~1997년에는 지역 간 균형발전 및 지역격차 완화보다 국가경쟁력, 민간부문 활력, 그리고 작은 정부를 강조하면서 개입주의 지역정책을 대폭 축소하였다.

(2) 최근 동향

최근에 두드러지고 있는 지역개발동향은 크게 세 가지이다.

첫째, 1990년대 이후 중앙정부 지역정책의 초점이 지역 간 균형발전에서 모든 지역의 경쟁력 강화로 전환하였다(변필성·이동우, 2008). 지식기반경제가 진전함에 따라 지역의 상대적으로 낮은 입지 및 생산 비용보다는 오히려 클러스터, 상호학습, 혁신창출 등에 기반을 두는 지역경쟁력이 지역개발에 중요한 요인으로 대두되었다. 신자유주의 확산에 따른 탈규제와 민영화, 세계화의 진전으로 기업이 자국 내 쇠퇴·정체지역보다 국외로 이전하는 것이 유리한 상황이 전개되었다. EU 통합 및 확장으로 인해 각 회원국 중앙정부의 보조금 집행이 EU의 가이드라인에 맞춰서 제한된 범위 내에서 이루어져 중앙정부의 개입이 상대적으로 약화되는 결과를 초래하였다. 이에 따라 기존 규제를 받았던

---

6 산업발전, 도시발전, 교통체계, 생활환경 및 인프라 구축 등을 주요 내용으로 지역계획을 수립하였다.

성장지역이 국가경쟁력 강화 및 주변지역 발전에 갖는 긍정적 역할에 대한 인식이 확산되었다.

둘째, 지역 내 삶의 질 개선과 지역 간 삶의 질 격차 완화를 위한 정책을 추진하고 있다(변필성·이동우, 2008). 1990년대 이후 중앙정부 차원에서 빈곤지역(deprived area)의 삶의 질을 개선하고 나머지 지역과의 삶의 질 격차를 완화시키기 위한 일련의 정책을 추진하였다. 이를 위해 2002년에 통합재생예산(Single Regeneration Budget: SRB)을 RDA를 통해 지원하였다. 지역 내 이해관계 주체(예: 지방정부, RDA)에 의한 도시재생회사(Urban Regeneration Company)의 자발적인 설립·운영을 지원하여 도시재생을 추구하였다. 기초자치단체 수준에서 삶의 질 지표를 개발·공표하고 결과에 따라 정책사업을 추진하였다.[7]

셋째, 지역 및 지역공동체(community) 주도의 지역개발 본격화이다(김정후, 2008). 정부가 아닌 지역 및 지역공동체가 지역 문제에 대한 장기적 관점의 대안을 모색하고 합리적인 정책의 틀 내에서 개발을 주도한다. 지역 및 지역공동체는 지역 특성에 기반한 성장과 안정을 유지할 수 있는 지속가능한 원동력이라는 인식에 기초하여 2003년 '지속가능한 지역공동체(Sustainable Communities: Building For the Future)'를 발표하여 구체적인 커뮤니티 차원의 문제해결 프로그램과 실천방안을 도출하였다. 2008년 발표된 '힘을 가진 지역공동체(Communities in Control: Real People, Real Power)'는 정부의 실질적 권한을 지역공동체에 양도하여 지역주민들이 지역개발 현안의 전 과정에 개입토록 하였다. 그 밖에도 정부와 민간, 정부와 지역주민의 합리적인 협력을 위해 중재기능을 담당하는 잉글리쉬 파트너십(English Partnerships)과 자문·정책개발을 지원하는 케이브(The Commission for Architecture and the Built Environment: CABE)를 설치·운영하였다.

7 1994년 Index of Local Conditions를 삶의 질 지표로 최초로 도입했고 2000년 Index of Multiple Deprivation(IMD)으로 개편하였다. 2004년에는 Index of Multiple Deprivation(IMD)의 공표단위로서 소지역 센서스 공표구역 Super Output Area를 활용하였다.

2) 프랑스

(1) 도입배경과 변천과정

프랑스의 지역개발정책은 파리와 지방 간 불균형 해소를 목표로 발전되는 일련의 과정을 거쳤다(김용웅 외, 2009; 배준구, 2003). 파리와 다른 지역 간 불균형의 심각성은 1947년 '파리와 프랑스 사막(Paris et le Désert Français, J. F. Gravier)'으로 이슈화되면서 1950년 국토계획 전담부서 창설과 국토정책 수립을 견인하였다.

프랑스의 지역정책은 파리로의 과도한 인구 집중과 그 외 지역의 낙후를 해결하기 위해 1940년대에 도입되었다. 구체적으로 1963년 DATAR[8] 창설 이후 경제 위기가 시작된 1974년까지 지역정책의 황금기를 맞았고, 1970년대 중반 경제적·사회적 여건 변화와 기존 정책에 대한 비판이 제기되면서 1990년까지 쇠퇴기를 겪었다. 1990년대에는 지방분권화, 유럽통합, 세계화에 주목하여 지역경쟁력 증진과 파리의 유럽 중심지 위상 확보에 노력하였다. 1990년대 후반에는 지역에 대한 새로운 접근과 강력한 규정으로서 '지속가능한 국토계획·발전기본법'(1999. 6. 25), '코뮌 간 협력간소화 및 강화'(1999. 7. 12), '도시연대 및 쇄신법'(2000. 12. 13)을 제정하고 지방분권의 새로운 활력을 유도하는 상호보완관계를 형성하여 도시권 내에서 도시 간 관계에 대한 새로운 메커니즘을 구성·관리하였다(배준구, 2003).

(2) 최근 동향

2000년대 프랑스의 지역정책 기조를 균형발전에서 경쟁력 추구로 전환하고 DIACT를 중심으로 지역경쟁력 촉진을 본격화하였다(김용웅 외, 2009). DIACT의 확대 개편은 국토경쟁력을 높여 세계화에 따른 경제변화에 효율적으로 대응하기 위해 산업전략과 국토개발전략을 통합하고자 하는 정책적 노력의 일환

---

8 DATAR는 수도권 규제와 지역불균형 완화를 위한 지역정책 및 계획을 주도, 특히 지방도시의 집중적 육성을 통해 파리지역 성장을 제한하는 역할을 수행하였다.

이다. 지역 내 혁신을 통해 새롭고 지속적인 동력을 창출하여 유럽 시장에서 우월한 경쟁력을 가지는 것을 목표로 추진하였다.

지역경쟁력 강화를 위한 수단으로서 계획계약과 경쟁거점정책을 추진하였다(전훈, 2007).

계획계약은 국가발전과 지역개발에 동시에 기여할 수 있는 지역개발사업을 중앙정부와 지방자치단체가 공동으로 추진하기 위해 사업계획 및 투자분담을 계약을 통해 명시하였다. 지방분권의 구체적 실현형태가 대부분 중앙의 일방적 의사결정인 법률이나 명령에 의해 이루어지는 점을 계약을 통해 보완하고 국가는 국가계획의 우선사업과 양립할 수 있는 레지옹의 우선사업 실시에 지역 간 연계를 도모하였다. 국가는 각 레지옹에 대해 일정한 정책방향을 제시하고 중재하는 역할을 수행하며 레지옹은 지역특성에 부합하는 전략을 스스로 구상할 수 있고 주요 사업분야에 대한 집중적인 지원을 요구하였다.

경쟁거점정책은 국토개발과 발전을 위한 정부부처간위원회(CIADT)의 산업정책보고서(2004)에 따라 경쟁거점지구 전략을 추진하였다. 일정한 지역에 기업, 교육기관, 연구기관들을 밀집시켜 혁신적 성격의 공동 프로젝트를 수행하고 시너지를 창출하였다. 파트너십에 의한 연구개발 프로젝트는 부를 창출하는 혁신적 요소와 긍정적 국제 전망에 의한 유인적 요소를 극대화하여 지역경쟁력 강화에 기여할 것이라는 인식에서 출발하였다.

이와 더불어 전 세계적으로 일고 있는 광역대도시권 간 경쟁에 주목하여 레지옹이 자율적으로 광역권의 경제발전 전략이나 계획을 수립하고 각종 사업을 추진하였다(배준구, 2010). 왜냐하면 레지옹이 사업추진 권한과 재원을 가지고 있어 계획의 실천성에 유리하기 때문이다. 레지옹 간 계획계약과 다년도 협약방식을 채택하여 재원 안정성 확보와 중앙정부와 레지옹 간 협력체계의 유연성을 제고하였다.

최근에는 이를 바탕으로 국가경쟁력 강화 차원에서 기존의 일드프랑스 대도시권 마스터플랜과 별도로 '그랑파리(Grand Paris)'라는 계획을 수립하여 세계화에 대응하고 있다(윤상용 외, 2012).

3) 일 본

(1) 도입배경과 변천과정

일본의 지역개발정책은 제2차 세계대전 이후 전후 복구를 위해 추진된 중화학공업에 대한 투자로 급격하게 성장한 대도시권(도쿄, 오사카, 나고야 등 3대 도시권)과 지방의 격차문제로 본격화되고 있다. 대도시권의 과밀 해소를 목표로 1959년 제정된 '수도권 기성시가지의 공업 등 제한 법률'을 바탕으로 정책을 가시화하였고, 1962년 제1차 전국총합개발계획과 1969년 제2차 전국총합개발계획을 시작으로 중앙정부 차원에서 공표된 지역개발정책을 추진하였다.

1970년대 초반에서 1980년대 중반까지는 양적 성장을 강조해 온 산업정책에 대한 반성을 바탕으로 주민생활의 안정과 지역의 개성과 자율성을 강조하였다. 1980년대 중반과 1990년대의 지역정책 기조는 세계도시로서의 도쿄권의 역할을 제고하고 동시에 균형발전을 위해 고차 도시기능을 지방도시로 분산시키는 데 두었다. 2000년대에는 장기불황과 고령화에 따른 활력 저하를 극복하고자 지역정책목표를 지역 간 격차 시정에서 대도시 재생 및 지역 간 경쟁에 의한 개성있는 발전으로 전환하였다.

(2) 최근 동향

2000년대 후반에는 2001년 고이즈미 내각이 공표한 '지역의 개성있는 발전'을 목표로 지방 스스로의 판단과 재원에 의한 매력적인 지역 만들기를 추진하였다(강현수, 2008). 지방분권화, 산업클러스터 정책 강화와 국토계획체계 변경, 지역활성화 통합본부회의 및 사무국 설치 등으로 구체화하였다.

수도권 규제 대신 도시와 지역의 재생을 강조하고 지방행정 및 재정 개혁을 통한 분권화를 추진하였다. '수도권 공장 등 제한법' 폐지(2002), '공업재배치법' 폐지(2006), '지역재생법' 신설(2005)과 도시재생사업 및 지역재생사업을 추진하였다. 시정촌 합병에 의한 지자체 규모를 확대하고 9개 블록으로 전국 도도부현을 광역화하여 광역 행정권을 형성하였다. 지방재정 개혁은 삼위일체 개혁이라 하여 국고보조금 및 교부금의 삭감과 재원의 지방이양을 추진하였다.

산업클러스터 정책을 강화하고 국토계획체계를 변경하였다. 광역적 인적 네트워크 형성을 위한 혁신 창출을 강조하고, 중견 중소기업의 신사업 전개와 대학에 기반한 벤처기업을 창출하였다. '국토종합개발계획'을 '국토형성계획'으로 변경하고 광역 지방계획제도를 신설하여 지역의 자율성과 중앙정부와 지방 간의 파트너십을 제고하였다.

지역정책 추진체계를 총리 직속 내각부에 각 중앙부처의 지역사업을 총괄·조정하는 지역 활성화 통합본부회의와 사무국을 설치하여 부처 간 연계를 통한 종합적인 정책을 추진하였다. 부처 분산적 사업추진 방식 대신, 부처 횡단면적으로 종합정책을 추진·조정할 수 있도록 조직을 정비하고 지역재생기반 강화 교부금 같은 포괄보조금 성격의 사업 재원을 신설하였다.

지역 주도의 살기 좋은 지역 만들기인 마찌쯔구리 운동도 전개하였다(류중석 외, 2007). 고도 성장과정을 거치면서 소득증가가 반드시 삶의 질을 보장해 주지 않는다는 인식이 확산되면서 물리적 기능 개선 위주의 기존 도시계획제도를 보완하고 작은 단위인 마을에서 주민참여를 통해 스스로 도시환경을 개선함으로써 공간의 공공성을 높이는 것을 목적으로 한다. 대항, 병존의 단계를 넘어 주민이 주체가 되어 도시계획을 수립하는 협조, 협동의 계획시스템이 정착되었다(小泉秀樹, 2006).

중앙정부와 지방자치단체의 행복과 미래 희망에 대한 관심이 증가하였다. 최근 국내외적으로 주민의 주관적 행복에 관심을 두는 것에 주목하여 2009년 중앙정부 차원에서 '행복도에 관한 연구회'를 설치하고 행복지표 설정을 위한 조사 연구를 추진하였다. 후쿠오카현, 쿠마모토현, 도쿄도 아라카와구, 니가타시 등의 지방자치단체에서도 자체적으로 지역 행복 연구를 진행하였다. 2011년 동일본대지진 이후 후쿠이현 외 10개현[9]이 참여하여 희망지표(Local Hope

9 아오모리현, 야마가타현, 이시카와현, 야마나시현, 나가노현, 나라현, 돗토리현, 시마네현, 코치현, 쿠마모토현

Index: LHI)를 설정·진단하고 지방의 자립을 도모하였다(福井県, 2012). 현재의 생활·복지 수준이나 생활의 질만을 높일 뿐만 아니라 장래나 차세대 행복의 유지·실현에는 희망을 가진 행동이 필요하다는 것을 강조하였다. 희망은 장래나 미래에 변화를 요구하는 심리적 표시로서 현재의 주관적 만족감, 행복을 장래에 가져오는 것으로 인식하고 있다.

2. 한국의 지역개발정책

1) 도입배경과 변천과정

한국의 지역개발정책은 한국전쟁으로 파괴된 공공시설, 산업시설, 주택 등을 재건하는 전후 복구사업과 저발전으로부터의 탈출을 배경으로 도입되었다. 1950년대에는 전후 외국의 무상원조를 자금원으로 철도, 도로, 항만 등 공공시설의 복구사업을 추진하였고, 1960년대에는 생산시설의 재건을 위해 외부자금에 의한 시멘트, 판유리, 비료공장 등의 기간산업 건설에 주력하였다.

1960~1970년대에는 경제성장을 최상위 목표로 두고 중앙정부 주도의 강력한 수출산업 육성책을 추진하였다. 국가 경제발전의 효율적 추진을 위해 도로, 항만, 용수 등의 사회간접자본시설을 공급하고 산업입지와 국토발전의 잠재력이 높은 인천, 울산 등을 특정지역으로 지정한 후 집중적으로 투자하였다. 1972년 최초로 수립된 '제1차 국토종합계획(1972~1981)'은 중앙정부 주도의 하향적 거점개발전략을 채택하여 공업생산기반과 간선도로망 구축, 수자원의 다목적 개발, 국토관리체계의 확립 등을 시행하였다. 이밖에도 근면·자조·협동을 이념으로 하는 새마을운동을 추진하여 농촌의 생산 활동, 환경 및 생활 개선의 변혁을 시도하였다.

1980년대 지역개발정책은 기존의 성장위주 경제개발정책 하에서 훼손된 환경과 지역 간 격차 문제에 대한 반성에서 출발하여 경제성장에 치중했던 정책목표를 안정·능률·형평을 중시하는 사회개발로 전환하였다. 지역개발정책

수단도 경제적 하부구조 위주에서 벗어나 주택, 의료, 교육, 사회복지 등 사회적 하부구조 개선을 병행하였고, 수도권은 억제하고 낙후지역에 투자하는 균형발전전략을 추진하였다. '제2차 국토종합개발계획(1982~1991)'에서는 국토공간의 다핵화, 국민생활의 형평성 제고, 국토이용의 고도화를 위한 인구의 지방정착 유도, 개발 가능성의 전국적 확대, 국민복지 수준의 제고 및 국토자연환경 보전 등을 추구하였다. 이를 뒷받침하기 위해 '수도권정비계획법'(1982), '도서개발촉진법'(1986), '농어촌지역개발기본법'(1986), '오지개발촉진법'(1988) 등을 마련하였다.

1990년대에는 산업화 과정에서 초래된 부작용을 치유하는 단계를 넘어 세계화, 지방화, 민영화, 정보화와 기술혁신 등 구조적 변화를 수용하여 선도하는 공간개발전략과 물적 기반을 마련하는 데 치중하였다(김용웅 외, 2003). 지역개발정책의 효율적인 추진을 위해 중앙정부 주도의 추진방식에서 벗어나 지방자치단체와 민간부문의 창의·주도에 의한 분권적·자율적인 추진방식을 도입하였다. '제3차 국토종합개발계획(1992~2000)'은 지방분산형 국토골격의 형성, 생산적이고 자원절약적인 국토 이용체계 구축, 국민복지 향상과 국토환경의 보전, 남북통일에 대비한 국토기반 조성을 목표로 설정하였다. 지방광역권과 개발촉진지구 지정, '지역균형개발 및 지방중소기업 육성에 관한 법률'(1994)과 사회간접자본시설의 건설에서 민간자본의 참여를 촉진하기 위한 '민자유치촉진법'(1994) 제정, 이 밖에도 토지이용규제 완화를 위해 '국토이용관리법'(1994)을 개정하였다.

2000년대에는 세계화, 환경, 삶의 질, 지식경제화, 혁신, 분권 등과 같은 시대적 조류가 경제·사회 전반에 걸쳐 직접적인 영향을 미치게 되어 지역개발정책에서 고려해야 할 변수를 확대하였다. 중앙정부 주도의 추진방식에서 벗어나 생산기반시설 확충을 통한 지역균형발전과 지방자치제 실시로 지방이 중심이 되는 지역개발의 기반 구축을 시도하였다.

2) 최근 동향

(1) 참여정부의 지역개발정책

참여정부는 지역균형발전을 최상위 목표로 두었다. 중앙기능의 지방 분산과 수도권 성장관리 정책사업으로 신행정수도와 행정중심복합도시 건설, 공공기관 지방이전과 혁신도시 건설 등을 추진하였다.

또한 중앙부처별로 추진되던 지역정책을 총괄하고 조정하는 체계를 구축하였다. 국가균형발전위원회, 지역혁신협의회 등의 추진기구와 국가균형발전특별법, 국가균형발전특별회계 등의 제도적 기반을 마련하였다. 지역이 지역개발을 주도하는 토대 마련 차원에서 지역혁신체제를 구축하였다. 지역 내 산학연 혁신주체들이 상호작용과 협력을 통해 지역의 연구개발, 기술혁신, 벤처창업, 신산업 창출, 행정제도 개선을 이룰 수 있는 체계를 구축하였고, R&D 및 지역특화산업과 연계된 지방대학의 육성과 이를 토대로 한 자립적 지역개발체제를 구축하고자 다양한 시책을 추진하고 지원하였다.

지역전략산업 육성과 산업클러스터 구축도 빼놓을 수 없다. 중앙정부와 자치단체의 협력 하에 지역별 특성화와 경쟁력있는 전략산업을 육성하고 이를 위해 기업, 연구소, 대학, 산업지원기관 등의 유기적인 연계를 통한 산업클러스터 활성화를 제시하였다.

(2) MB정부의 지역개발정책

참여정부의 지역균형발전정책이 비효율적이었다는 판단 아래 지역정책의 새로운 기조를 세계적 경쟁력 제고에 두었다. 규제 완화를 통한 수도권 경쟁력 강화와 지역잠재력에 바탕한 지역특화발전에 집중하였다.

세계화에 대응하는 광역경제권 구축, 지역개성을 살린 특성화된 지역개발, 지방의 분권과 자율을 통한 지역 주도의 발전, 지역 간 협력·상생 발전, 기존 시책의 발전과 보완을 추진전략으로 채택하였다.

수도권 경쟁력 제고는 세계화시대 국가경쟁력 강화를 위해 수도권에 대한 규제 개혁과 수도권 규제 합리화로 시도되었다. 수도권과 지방의 대립구도에서 벗어나 수도권과 지방의 상생·협력을 강조하였다.

이와 더불어 비수도권 경쟁력 강화를 위해 5+2 광역경제권과 기초생활권을 구상하였다. 광역권역별 선도산업(권역별 2개) 육성하기 위해 고속도로, 철도 등 총 30개 SOC 건설 프로젝트를 선정·추진하였고, 도시계층구조 간 상호보완성 극대화의 관점에서 거점도시, 중소도시, 비도시 간 연계 인프라와 프로그램을 확충하였다.

마지막으로 지역 개성과 잠재력을 바탕으로 하는 지역특화발전을 추진하였다. 지역별 상이한 특성과 잠재력을 최대한 살리고 경제적 효율성이 높은 특화된 지역개발을 추진하였다. 중앙주도의 하향적 지역개발에서 벗어나 분권과 자율에 기반한 지역주도를 강조하였다.

(3) 한계와 문제점

첫째, 중앙정부가 지역균형발전을 주도하였다. 참여정부는 지역균형발전정책을 강조하고 관련 제도와 추진기구를 마련하였지만 중앙집권적, 외생적 방식의 하드웨어 인프라 구축에 편중되어 지역 주도의 내생적 발전에는 미치지 못했다.

둘째, 지방분권화는 선언적 수준에 머물렀다. 참여정부에서는 지방분권을 목표로 지방교부세율을 상향하였으나 지방분권의 핵심과제인 국세와 지방세 간 비율 조정, 특별지방행정기관의 정비는 미흡했다. MB정부도 부가가치세의 5%를 지방으로 이양하여 지방소비세를 신설하고 소득할 주민세와 종업원할 사업소세를 통합하여 지방소득세로 전환하는 등 지속적으로 지방분권을 추진하였으나 감세정책에 따른 지방재정 악화와 지방행정체제 개편으로 인한 혼선에 대한 비판이 적지 않다.

셋째, 공간적 결집과 역량이 부족한 광역경제권을 추진하였다. 단순한 시·도 행정구역 결합으로 광역경제권을 구분하였다. 광역경제권 경쟁거점 육성에 요구되는 혁신역량, 글로벌화 역량, 중추관리역량, 인재 정착기반 등을 확보하지 못하고 SOC 구축에만 투자한 한계가 있다. 광역경제권 정책의 경우, 광역시와 도 전체를 대상으로 하여 산업, 인프라 등의 부문별 발전만을 추구해 공간적 결집이 미약해지는 결과를 초래하였다.

3. 시사점

1) 지방의 주체적 역할이 강조된 분권 추진

지역의 조건과 관점에 맞추어 지역개발을 추진하는 지역의 분권화가 활발해지면서 지역과 중앙정부 간의 역할과 위상이 달라졌다. 지역 이해관계자 간의 파트너십과 지역 여건에 바탕을 둔 지역 주도의 발전 전략 및 사업이 수립·집행되었다. 중앙정부는 지역의 자율과 차별적 조건을 존중하는 분권화를 추진하는 동시에 균형과 형평을 잃지 않도록 각 지역의 발전 전략 및 계획을 조정하는 역할을 강조하였다. 또한 보조금과 세금 혜택 대신 지역의 경제활동 주체에 직접적으로 연관된 소프트 하부구조 개선(정보 및 컨설팅 서비스 제공, 교육 및 훈련 프로그램 운영, 연구개발 투자 등) 등을 지원하였다.

세계화에 따른 지역 간 경쟁이 심화되면서 국제적 수준의 경쟁력 확보가 가능하고 지역 자체 혁신역량을 갖추기 위해 공간정책 단위로서 광역화를 추진하였다(강현수, 2008). 경제활동의 광역화가 진행되면서 기존 행정구역에 근거한 정책 단위로는 한계점에 직면하게 되었다. 기반시설의 효율적 활용, 지역산업 지원 및 혁신역량 육성, 도시와 농촌의 조화로운 관계, 적절한 민관 거버넌스 구축 등을 목표로 하는 정책을 효율적으로 추진할 수 있는 공간 단위를 설정하려는 노력을 해야 한다.

광역단위 전략적 지역경제권 형성은 영국, 프랑스, 일본 등의 선진국에서 활발하게 추진되었다. 영국은 스코틀랜드와 웨일즈, 북아일랜드를 하나의 지역, 잉글랜드 지역을 9개의 광역지역으로 구분하고, 각 광역 지역에 지역개발 기구를 설립하였다. 프랑스는 총 6개의 광역경제권(남동광역권, 남서광역권, 대서

부광역권, 파리광역권, 북부광역권, 대동부광역권)으로 구성되는 네트워크화된 다핵주의 공간구조를 지향하였다. 일본도 광역지방 구분을 정하는 정령(政令)을 제정하고 복수의 도도부현을 단위로 하는 총 9개 권역의 광역지방계획 구역을 확정하였다.

2) 삶의 질 격차 해소

삶의 질에 대한 관심은 경제적 성장을 목표로 물리적 개발에 치중했던 과거 지역개발정책에 대한 반성에서 출발한다. 경제적 격차에 국한되었던 정부정책이 지역주민의 삶의 질 격차로 범위를 확대한 것이다. 과거 총량경제성장에 치중했던 지역개발정책은 소득 자체만으로 지역주민 개개인의 복지 또는 만족, 기회 확대를 충분히 반영할 수 없다는 점을 인식하게 해 주었다.

국내외적으로 지역을 단위로 삶의 질을 진단하고 지역 간 삶의 질 격차를 완화하기 위한 정책적 노력을 전개하게 되었다. 영국은 빈곤지역(deprived area) 삶의 질 개선을 목표로 별도의 전담 예산을 투입하였다. 기초자치단체 수준에서 삶의 질 지표를 정기적으로 개발·공표하고 그 결과에 기초하여 정책을 추진하였다. 최근에는 중앙정부 차원에서 국가지표(national indicators) 198개를 선정하여 통시적 모니터링을 시도하였다. 일본은 중앙정부와 지방자치단체에 '행복도에 관한 연구회'를 설치·운영하고 있다. 2011년에는 10개 현이 참여하여 희망지표를 설정·진단하고 공동 자립방안을 모색하였다.

국내에서도 농림수산식품부가 '농어업인 삶의 질 향상을 위한 특별법'을 제정하여 정기적인 삶의 질 실태조사를 실시하고 있다. 광역자치단체 중심의 삶의 질 지표(혹은 행복지수) 개발·진단 시도도 이어지고 있으나 지속적이지 못하다.

3) 지역공동체 형성과 복원

퇴니스(Tönnies)가 제시한 이익사회(Gesellschaft)와 대조되는 개념의 공동사회(Gemeinschaft)[10]는 급속한 산업화와 도시화 과정에서 전통적인 씨족공동체와 연대의식 등이 사라지면서 서서히 붕괴되었다(Brint, 2001; 서재호 외, 2012; 차경은, 2012).

최근 근린지역을 중심으로 한 지역공동체에 대한 재구성·재해석이 시도되면서 현대적 재발견에 관심이 모아지고 있다. 장소, 역사, 신뢰를 바탕으로 형성된 공동체(Master et al, 1988)는 인간이 현재 삶을 유지하고 더 나은 삶을 누리기 위한 생존전략에 의해 형성되는 사회집단(차경은, 2012 재인용)으로서 태생적으로 지역개발을 목적으로 한다는 인식에서 비롯되었다.

영국의 지속가능한 지역공동체, 일본의 마찌쯔구리, 참여정부의 살기좋은 지역만들기 등은 정부의 역할을 최소화하고 합리적인 정책의 틀에서 지역공동체가 개발을 주도하는 대표적인 예이다. 영국의 지속가능한 지역공동체(2003), 힘을 가진 지역공동체(2008)는 정부가 지역개발의 전 과정에 주민이 개입할 수 있도록 구체적인 프로그램과 실천방안을 제시하였고, 일본의 마찌쯔구리는 쇠락한 도시를 주민이 재생시켜 시민주도 지역개발의 제도적 기반과 정책 수립의 틀을 마련하였다. 참여정부의 살기 좋은 마을 만들기는 주민의 자발적 노력이 간헐적으로 전개됨에 주목하고 정부가 주도하여 공간의 질과 삶의 질을 제고하는 동시에 주민이 주체가 되는 지역개발을 활성화하고자 하였다.

---

10 독일의 사회학자 퇴니스는 사회집단 유형으로 이익사회(Gesellschaft)와 공동사회(Gemeinschaft)가 나타난다고 주장하였다.

제3절 지역개발의 패러다임 변화

1. 기존 지역개발정책의 한계

1) 국가 주도 지역개발정책의 퇴조

전통적으로 지역개발정책은 중앙정부가 규제와 지원을 통해 개별 지역의 발전에 개입하여 국가 내 산업 및 인구를 공간적으로 재배치하고 지역격차를 완화시키는 데 초점을 두었다(변필성·이동우, 2008). 중앙정부는 지역을 성장지역과 쇠퇴·정체지역으로 구분하고, 성장지역에는 입지·개발 규제를 시행하면서 쇠퇴·정체지역에 대해서는 각종 보조금을 지원하고 기반시설을 투자하였다.

그러나 중앙정부 주도로 추진되어 온 산업 및 공간 재배치정책은 분권화, 세계화, 지식정보화 등의 메가트렌드 속에서 실패를 경험하게 되었다. 쇠퇴·정체지역의 자생력 및 경쟁력 강화로 이어지지 못하고 장기 불황이 닥치면서 쇠퇴·정체지역으로 이전한 공장이 폐쇄되는 상황이 빈번하게 발생했다(변필성·이동우, 2008).

세계화로 인해 기업 입지의 공간범위가 국내에서 국외로 확장되어 국내 지역 간 산업 및 인구의 공간 재배치 효과가 저하되었다. 산업이 요소투입형에서 혁신주도의 지식기반형으로 변화하면서 상대적으로 낮은 입지 및 생산비용보다는 상호학습과 혁신창출이 기업활동, 나아가 지역개발에 더욱 중요한 요소가 된 것이다. 또 분권화가 전개되어 각 지역이 자율에 근거해서 분권화된 방식으로 지역개발을 추진할 수 있는 여건이 마련되었고, 그러한 분권화의 흐름 속에서 중앙정부의 개입주의적인 방식을 통한 지역개발이 더 이상 작동하기 어렵게 되었다.

이처럼 중앙정부 주도로 획일적으로 추진된 전통적인 지역개발정책에서 벗어나 정치·행정 권한의 분권화, 재정의 지방화 확대 등 근본적인 분권화 조치와 함께 지방이 자율적으로 성장할 수 있는 경제·사회적 여건과 물적 기반 강화 등을 새로운 과제로 설정하여 접근해야 한다는 주장이 확산되고 있다. 정책환경이 급속하게 변화하면서 지역개발정책의 목표가치부터 추진전략, 대상지역 및 접근방식 등에 이르기까지 획기적인 변화를 경험하고 있다. 전통적 패러다임이 새로운 패러다임으로 대체되는 '패러다임 전환'이 이루어지고 있다. 한표환(2012)은 21세기 한국사회와 국민적 수요 변화에 발맞추어 국민통합 및 경제발전, 삶의 질 향상이라는 복합적·갈등적 명제를 해결하기 위한 새로운 지역개발모델 정립이 필요함을 주장하였다.

2) 물적 개발로 인한 삶의 질 저하

1960년대 이후 개발과정에서 이루어낸 산업화와 도시화는 경제성장을 우선으로 한 물리적 기반시설 확충과 양적 팽창에만 집중하여 주민의 삶의 질을 오히려 저하시키는 결과를 초래하였다(류중석 외, 2007). 급속한 물리적 개발로 산림 훼손, 하천·해양·대기오염, 갯벌 매립 등의 자연환경 파괴를 불러와 인간과 자연의 공존체계가 와해되었다. 아파트 위주의 획일적인 주거유형 확산으로 주택의 거주 개념이 투자나 투기의 개념으로 전락하고 무분별한 대량생산 위주의 물량공급 피해를 양산하였다. 또 급속한 도시화로 인한 농어촌인구 유출은 농어촌지역의 공동화·고령화를 불러와 성장동력을 상실하게 되었다.

전통적 지역개발정책이 '장소의 번영'만을 고려하여 물리적 자본투자에 치중함으로써 '사람의 번영'을 도외시했음을 비판하고 장소의 번영과 사람의 번영을 동시에 추구하는 '장소-주민 통합적' 지역개발정책의 필요성이 제기되었다(강현수, 2010). 지역공간이 생산공간, 시민사회적 공간 혹은 생활공간, 근대적·정치적 공간으로 변모하면서 자연적, 물리적인 외연적 공간에서 인공적, 인위적, 사회제도적 인간사회의 복잡한 관계로 가득찬 내포적 공간으로 전환되었다(조명래, 2007).

3) 수도권 집중과 지역 격차

대도시 혹은 수도권 집중 등의 국토 불균형 문제는 여전히 심각하다. 우리나라 수도권 면적은 전체 국토의 11.7%에 불과하지만 2011년 기준 전국 인구의 49.3%, 전국 지역내총생산(GRDP)의 48.9%가 수도권에 집중되어 있다. 대도시와 수도권에 대한 지속적인 집중과 투자는 비수도권, 농어촌지역의 인구 유출을 가속화하는 원인으로 작용하였고, 대도시와 수도권 과밀화는 교통체증, 주택가격 상승, 환경 훼손 등의 부작용으로 나타났다.

지역 간 격차 심화로 인한 지역 간 대립과 갈등이 고조되었다. 지역격차는 지역적 차이를 뜻하는 지역성이나 지역분화와 달리 발전도나 발전단계의 차이를 의미한다. 최근에는 정보·기술의 진전, 문화·예술적 가치가 중시되면서 지역이 보유한 역량에 따라 지역발전의 수준이 상이하다. 지역의 발전도에 따라 구분된 낙후지역과 그 외 지역 간 대립과 갈등이 점차 심화되고 있다.

지역 내 격차는 구성원 간 갈등을 초래하여 진정한 사회통합을 저해하였다. 지역 내에서 발견되는 사회·경제·문화적 격차는 구성원 간 위화감을 조성하였다.

2. 지역개발의 패러다임 변화

1) 지역개발의 메가트렌드

(1) 지속가능성 중시

새로운 지역개발과 관련하여 가장 중요한 기본원칙은 지속가능성이다(T. Friedman, 2008). 이는 1987년 노르웨이의 브룬트란트(Brundtland) 총리가 주도한 '세계환경개발위원회(World Commission on Environment and Development: WCED)' 보고서에서 공식적으로 제시되었다. 브룬트란트 보고서는 "인간은 미래세대의 수요를 고려하면서 기존 수요를 충족시킬 정도의 지속가능한 개발능력을 가지고 있다"고 선언하였다. 미래세대의 것을 강탈해서는 안 되며, 더 많은 것을 유산으로 물려주기 위해 노력해야 한다는 의미이다. 유사개념으로는 국제연합개발계획(UNDP)에 의해 제기된 '지속가능한 인간개발(sustainable human development)'이 대표적이다.

경제성장의 혜택을 공평하게 분배하고, 환경을 파괴하기보다는 재생시키는 사업에 주력해야 한다. 인간을 주변화시키는 대신 힘을 실어주는 개발을 선호한다. 개발은 사람의 선택과 능력에 중심을 두는 것으로 인식하고 있다.

(2) 생태적 미래기획 추구

과거에는 "이용할 수 있는 자원은 무한하고, 우리 인간에게는 무수한 기회가 열려 있으며 역사의 진보는 영원할 것"이라는 세계관에 의존하였다(Inglehart, 1977; Hays, 1987; O'Neil, 1993; Weizsäcker, 1998). 이를테면 습지개발은 확실하게 드러나는 경제적 이익을 가져다 주지만 습지보호는 구체적인 소득없는 낭비일 뿐이라는 식의 이분법적 사고에서 비롯되었고, 산을 파헤쳐 암석과 광물을 채취하거나 위락단지를 조성하는 것은 경제성장을 뜻하지만 좋은 위치의 산을 자연 그대로 두게 되면 경제성장과 일자리를 포기하게 된다는 사고에서 기인되었다. 이는 생산 우선, 사회구조와 자연공간의 단일화, 자연적인 다양성을 인위적 내용으로 전환시키는 과정을 통해 진행된 결과에서 나온 사고방식이다.

최근에는 이에 대한 대안으로 삶의 질과 생태적 가치를 우선시한다. 과학기술을 활용한 끊임없는 진보를 낙관하던 관행에서 벗어나 개인과 공동체의 생태복지에 주목하게 되었다. 역사상 인간이 이룩한 성과를 바탕으로 스스로의 잠재력을 지나치게 과신하는 경향을 반성하게 되었다. 이러한 흐름이 확산되면서 국제적으로 그린라운드(Green Round: GR)와 같은 새로운 체제가 등장하였다. 공정 및 생산방식 규제, 국제환경규격 제정, 기후변화협약 체결, 탄소세 도입 등으로 글로벌 규제가 크게 강화되었다. 이는 지역개발에도 광범위한 영향력을 발휘하면서 재생, 에코, 보존, 자원순환이 중요한 과제로 대두되었다.

(3) 창조적 발전 지향

21세기 들어 세계의 선도지역은 쿨(cool)하고 매력적이며 창조적인 공간 창출을 위해 노력한다(Landry, 2008). 전통적 메가프로젝트 추진이나 대형 인프라 사업 발굴에 매달리기보다 매력적인 지역문화 창조와 이를 통한 발전을 도모한다. 양질의 교육여건, 사회적 다양성을 자본으로 여기는 열린 자세, 역동적 문화를 중시한다. 오래되고 고풍스러운 역사자원을 지역사회의 지적 분위기 및 현대적 첨단기술과 접목시킨다. 변화를 외면한 채 외적으로 성장하는 지역이나 개성을 상실한 채 개발에 매몰된 지역은 경쟁력을 상실한다.

창조적 발전역량이 우수한 지역에 글로벌 창의집단이 정착한다. 일자리공급형 아이디어 생산자이며, 창작이 필요한 경제활동 종사자라고 할 수 있는 디자이너, 패션리더, 건축가, 화가, 컴퓨터마니아 등 다양한 분야 인적자원이 집결한다. 대개 창의적인 사람들은 일정한 틀에 얽매이지 않고 평범한 것과 독특한 것을 두루 경험할 만큼 정신적으로 항상 열려있기 때문이다. 분명히 개인주의자이지만 자신의 이념을 넘어서기 위해 새로운 도전에 나서고 사회적 책임의식과 윤리의식이 철저하다. 오늘날 어떤 지역이든 발전을 앞당기고자 한다면 쿨한 멋과 창의적 집단에 주목해야 한다.

(4) 주민과 공동체의 역할 재인식

21세기형 사회에서는 개인과 개인, 조직과 조직을 이어주던 단선적 관계의 한계를 노출하게 된다. 상호접촉이 가상공간으로 확대되면서 그물망식 연결구조로 변화되는 네트워크화가 확산되었다. 개인과 집단이 직접적이고 대면적인 상호작용을 하도록 뒷받침한 것은 정보통신기술의 발달로 이루어졌다.

지식과 정보를 갖춘 주민과 공동체가 정책결정 과정에 긍정적 영향력을 행사한다. 카리스마적인 지도력이나 전문가와 소수 엘리트주도의 의사결정방식이 정당성을 상실하고 토론형 주민중심주의가 부상하였다. 새로운 논리와 지식으로 무장한 신진세력이 대중매체나 사이버공간을 이용해 주민에게 직접 호소함으로써 변화에 참여한다. 이러한 환경하에서 지역개발 관련 주도권의 상당부분은 관료와 전문가를 떠나 주민에게로 이동되었다.

주민과 공동체가 진정한 정책창조자로서의 지위를 획득하게 된 것이다. 과거 주민은 관료와 소수 전문가들이 만든 정책을 일방적으로 받아들이는 수동적 정책수용자였지만, 디지털시대의 지식화된 주민은 자신들의 다양한 욕구와 정체성을 완벽하게 정책에 반영하고자 적극적으로 개입한다. 인터넷을 비롯한 정보통신 수단 활용을 통해 주민 각자가 원하는 정책의 구체적인 방향과 내용을 주문한다. 주민, NGO, 전문가, 관료가 함께 참여하는 개방형 거버넌스가 일반화되었다.

(5) 전략적 자치시대 도래

지방자치는 세계화에 대응하고 주민의 삶의 질을 향상하기 위한 대내 지향적 자구책이다. 종래 중앙집중적 단일체제의 한계가 드러나면서 지역역량을 극대화하는 초광역, 광역, 기초, 동네자치를 전략적으로 전개하였다. 따라서 이러한 전략을 채택할 경우, 그에 걸맞은 행정체제를 갖추는 것이 중요한 과제가 되었다.

자치시대에는 개인과 지역의 특성을 살리는 것이 핵심 관심사이다. 소규모 행정단위의 자율성을 강화하고 주민의사를 거주지 환경변화와 관련된 정책결정 과정에 반영하도록 요구하게 되었다. 지방재원, 지역개발 입지선정, 개발기금 등에 대해 지방정부가 스스로 결정하는 분권과 자치가 강화되었다.

이에 바탕하여 지역 부존자원, 노동력 및 기술을 최대한 활용하여 그 지역의 고용 및 소득을 창출하고 다시 지역경제로 재투입하는 내발적 개발이 확산되는 추세이다.

2) 새로운 이론과 정책의 필요성

전통적 지역개발은 도로, 통신, 시설 등과 같은 물적 하부구조 건설에 주력하였으나 최근의 지역개발은 지역실업 및 빈곤문제 해결 뿐만 아니라 지역경쟁력 강화를 위한 물리적, 경제적, 사회적 분야를 아우르는 통합적 정책으로 변모하고 있다(Edgington & Fernandez, 2001).

지역개발의 주요한 흐름이 세계화, 분권화, 기술혁신, 가치의 다원화에 있음을 확인하고 미래의 지역개발정책은 한정된 공간을 벗어나 개방적 가치창출 전략에 의한 개성적 지역발전역량 구축으로 전환될 것이다(김용웅 외, 2009; 원광희, 2000; 변필성·이동우, 2008).

기존 지역개발정책의 목표는 경제성장과 지역 간 균등발전에 치중해 왔으나 최근에는 지역의 개성에 기반한 매력적인 지역경쟁력 제고와 주민의 삶의 질에 관심을 두고 있다. 과거의 물량투입 위주의 요소투입형 경제에서 지식, 기술, 정보, 인재가 경쟁력이 되는 혁신주도형 경제로 변화되면서 산상과 쾌적한 환경을 선호하고 문화와 여가로 인해 향상되는 삶의 질에 주목하게 되었다(류중석 외, 2007).

지역개발의 주체는 여전히 중앙정부가 지역개발정책의 수립과 집행에서 적지 않은 역할을 수행하고 있다. 그러나 최근 들어 지역의 개성과 자율을 극대화하고 지역 경쟁력을 제고하기 위한 움직임이 활발해지면서 지방정부와 지역사회가 주도적 추진주체로 부각되고 있다. 전통적 지역개발정책은 정부 및 공공기관이 전담하는 체제였으나 새로운 지역개발 패러다임 속에서는 산학연 등 민관협력체가 핵심적인 추진주체이다.

지역개발 추진전략도 중앙집권적, 관료적, 단편적이었던 하향적 추진방식에서 벗어나 지역, 주민이 적극적으로 주도하는 상향적 추진방식이 보다 활발하다. 이분법적 논리에서 벗어난 중앙과 지방, 공공과 민간의 파트너십이 주요한 역할을 수행하면서 상향적, 하향적 추진방식을 전략적으로 선택한다.

이 연구에서는 세계관과 거시적 가치변화와의 밀접한 관계를 고려하여 지역개발정책 및 이론의 패러다임을 목표가치, 주체, 발전개념, 접근방법 등에 따라 〈표 2-3〉과 같이 구분하였다. 기존 지역개발에서는 효율성을 목표가치로 경제성장과 물적 인프라 확충을 발전개념으로 삼았다. 국가가 주도하여 자원을 개발한 성장거점전략으로서 외생적·하향적 접근이었다. 신고전주의적 성장이론인 신고전파 입지이론, 자본주의적 경제성장이론, 누적성장이론, 수출기반이론 등이 이론적 근거로 제시되었다.

새로운 패러다임은 주민행복을 목표가치로 두고 지구환경과 인간의 조화를 강조한다. 공간이 아닌 주민이 지역개발의 궁극적인 목표이자 대상임을 확인하고 사회적인 측면과 환경적인 측면의 완전한 균형을 추구한다. 주민이 중심이 되는 과정을 중시하므로 상향적인 동시에 양방향 소통이 자유롭다. 자원의 활용에 있어서도 내적 자원과 외적 자원을 가리지 않고, 지역개발 의사결정에 있어서도 지방의 자율권 보장이 확대되고 있다. 이러한 변화를 담은 거버넌스이론, 네트워크이론, 사회적자본이론, 지속가능한 발전이론, 도시재생이론, 생태발전이론에 대한 관심이 증가하고 있다.

이에 새로운 패러다임 하에서는 주민의 행복감과 만족도를 지역주민, 지역사업, 지역장소에 대한 결과(Outcome)로 보고, 지역개발정책의 궁극적 목표로 두어야 한다. 과정, 조직, 투입을 중시하는 요소투입형 성장정책에서 벗어나 현재 삶의 질, 미래의 실현가능성, 모두를 위한 기회를 통섭하는 노력이 필요하다.

〈표 2-3〉 지역개발 패러다임의 변화

구분	기존 패러다임	새로운 패러다임
목표가치	• 효율성	• 주민 행복(Outcome)
주체	• 중앙정부	• 지방정부, 지역주민, 민간
발전개념	• 경제성장과 생산 확대	• 지구환경과 주민 삶의 질의 조화
접근방법	• 하향적 • 불균형 • 외생적	• 상향적, 쌍방향(파트너십) • 균형 • 내생적 · 외생적
이론적 근거	• 신고전파 입지이론 • 자본주의적 경제성장이론 • 누적성장이론 • 수출기반이론	• 거버넌스이론 • 네트워크이론 • 사회적 자본이론 • 지속가능한 발전이론 • 도시재생이론 • 생태발전이론

제3장

H_2O 지역개발모델의 기초이론

제3장
H_2O 지역개발모델의 기초이론

제1절 개 관

1. 지역개발 패러다임의 변화와 새로운 접근의 모색

앞서 살펴본 바와 같이 세계적인 지역개발의 패러다임은 1990년대 중반을 지나면서 기존의 성상과 효율성 중심의 외생적·하향적인 '성장 패러다임'에서 환경친화적이고, 지속가능하면서, 지역에 기반을 둔 내생적이고 상향적인 '지속가능 패러다임'으로 이동하고 있다.

이러한 변화에 따라 지역개발의 개념도 기존의 물적 성장과 확대 중심에서 기회와 내적 역량 확대, 환경의 지속가능성 유지로 이동하고 있으며, 이는 기존의 신고전주의적 성장이론 중심에서 생태도시이론, 거버넌스이론, 지속가능한 발전이론, 네트워크이론 등 대안적 이론으로 점차 이동하고 있음을 보여주고 있다.

영국, 프랑스, 일본 등 주요 선진국의 경우도 2차 세계대전 이후 전후복구를 중심으로 한 양적 성장 중심의 지역개발에 대한 반성이 일어나면서 분권화되고, 지역공동체 중심적이고, 삶의 질이나 지역사회의 변화에 초점을 둔 새로운 지역개발이 활성화되고 있다. 우리나라에서도 2000년대 이후 균형발전이나 지역혁신 등 지역을 중심으로 한 지역개발이 추진되기는 하였지만 여전히 중앙집중적인 접근 아래에서 이루어지고, 분권화는 선언적 수준에 머물러 세계적인 흐름에서 뒤처지고 있는 모습을 보이고 있다.

이러한 변화들은 그동안 국가(중앙정부)가 주도하는 전통적인 지역개발정책이 분권화, 세계화, 지식정보화 등 새로운 사회경제적 변화 속에서 실패를 경험하고 한계를 경험했기 때문이며 이에 기존 패러다임의 전환과 새로운 접근에 대한 모색이 필요하다.

또한 양적 중심 성장은 생태환경을 훼손하여 오히려 지역주민의 삶의 질을 저하시키고, 나아가 지구환경 파괴로 인한 인류의 생존이 위협받기에 이르렀다. 따라서 효과적인 지역개발을 위해서는 그 패러다임을 지속가능한 인류의 번영이라는 방향으로 변화시키는 것이 절실하다.

2. 지역개발 대안이론에 대한 검토

지역개발 패러다임의 변화와 우리나라에서 특히 드러나고 있는 기존 지역개발 정책의 한계를 보면, 지역개발의 메가트렌드에 맞추어서 지속가능성을 중시하고, 생태적인 미래를 지향하며, 창조적 발전역량을 함양하고, 주민과 공동체에 적극적 역할을 부여하는 새로운 지역개발모델에 대한 모색이 절실하다. 특히 지방분권화와 자치시대를 맞아서 지역개발이 실질화되기 위해서는 지역에 적합한 현실적이면서 유연한 통합적인 틀이 제시되어야 한다. 이를 통해 지역의 역량을 개발시키며 보다 지역에 맞는 혁신적인 해법을 찾아 나가고, 주민과 공공이 협력적으로 추진하는 지역개발의 새로운 미래를 개척해 나갈 수 있을 것이다.

이를 위해서는 먼저 새로운 패러다임에 맞춰 제기되고 있는 다양한 대안이론들을 검토하고, 여기에서 제기되고 있는 공통된 가치, 논리, 이론적 구조와 함께 실제 지역개발에 적용할 수 있는 방법론을 고찰할 필요가 있다.

따라서 이 장에서는 1990년대 이후 지역개발과 유관 학문분야와 국제적 논의에서 활발하게 제기되고 있는 다양한 대안이론들을 검토하고 이를 새로운

H_2O 지역개발이론의 기초로 삼고자 한다. 대안이론들은 주로 지역개발의 정책과 행정, 지역사회에 초점을 맞춘 지역거버넌스이론, 지역네트워크이론, 사회적 자본이론 등의 사회이론과, 생태환경과 환경적 지속가능성에 초점을 맞춘 생태도시이론, 도시재생이론, 지속가능한 발전이론 등의 환경이론으로 나뉘어진다.

제2절 사회이론

1. 지역거버넌스이론

1) 거버넌스의 개념

(1) 거버넌스의 의미

광의의 거버넌스는 "모든 차원에서 국가의 일에 대한 운영에 있어 정치적, 경제적, 행정적 기관의 활동"으로 정의된다(UNDP, 1997).

좋은 거버넌스(good governance)는 다른 것보다 참여적이고 투명하며 책임성 있는 것을 의미하며 효과적이고 형평성 있는 것, 그리고 법의 원칙을 촉진하는 것을 포함한다. 또한 좋은 거버넌스는 정치적, 사회적, 경제적 우선순위가 사회적 합의에 기초하여 설정되고, 가난하고 소외된 사람들의 목소리가 개발자원의 배분을 결정하는 데 반영되는 것을 의미한다.

이러한 거버넌스의 정의로 인해 기존에 정부의 영역으로만 취급되었던 정책 집행과 서비스 전달의 영역에 비영리조직과 영리조직 등 다양한 민간 부문의 조직들이 참여하게 되었고, 실제 제도와 서비스의 효과적인 집행에 있어 점차 비중있는 역할을 맡게 되었다. 뿐만 아니라 공식적인 조직 이외에도 보다 비정형적인 형태를 가지고 있는 풀뿌리 조직과 더불어 가족, 이웃과 같은 비공식적 영역 역시 정책 집행과 서비스 전달에 있어서 점점 중요한 고려의 영역이 되고 있다.

정부 영역에 있어서도 정부 조직이 단일한 계층적 형태를 지니고 있는 것이 아니라 점점 더 분권화되고 있다. 서로 일정 부분의 독자성을 지닌 다양한 조직으로 분할되어 있으며 이러한 다양한 기관과 조직들이 지역사회 차원에서 서로 다른 기능과 역할을 담당하게 되면서 계선(界線)상의 통일된 명령체계로서 일정한 정책적 목적을 달성할 수 있다는 사고는 더 이상 유효하지 않게 되었다.

정책적 목적, 서비스의 목적을 달성하는데 있어 다원화된 집행, 전달체계 구조와 환경, 조직 내부에 대한 관심에 더하여 포괄적인 구조와 조정, 협력의 문제에 보다 많은 관심과 초점이 주어지는 것이 현재 거버넌스라는 개념이 자주 사용되게 되는 실질적인 배경이 되고 있다.

(2) 거버넌스의 개념

거버넌스라는 개념은 조직을 운영하고 조정하는 체계를 지칭하는 중립적인 용어로 거버넌스를 사용하는 경우, 특정한 방향이나 패러다임이라기보다는 사전적인 의미를 가진다. 기업 지배구조(corporate governance)라고 쓰는 것과 같이 조직을 운영하고 조정하는 어떠한 체계든지 관계없이 사용될 수 있는 '용어'로서의 의미도 포함하고 있다.

하지만 거버넌스는 정부 또는 조직 내, 기관 내의 수준을 넘어서 전반적인 정책이나 전달에 있어 정책결정, 재정, 공급, 평가까지 포괄하는 과정이며, 이러한 과정과 관련된 환경과 다양한 이해관계자와 이들 간의 관계, 책임과 권한의 분담 등을 포괄하는 개념으로 사용되는 경우가 많다(Moore & Hartely, 2010; O'Toole, 2000).

거버넌스란 "공동으로 기여하는 이해관계를 대표하여 상대적으로 또는 절대적으로 독립적인 개인 또는 조직들의 방향, 통제, 협력을 성취하는 수단"(Lynn et al., 2000)이다. 또한 거버넌스는 공공으로 지원되는 제품과 서비스의 생산과 전달하는 정부 활동을 통제하고, 처방하고, 가능하게 하는 법, 행정규칙, 법적 질서와 실천의 체제로 정의할 수 있다. 이러한 정의에는 전통적인 정책 집행과 서비스 전달에서의 관심이 어떻게 하면 중앙의 의도가 일선에서 잘 실현되도록 할 것인가, 또는 얼마나 효율적으로 실현될 수 있도록 할 것인가에 대한 것이었다면, 이제 더 이상 결정이나 의도는 중앙의 전유물이 될 수 없으며, 정책과 서비스의 효과성이 정부나 특성 공급기관만이 관여되는 문제가 아니기 때문에 수직적이고 조직 내적인 고려가 보다 다차원적이고 수평적인 질문으로 확장되고 있거나 확장되어야 한다는 방향성이나 지향성이 내포되어 있다(Hill & Hupe, 2009).

이러한 거버넌스 차원에서의 대응 방식은 일정한 방향을 띠고 있으며 서비스의 질 향상보다는 삶의 질의 향상에 대한 강조, 협력적인 이해관계자 네트워크, 이해관계자 간의 '게임의 법칙', 투명, 통합, 공평, 다양성 존중과 같은 이해관계자 간 상호작용에 있어서의 원칙 등이 적용된다(Bovaird & Löffler, 2009).

2) 주요 내용

(1) 거버넌스의 역사적 맥락

성공적인 정책과 서비스를 고려하는 입장에서 이제 더 이상 정책적 결과가 정부의 행위의 결과물만은 아니며 지방정부와 다양한 정부기관 간, 그리고 영리와 비영리 민간기관, 지역사회 조직과 비공식 부문의 서로간의 상호작용의 결과물이기 때문에 이러한 다양한 상호작용을 촉진시키고, 이들 간에 기능과 역할을 배분하며, 협동적이고 협력적인 관계를 어떻게 구축하느냐가 중요한 질문이 되고 있다(Kooiman, 1993).

이것은 이전의 중앙정부를 중심으로 한 체계에서 공공과 민간조직들이 복합적으로 참여하고 상호의존적인 연계로 특징 지워지는 네트워크로의 이전을 말하는 것이다. 이 네트워크는 이전의 계층제적 접근과 시장적 접근과는 구분되는 대안으로서의 지위를 갖고 있다(Rhodes, 1996). 계층제의 중심이 행정질

서이고, 시장의 중심이 경쟁이라면 네트워크는 신뢰와 협력이라는 뚜렷이 구분되는 중심을 가지고 있다.

관료제 패러다임은 산업화를 통하여 수많은 사람들의 이주 등 다각적이고 전면적인 사회적 변화로 대두되었던 공공질서, 공중보건, 주거, 안전, 약자의 보호, 규제, 노동조건 등의 새로운 문제에 대응하기 위해서 정부의 규모와 범위, 영향력이 크게 증가했던 19세기 말부터 형성되었다. 이러한 변화 때문에 이전의 농경중심의 사회에서 파편화, 분권화되어 있던 시혜적 의미의 행정은 점차 전문적이고 권위있는 형태로의 변화가 요구되었다. 미국의 경우, 1880년대 정부가 크게 확장시켰던 개혁과 1921년 '예산 및 회계법(Budget and Accounting Act)'에 의해 현대적 행정정부의 모습이 출현되었다(Lynn, 2010). 이런 과정을 거치면서 고도의 전문화, 계층제적 권한구조, 합리적 권위, 정책과 행정의 분리 등에 기초하는 거대 조직형태인 관료제(bureaucracy)가 하나의 이상적인 조직상으로 설정되었다(Weber, 1947).

1970년대 초 오일쇼크 등을 시작으로 심화되기 시작한 경제위기와 더불어 1980년대 전후로 영국의 대처정부와 미국의 레이건정부가 정부 축소와 시장 확대를 뚜렷한 정책적 기조로 내세우기 시작하면서 관료제 패러다임은 더 이상 유지되기가 어려워지고 그 대안으로 시장 패러다임이 등장하였다. 이전까지 유일한 해결사로서 간주되었던 정부는 비효율적이고 경직된 집단으로 비판의 대상이 되기 시작하였고, 오히려 이윤의 동기로 무장한 민간기업이 가장 효율적이고 전문적인 조직의 상으로 추앙되기 시작한 것이다(김보영, 2011).

이에 따라 정책의 집행이나 서비스 공급을 아예 공공부문에서 민간으로 이전(매각)시키는 민영화가 추진되거나 공공부문이 담당을 하더라도 민간과 같은 시장의 원리를 적용시키는 시장화가 진행되었다. 또한 한편으로는 민간 경영 방법론을 그대로 공공부문의 행정에 적용시키는 신공공관리(NPM)의 등장으로 공공조직 내에서 계약에 의한 관리, 산출에 대한 관리, 수행평가 등 민간 경영 기법들이 도입되기 시작하였다(Hill & Hupe, 2009).

하지만 경제위기에 따른 재정 압박과 동시에 실업이나 빈곤의 증가로 새로운 사회적 욕구의 증가를 동시에 경험하였기 때문에 서비스 비용을 낮추는 식의 효율성을 중심으로 한 시장 패러다임의 한계가 이내 드러나기 시작하면서 거버넌스가 새로운 패러다임으로 부각되었다. 이와 더불어서 진행되었던 광범위한 변화들, 즉 세계화, 고령화, 가족구조의 변화, 인식의 변화, 기술적 변화, 환경의 변화, 법적 조건의 변화들을 이러한 좁은 시장 패러다임으로 대응하기에는 역부족이었다.

1950년대 이후 정부에 대한 사회의 높은 기대감에 기초한 높은 수준의 정부주도 개입시대를 거쳐서 1980년대에는 정부 축소와 시장 확대의 기조 아래 정책집행에 있어서 신공공관리를 통한 경영주의(managerialism)가 주도하였다. 그와 함께 민영화, 외주계약, 수행평가, 산출에 대한 관리 등이 지배했던 시장화 시대를 거쳐 1990년대부터 정부의 역할에 대한 재고가 일어나고 시장만으로 해결이 안 된다는 점을 인식하게 되면서 선택적 (정부)개입주의를 거쳐 정부가 정당성에서 우위를 가진 행위자임을 다시 인식하면서도 다양한 공공 및 민간 행위자의 수평적 차원의 참여와 관계에 관심을 갖는 거버넌스의 시대를 맞고 있다(Hill & Hupe, 2009).

고전적인 베버(Weber)의 계층제 원칙에 기반한 관료제 모델의 정부 패러다임과 경쟁적 시장과 소비자 선택이 강조되는 시장 패러다임과는 다르게 1990년대 들어서 네트워크이론에 기반한 거버넌스 패러다임이 등장한 것이다(Frahm & Martin, 2009). 거버넌스라는 새로운 접근은 실제 많은 서구 국가 즉, 영국의 '연계정부(joined-up government)'에 대한 강조, 호주의 '포괄정부(whole of government)'에의 접근, 미국의 '빈틈없이 연결되는 서비스(seamless services)' 아젠다, 스페인과 독일의 시민과 투자자 등을 위한 '원 스탑 샵' 정책 등과 같은 새로운 접근으로 나타나고 있다(Bovaird & Löffler, 2009).

(2) 거버넌스 패러다임의 차별성

거버넌스 패러다임은 정부가 민주적 위임을 받아 포괄적인 대표성을 가지고 있기 때문에 궁극적인 책임을 지니고 있다는 점에서 관료제 패러다임과 공유하고 있다. 그러나 정부가 유일한 주체는 아니며 보다 수평적인 관계를 가진 다양한 이해관계자 중 하나이기도 하다는 점을 인식하고 있다는 점에서 차별화된다.

거버넌스 패러다임이 네트워크이론에 상당부분 기초하고 있으며 네트워크는 무정형의 무규칙적인 행위자의 집합으로 스스로 정책을 결정하고 집행한다(Peters & Pierre, 1998). 하지만 이렇게만 할 경우 책임성에서 문제가 발생할 수 있다. 따라서 거버넌스 패러다임에서는 다시 정부의 중심성을 인정하면서도 다원화된 환경을 인정하고 정부라고 하더라도 실제 지역에서는 지방자치단체뿐 아니라 고용센터, 보건소, 정신보건센터, 건강가정센터, 건강보험공단 등 다양한 공공 또는 준공공 주체들이 존재한다. 민간영역 역시 서비스 공급자뿐 아니라 다양한 지역 상공인 조직, 부녀회 등 주민조직, 그 외 봉사단체나 시민단체들이 존재하므로 이들 간의 관계를 관료제와 같은 계층제적 질서에 따른 상하관계로 인식하지 않고 보다 수평적인 동반자적인 관계로 인식한다. 지역사회의 다양한 주체는 수평적인 관계에서는 단순한 대행자가 아닌 주체적인 참여자로서 높은 발언권을 가지고 그 결과로 나타나는 지역사회의 삶의 변화에 대해서도 책임을 공유하게 된다.

또한 거버넌스 패러다임은 선출직의 중요성이 상대적으로 적고, 공공과 민간의 구분이 축소되며, 전달체계가 다원적이고, 투입보다는 산출에 관심을 가지며, 조정을 위한 새로운 기술과 도구를 고안한다는 점에서 신공공관리로 대표되는 시장 패러다임과 어느 정도 공통점을 공유한다. 하지만 그와 동시에 각각의 부분에서 대조적인 측면을 보인다. 신공공관리에서는 기존의 서비스와 정책의 전달을 더욱 효율화시키는데 초점을 두지만 선출직의 정책결정에 대한 중요성이 상대적으로 낮다. 거버넌스 패러다임에서는 선출직의 일방적 권위보다는 다양한 이해관계자의 협력적 관계와 협상에 초점을 둔다. 그 점에서 선출직의 중요성은 관료제 패러다임보다는 낮지만 거버넌스 패러다임에서는 여전히 선출직이 정책의 기본적인 결정자로서 목표와 우선 순위 등을 결정하는 지위를 갖는다. 이 점에서 그러한 역할이 불분명한 신공공관리와 차이점이 있다.

다시 말해 신공공관리에서는 공공영역에 민간시장의 구조와 민간 경영기법을 적용하는 측면에서 민간과 공공의 구분을 축소시키고, 거버넌스 패러다임에서는 정부가 유일한 행위자가 아니라 공공뿐 아니라 다양한 민간 이해관계자가 정책의 집행과 전달과정에 참여한다는 점에서 공공과 민간의 구분은 축소된다. 그러나 거버넌스 패러다임에서는 공공이 중심적인 역할을 담당하며 공공의 가치와 목적을 위해 공동의 협력을 추구하므로 공공이 더욱 중요한 위상을 가진다는 점에서 차이가 있다.

거버넌스 패러다임은 다양한 이해관계자의 참여와 협력을 전제한다는 점에서 시장 패러다임과 같이 다원적이지만 시장 패러다임에서는 그 다원적 주체는 주로 공급자에 해당되며 그 관계도 주로 제한된 자원(소비자)을 놓고 벌이는 경쟁적 관계가 된다. 반면 거버넌스 패러다임에서는 공급자 뿐만 아니라 이용자와 그 이외의 지역사회의 모든 이해관계자를 두루 포괄하며 이들과 관계없이 제한된 자원을 놓고 벌이는 경쟁이 아니라 다양한 자원의 융합을 통해서 자원의 제한을 넘어서는 것을 지향한다는 점에서 차이가 난다.

신공공관리나 거버넌스 패러다임 모두 산출에 관심을 갖는다는 점에서 공통점이 있다. 다른 점은 신공공관리의 경우 산출에 있어서의 효율성을 평가에 중심을 두는 반면 거버넌스 패러다임에서는 궁극적으로는 그로 인한 변화(Outcome)에 더 초점을 맞추어 개별적인 정책이나 서비스보다는 지역사회의 삶의 변화를 평가의 중심을 둔다.

마지막으로 신공공관리와 거버넌스 패러다임 모두 조정(steering)에 대한 새로운 방법과 기술에 더 관심을 갖는 공통점을 가지지만, 신공공관리의 경우 생산성을 높이기 위한 조직 내적인 조정에 관심을 갖는다. 반면 거버넌스 패러다임에서는 지역적 차원에서 전략적인 조직적 연합을 구성함으로써 생산성을 넘어서 포괄적인 정부의 행위능력을 강화시키는 데 많은 관심을 가지는 것이 차이점이다.

(3) 거버넌스의 핵심요소

거버넌스 패러다임은 정책 집행과 서비스 전달의 주체에 있어 정부가 유일한 행위자는 아니고 설정한 정책적 목적을 달성하기 위해서는 결국 지역사회 내의 다양한 공공기관, 민간업체, 비영리기관, 지역사회단체, 이용자 집단들을 모두 포괄하는 이해관계자들의 참여와 협력이 필수적이라고 인식한다. 결국 이를 통해서 궁극적인 목적인 지역사회 삶의 변화를 성취할 수 있다고 생각한다.

기술적으로는 조직 내부의 운영기법이나 기술보다는 다양한 이해관계자 간의 협의와 협상, 그리고 협력적이고 전략적인 관계를 구축하고 이를 바탕으로 정책과 서비스의 목적을 달성하는 방법이 발달하고 정책 결정에 있어서도 정부의 독자적인 결정보다는 이해관계자들이 광범위하게 공유하고 합의할 수 있는 중장기적인 비전을 강조한다. 또 이를 수행하는 데 있어 서로간에 동의할 수 있는 '게임의 법칙'을 중요시한다.

자원에 있어서도 정부의 자원만 고려하거나 이의 효율화만 추구하기 보다는 참여하여 책임과 권한을 분배 받는 다양한 이해관계자의 자원의 융합까지

〈표 3-1〉 거버넌스의 핵심요소

- 정부가 유일한 행위자는 아니므로 정책적 목적을 달성하기 위해서는 공공과 민간 이용자 등 지역사회 내 다양한 이해관계자의 참여와 수평적 협력이 필수적이라고 인식한다.
- 정부는 지역사회 내의 다양한 이해관계자로 이루어지는 네트워크의 일원으로서 기능하지만 민주적 위임을 가지고 있는 공적 주체로서 지역사회에 대한 기본적인 책임과 주도적 역할을 가지고 있다고 전제한다.
- 궁극적인 정책과 서비스의 목적을 단지 투입과 산출에만 두지 않고 결과적으로 다양한 지역사회 내의 이해관계자들의 삶의 변화를 추구한다.
- 지역사회의 다양한 이해관계자가 동의하고 공유하는 '게임의 법칙'과 중장기적인 비전에 대하여 강조한다
- 공공의 자원 동원과 주어진 자원의 효율화를 넘어서 이해관계자 간의 협력과 책임과 권한의 재분배를 통한 자원의 융합이 이루어진다.
- 조직 내부의 과정을 넘어서 다양한 조직과 주체 간의 협력, 협상, 협의 기술의 발달이 이루어진다.

고려하게 된다.

이러한 거버넌스 패러다임의 핵심 요소들은 이전의 관료제 패러다임과 시장 패러다임에 대한 반성에 기반하고 있다. 이는 결국 이들과 대조되는 특징으로 나타난다.

3) 거버넌스와 지역개발

(1) 거버넌스의 지역개발 적용

지역개발에 있어서도 1990년대 이전에는 물적 성장에 초점을 맞추거나 지역 간의 경쟁에 강조점을 두었으나 이에 대한 한계가 지적되면서 점차적으로 지역사회의 궁극적인 삶의 질 문제에 대한 관심이 고조되었다. 물적 성장 중심의 개발정책이 반드시 지역주민의 만족이나 삶의 질 향상으로 이어지지 않으며 지역 간의 경쟁을 촉진시키는 것도 한편으로는 소모적인 갈등을 부추긴다는 반성이 일어났다. 따라서 일방적인 물량의 투입이나 주어진 자원에서의 효율성을 증진시키는 것을 넘어서 무엇이 궁극적으로 지역주민의 삶을 증대시킬 수 있을 것인가 하는 다양한 논의가 등장하였다.

지역개발에 있어서도 단일한 주체만으로 이루어질 수 없으며 더 나아가 다양한 차원에서 지역주민의 참여가 필요하다는 인식이 확산되었다. 정부만 하더라도 단일한 사업주체가 있는 것이 아니며 지방정부(광역, 기초)를 비롯하여 지역 내에 다양한 정부기구가 존재하고 지역사회의 변화를 위해서는 기본적으로 이러한 다양한 공공기관의 협력이 필수적이다. 또한 지역사회의 변화를 이끌어 내기 위해서는 다양한 민간기관과 다양한 형태의 민간단체들의 참여와 협력이 필수적이며 이러한 과정을 통하여 다양한 수준에서 지역주민의 참여가 이루어질 수 있다.

거버넌스의 접근은 바로 최근에 일어나고 있는 지역개발과 관련하여 일어나고 있는 반성과 고민에 대해서 새로운 대안의 방향을 보여주고 있다. 특히 다양화된 주체의 협력을 통한 지역사회 변화에 있어서 유용한 방법론을 제공해 주고 있다. 거버넌스 패러다임은 지역개발에 있어 물적 성장이나 지역 간 경쟁을 넘어서 직접적으로 주민의 삶의 질과 만족감 등이 궁극적인 개발의 목적이라는 데에 초점을 맞춘다. 이를 위해서는 지역주민을 비롯한 다양한 지역 주체들의 참여가 필요하며 이를 통해서 비로소 지역주민이 원하는 변화를 설정할 수 있을 뿐 아니라 궁극적인 지역사회의 변화를 이끌어 낼 수 있다고 인식한다.

따라서 거버넌스 패러다임은 단순한 투입이나 산출보다는 궁극적인 변화(Outcome)에 관심을 가지며 이를 위해서는 다양한 주체들의 참여 아래 일정한 목적과 전략을 설정하고 이들의 협력을 통해 이를 성취할 수 있도록 하게 하는 거버넌스의 구조와 방법론에 주목한다.

(2) 거버넌스 방법론

거버넌스의 접근을 실제 조직에 적용하기 위해서는 조직의 목적을 명확히 수립하고 이 목적을 달성하기 위하여 조직의 강점과 약점을 파악한 후, 어떻게 하면 다른 조직과의 협력을 통해서 그 목적을 달성할 것인가를 계획하고 실행하는 전략적 관리(strategic management), 전통적인 상명하복구조를 깨고 목적 중심의 수평적 관점을 적용하여 목적 달성 과정을 분석하고 효과적으로 바꾸어내는 과정 관리(process management) 등이 있다.

전략적 관리란 전략적 계획을 만들고 실행하는 것을 넘어서 조직의 경쟁력 확보, 조직 내 서로 다른 단위의 활동에 목적과 일관성을 부여하는 행동양식 수립(pattern-making), 조직환경과 조직활동 간의 적합성을 획득하기 위한 지위 확보(positioning), 조직문화에 긍정적인 영향을 만들기 위한 패러다임 변화를 포괄한다. 이를 위해 내부 이해관계자들에게 영향을 미치는 요소들을 이해하고, 다른 조직과 비교하여 가지고 있는 조직의 약점과 강점을 알기 위해서 가치사슬 분석, 핵심능력 분석, 조직문화 분석, 경쟁자 및 협력자 분석 등이 필요하다(Bovaird, 2009).

가치사슬 분석이란 이해관계자들의 가치를 창출하고 그들 간의 가치를 분배하는 조직의 방식을 밝히는 것으로 공공조직에서는 이용자 가치, 주변집단(이용자의 가족이나 친구)의 가치, 정치적 가치(민주적 과정에 대한 지지), 사회적 가치(사회통합이나 사회적 상호작용), 환경적 가치(지속가능성 보장) 등에 대한 부가가치(value-added)가 필요하며 따라서 조직의 활동이 이같은 차원에서의 부가가치를 어떻게 증대시킬 수 있는지를 파악해야 한다.

핵심능력 분석은 이 분석을 통해 고객에게 조직을 유용하게 만드는 핵심적인 전략적 능력을 파악해야 하며 조직은 핵심적인 능력에 초점을 맞추고 다른 활동은 버리거나 외주를 주어야 함을 의미한다. 단 외주를 줄 경우, 공공조직은 이를 포괄한 모든 활동을 가치사슬에 모두 통합시킬 수 있는 능력이 필수적인 핵심능력 중 하나이다.

조직문화 분석에는 조직의 이야기, 일상과 절차, 상징, 권력구조, 통치체제 등 다양한 측면의 문화를 파악하는 '문화그물(culture web)'분석이 있고, 중앙집중적인 '권력문화', 위계에 따라 각자의 역할이 부과되는 '역할문화', 주로 전문조직에서 나타나는 '업무문화', 주로 학계에서 나타나는 '사람문화' 등 4가지 조직문화 유형을 중심으로 분석하는 '네 가지 문화(four culture)'가 자주 쓰이는 방법이며 조직의 리더는 더 나은 문화가 무엇인지에 대한 확신을 가지고 이끄는 것이 중요하다.

경쟁자 및 협력자 분석은 다른 조직을 통해서 자기 조직의 상대적인 강점과 약점을 분석하는 것으로 경쟁자가 더 나은 부분에 대해서는 위탁을 하고 전략적 서비스 전달 파트너십 등을 구축해야 한다. 결국 어떻게 내부 공급과 외부 공급 간의 균형을 맞출 것인가가 핵심 질문이다.

전통적인 상명하복의 계층제 구조는 의사결정 과정이 길면서 경직되어 있으며 고객의 선호나 욕구에 반응적이지도 못하므로 조직을 수직적 구조에서 수평적 관점으로 바꾸어 운영하는 것을 '과정관리(process management)'라고 한다(Schedler & Helmuth, 2009).

조직 내 활동은 잠재적 경쟁조직보다 고객의 이익에 상당히 높은 기여를 하고 있는 핵심과정과 이를 지원하는 기능으로 외부에 위탁을 줄 수도 있는 지

〈표 3-2〉 과정 최적화의 예

조치	실행
생략(omit)	• 불필요한 작업 과정 탐색 및 생략
표준화	• 비교가능한 내용으로 작업 과정을 표준화하여 이전 가능토록 한다
자원 활용의 개선	–
다른 과정의 교체	• 작업의 중복을 막기 위한 과정의 교체
병렬 활동(activities in parallel)	• 하위 과정의 동시 진행을 통한 과정 기간 단축
중복 회고 회피(avoid doubling back)	• 이해관계자들이 질 측정 시행
협력(collaboration)	• 초기부터 관련 통합되도록 과정과 협력 구조 구축

원과정으로 구분할 수 있다. 과정관리를 위해서는 과정 분석이 우선 필요하며 이는 첫째, 과정을 기록하여 약점을 규명하고 최적화 방법을 모색, 둘째, 동일한 고객의 이득을 성취하기 위한 대안적 과정 사슬을 고려, 셋째, 과정 개선을 위해 올바른 선택을 하는 과정이 최적화 순으로 진행되어야 한다.

2. 지역네트워크이론

1) 네트워크의 개념

(1) 네트워크의 개념

네트워크는 다양한 주체 간의 정보 교류 및 협력, 보완 등을 위한 연계망으로 강요와 통제가 아닌 상호 이익에 기여하는 호혜성(reciprocity), 상호의존성(interdependence), 느슨한 동반자 관계, 권력 등의 특징을 지닌다. 새로운 정보와 협력적 교류 관계를 형성할 수 있게 유도해주는 힘으로 작용한다(김용웅 외, 2009). 정책네트워크는 각자의 목적과 전략을 가지고 있는 다양한 행위자로 구성되어 있지만 서로 공공정책의 결과를 성취하기 위해서는 의존하고 있다(Löffler, 2009).

(2) 네트워크의 중요성

공공기관은 적극적으로 원하는 정책적 결과와 양질의 공공서비스를 성취하기 위해서 더 이상 지정 관리, 인적 자원관리, 정보통신 및 수행관리 등 조직 내부의 운영만을 잘해야만 되는 것이 아니라 중요한 외부의 이해관계자들을 관리하는 것 또한 중요한 과제가 되고 있다. 다시 말해 네트워크 관리(network management)는 공공기관의 중요한 능력이 되고 있다고 할 수 있다(Löffler, 2009).

국가는 정부와 사회적 행위자들에 의해서 구성된 조직 내 네트워크의 총합이 되어가고 있으며 어떤 하나의 행위자가 조정하거나 규제할 수 없게 되어가고 있다(Rhodes, 1997). 따라서 정부가 점점 더 지역의 서비스 전달에 직접적으로 관여하지 않고 다양한 공공기관을 비롯하여 민간기관, 자원봉사 부문에 걸쳐서 파트너십을 형성하고 수평적인 참여와 협력을 이끌어내는 것이 핵심적인 역할이다(Martin, 2009). 이는 지역사회의 다양한 주체의 중요성을 인식하는 것 뿐 아니라 현대사회에서 지역사회가 직면하고 있는 문제들이 개별적인 정책이나 서비스로 해결할 수가 없다는 현실을 인식하기 때문이다. 그렇기 때문에 이러한 문제의 해결을 위해서는 정부가 수평적인 네트워크 구조를 통하여 공공, 보건의료, 치안, 교육훈련기관, 지역기업, 공익기관 등을 지휘하는 역할이 필수적이다.

2) 주요 내용

(1) 네트워크 관리(network management)

공공정책 집행에 있어서 갈수록 통합과 협력의 필요가 강조되고 있는 가운데 계층제나 상명하달식 정책과정은 네트워크 구조에서 잘 작동하지 않고 있다. 네트워크 관리는 다음의 두 가지 주요 요소로 구성된다(Löffler, 2009).

네트워크 내의 상호작용에 대한 직접적인 관리로 게임관리(game management)는 공공정책이 서로 다른 목적과 인식을 가진 다수의 행위자 간의 상호작용의

〈표 3-3〉 네트워크 관리(network management)

구분	인식	행위자	제도적 배열 (institutional arrangement)
게임 관리	• 수렴화 (convenanting)	• 선택적 (비)활성화	• 게임의 법칙 창출 및 실행
네트워크 구성	• 인식의 재구조화	• 새로운 네트워크 구축	• 게임의 법칙 변경

결과라고 한다면 공공정책의 개선은 이 게임의 효과적인 관리를 통해서 성취될 수 있다고 보는 것이다. 간접적으로 협력을 위한 조건을 증진시키기 위해 제도적 환경에 영향을 주는 것으로 네트워크 구축(network constitution)을 우선시한다. 행위자의 인식 간의 유사점과 차이점을 발견하고 목적 수렴을 위한 기회가 있는지를 살피는 것을 '수렴화(convenanting)'라고 한다.

(2) 네트워크와 신뢰

기존의 관료제에서는 법칙과 중앙집권적인 조정이 중심이 되고 시장에서는 공급과 수요에 의한 가격기제가 중심이 된다면, 거버넌스 패러다임에서의 네트워크에서는 신뢰가 핵심적인 협력기제로 작동된다(Klijn et al., 2010).

거버넌스 네트워크의 기능은 서로 간의 다른 가치들을 협상하고 화합하는 것을 촉진하는 것으로 신뢰는 원활한 상호작용과 정보의 교환을 촉진시키고, 혁신적인 해법을 개발하는데 있어 행위자들에게 필수적인 조건이자 요소이다. 하지만 신뢰는 자동적으로 성장하는 것이 아니라 행위자 간의 상호작용에 있어서의 개선과 네트워크 관리행동을 통하여 의식적으로 발전되는 것이다.

거버넌스 네트워크 간에 나타나는 정책문제들도 역시 가치갈등과 복합적인 상호작용, 협상과정 등과 관련되며 가령 지역개발에 있어서 환경주의자와 개발론자, 지역주민 등의 이해가 상이하기 때문에 이들 간에 건설적인 상호작용과 협상과정을 이끌어내는 데 있어 신뢰가 기본적인 조건이 된다.

그래서 거버넌스 네트워크는 서로 다른 행위자들이 참여하는 정책 게임(policy game)으로 보일 수 있으며, 행위자들은 가능한 정보나 이전에 형성된 비공식적이고 공식적인 규칙의 재해석을 통하여 일부 영향을 미치려고 하기 때문에 기본적으로 거버넌스 네트워크는 어떻게 문제가 정의되고 해법이 추진되어야 하는가에 대한 서로 다른 가치 간의 쟁투로 나타난다.

그래서 네트워크 과정은 다양한 주체의 가치를 결합할 수 있는 새로운 해법을 통한 좋은 시도가 필요하다. 이를 위해서는 서로 다른 행위자와 그들의 자원에서 제기되는 정보의 결합을 통해서 반드시 새롭고 혁신적인 해법을 창출해야 한다.

교환된 정보가 자신들의 이익을 위해 사용될 수 있기 때문에 정보와 자원을 나누고, 협력을 하는 것은 개별적인 행위자나 이해집단으로서는 위험을 감수하는 일이다. 신뢰는 이렇게 위험 감수(risk-taking)에 있어 더욱 필수적이다. 신뢰는 다른 행위자를 믿는 것을 뜻하며 다른 행위자의 기회주의적 행동(opportunistic behavior)에 대한 위험을 감수하는 것이다. 그래서 상호적인 행

〈표 3-4〉 거버넌스 네트워크에서 신뢰의 가치

신뢰는 거래비용을 줄인다	• 핵심적인 행위자의 행동에 있어 더 나은 예견성을 갖기 때문이며 더 나아가 계약관계를 대체할 수도 있다. 더 복잡한 상호작용이나 더 복잡한 결과가 요구될 때 계약으로 이를 보장하는 것은 더 어려워지기 때문에 엄격한 계약은 상호작용과 의사 결정의 복잡성, 역동성이 필요할 때 적합하지 않다
신뢰는 협력과 안정적인 관계를 촉진시킨다	• 신뢰는 행위자들이 협력에 더 많은 투자를 할 가능성을 높인다
신뢰는 학습과 지식 교환을 촉진시킨다	• 새로운 해법을 실현시키기 위해서는 주체는 새로운 수준의 지식 교환과 집중적인 정보가 필요하며 이를 위해서는 최소한의 신뢰가 전제되어야 한다
신뢰는 혁신을 촉진시킨다	• 협력을 통해 혁신적 해법을 모색하는데 있어 신뢰는 기회주의적 행동에 대한 불확실성을 줄여 혁신을 촉진시킨다

자료: Klijn et al., 2010.

동(reciprocal behavior)은 신뢰가 나타나고 유지되는데 있어 필수적인 조건이다(Klijn et al., 2010).

3) 네트워크와 지역개발

(1) 네트워크이론의 지역개발 적용

거버넌스이론에서 제시하고 있듯이 현대 지역개발 환경에서는 단일한 주체로는 더 이상 가능하지 않기 때문에 다양한 주체의 참여와 협력을 필요로 하고 이에 있어서 네트워크이론과 이에 입각한 방법론은 매우 중요한 기초적인 바탕을 제공한다.

네트워크이론은 기존의 관료제에서의 수직적 상명하복구조나 경쟁이나 계약에 의한 관계의 한계에서 벗어나 새로운 거버넌스 구조에 맞게 다양한 주체 간의 관계를 구축할 때 기본적인 개념과 방법을 제공해주고 있다. 서로 다른 목적을 지닌 다양한 주체 간의 참여와 협력을 이끄는데 있어서 더 이상 명령이나 경쟁으로 목적한 바를 성공적으로 추진하는 데에 한계가 있다. 그래서 이를 조정하고 합의를 이끌어 나가기 위해서는 게임의 관리, 환경의 조성, 신뢰의 구축 등의 필요성과 방법론을 제시하고 있다.

네트워크이론은 서로 간의 이해관계의 충돌이 불가피하게 발생할 수밖에 없는 지역개발에 있어 이를 어떻게 조정하고 협력을 이끌어 낼 수 있는가에 대한 유용한 틀을 제시하고 있다.

지역사회 내에 다양한 주체들은 서로 다른 자체적인 이해관계, 가치, 목적 등을 가지고 있으며 지역개발을 추진하는데 있어서는 이들 간의 충돌이 불가피하다. 이 때문에 지역사회의 다양한 주체들은 지역개발의 과정에서 다양한 방법으로 자신의 입장을 관철시키기 위한 행동을 하게 되며 네트워크이론에서는 이를 정당한 민주주의의 과정으로 인식하고, 이것이 건설적인 방향으로 발전하기 위해서는 공정한 '게임의 법칙'을 구축하고 관리해야 함을 강조한다. 이러한 상호작용 가운데에서 해법을 모색하기 위해서는 서로 간의 갈등과 대립보다는 각자가 가지고 있는 자원과 정보를 공유하고 통합하고 새로운 차원의 혁신적인 해법을 창출해야 하며 이러한 건설적인 상호작용을 위해서는 신뢰가 기본요소가 된다. 이 신뢰는 목적의식적인 네트워크 관리행동으로 형성될 수 있음을 강조한다.

(2) 네트워크 도시

네트워크는 지역혁신 역량의 함양과 혁신 여건의 구축에서 내부적 교류의 주요한 수단이 되고, 혁신여건 조성에서 가장 중요한 것은 기업, 고객, 전문가 집단, 지방정부 및 지역사회 조직 간에 원활한 교류와 상호작용을 이룰 수 있는 사회적 네트워크를 형성하는 것이다(김용웅 외, 2009).

지역개발에서 네트워크는 지역 내 혁신과 학습역량 증진을 위한 수단의 차원을 넘어 도시의 규모와 기능의 한계를 극복하는 수단으로서 중요성이 커진다. 중소도시 발전연구에서 타 지역과의 물류 및 인적 교류를 원활히 할 수 있는 간선교통망, 사고와 아이디어의 흐름과 네트워크의 형성을 촉진하는 장거리 정보통신망, 그리고 지식 인프라를 통한 타 지역과의 네트워크 구축에 의해 좌우된다.

네트워크 도시는 보완적 연계 또는 협력을 통해 외부효과를 유발하는 전문화된 중심지 간의 수평적·비계층적 관계로 형성된 도시체계(system of horizontal and non-hierarchical relations)로 정의된다(김용웅 외, 2009).

네트워크 도시의 1차적 형태는 도시와 지역을 연결하는 인프라 시스템(도로 및 철도, 하수도 등)으로 나타나고 2차적 형태는 도시와 지역 간 경제활동 및 인구의 공간적 상호작용과 원거리 정보통신망, 제도적 교류체계로 나타난다. 전문성을 지닌 도시들이 상호간 수평적·비위계적 관계를 통해 외부성을 공급받게 되며 각 중심지 간에 존재하는 자본, 정보, 지식, 기술, 인력, 제품 등이 상호교류를 통한 보완적 네트워크를 형성한다.

네트워크 도시 형성을 위해서는 네트워크 요소(유사한 규모, 상이하거나 유사한 전문성을 지닌 도시 간의 비공간적 연계관계), 네트워크의 외부성 요소(네트워크 형성과 참여로 얻게 되는 경제 편익), 협력 요소(계층성이나 경쟁관계가 아니라 협력적인 방법으로 규모의 경제를 실현)가 필요하다. 카펠로(Capello, 2000)는 참여도시의 정책적 의지의 진지성, 네트워크 행태에 대한 개방성과 유연성(네트워크 행태가 요구하는 조직 및 제도의 혁신을 받아들일 수 있는가), 행정절차, 관행, 제도 및 조직 혁신의 병행 등 세 가지 목적 달성을 위한 전제조건을 제시하였다.

지역발전에 있어 중간 규모의 도시들은 현재 지니고 있는 특성을 훼손시키지 않으면서 개선을 추구하며 양적 성장을 도모하지 않고도 경제성장에 있어 주도적인 역할을 할 수 있다는 장점을 가지고 있다(김용웅 외, 2009).

3. 사회적 자본이론

1) 사회적 자본의 개념

(1) 전통적 자본의 한계

전통적인 자본은 인류가 삶의 질을 향상시키기 위해 사용할 수 있는 많은 수단 중의 하나였다. 그러나 도시 및 지역발전을 도모하고자 하는 수많은 계획들이 도시 및 지역에서의 삶의 질을 제고하려는 데 그 목적을 두고 있으면서도 모두 물리적인 삶의 여건 즉 시설중심으로 구성되어 왔고, 적법절차(due process of law)에 의한 계획의 정당성을 화려한 설계도면으로 대체하는 등 목표와 수단을 연계시키지 못하고 있다(소진광, 2004). 삶의 질을 제고하기 위해서는 시설 등 물리적인 여건도 중요하지만 물리적인 시설을 활용할 수 있는 사람과 사람의 관계나 사회구조의 형성이 더욱 중요하다.

지역개발은 물리적인 시설이나 경제활동 결과 등 전통적인 자본축적 정도로만 평가될 수 없다. 개발정도를 삶의 질 수준으로 접근하면서도 여전히 물리적인 시설을 이에 상응한 시민 만족도와 동일한 것으로 취급되고 있다. 이러한 양자 간의 연계는 구조와 기능을 상응케 하는 사회적 자본을 통해 구체화될 수 있다(소진광, 2004).

(2) 사회적 자본의 대두

1980년대 이후 사회적 자본에 대한 관심과 논의가 크게 증대되었는데, 개별 경제주체의 협동적 참여, 상호 연계와 협력이 특정사회의 공동목표의 효율적 달성에 핵심적인 역할을 하게 되었기 때문이다. 이를 구체적으로 살펴보면 다음과 같다.

첫째, 권위주의적 정치체제의 붕괴 이후 정치적 민주화와 개인의 주권 및 참여의식이 증대하였다. 민주화 과정에서 효율적인 참여와 합의과정을 도출하기 위해서는 개인 간의 이해와 신뢰 그리고 일정한 사회적 규범이 요구되었다.

둘째, 분권화, 시장기능의 확대, 사회기능의 전문화로 정부의 일방적 통제 및 문제해결 능력이 상대적으로 약화되면서 사회구성원의 직접적인 참여와 자발적 협력과 노력의 필요성이 증대하였다. 분권화와 세계화의 진전으로 지역이 새로운 경제단위로서 중요성이 커지고 있어 지역 자율의 발전역량 구축이 어느 때보다 중요해졌다. 지역발전은 중앙정부의 몫이 아니고 지역사회 구성원의 자율적인 역량과 책임에 의해 이루어져야 하므로 공동체 복원과 지역사회 구성원이 상호 신뢰와 협력을 확대할 수 있는 사회적 자본의 형성은 필수적 요소이다. 이러한 이유 때문에 사회적 자본 형성이 높은 지역과 그렇지 못한 지역은 지역발전의 성취도에 있어 큰 차이가 나타난다.

셋째, 기술혁신과 정보화의 진전에 따라 대량생산 위주의 생산양식이 변화되면서 기업 상호간 연계와 협력의 필요성이 증대하였다.

이처럼 사회적 자본은 한국사회가 당면하고 있는 신뢰의 위기를 극복하기 위해 대두된 개념으로 볼 수 있다. 후쿠야마(Fukuyama, 1995)는 한국사회를 저신뢰사회(low trust society)라고 지적하고 있는데, 이는 산업화에 의한 사회적 이동의 증가, 도시화의 팽창과 지역 공동체에 대한 해체 등으로 전통적 신뢰의 기반이 와해된 반면 새로운 신뢰 기반이 사회관계적 차원과 제도적 차원에서 미흡하다는 것을 의미한다. 또한 OECD는 2000년대 초 '국가의 웰빙(The Well-being Nations)'에서 신뢰를 형성하게 하는 사회적 자본의 중요성을 정책적인 차원에서 제시하였다(행정개혁을 추구하는 여러 정부에 대해서 공적 신뢰의 중요성을 강조).

(3) 사회적 자본의 개념과 유용성

가. 사회적 자본의 개념

사회적 자본의 기원이 19세기 고전적 사회학에 그 뿌리를 두고 있지만 현재와 같이 활발한 연구대상으로 부각되게 된 계기는 부르디외(P. Bourdieu, 1986)와 콜만(J. Coleman, 1990)의 연구를 통해서라고 볼 수 있다.

부르디외는 사회적 자본이란 "행위자가 자신이 속한 집단 즉 네트워크 속에 있는 자원에 접근함으로써 얻을 수 있는 자산" 또는 "사회적 네트워크 또는 사회구조의 구성원이 됨으로써 확보할 수 있는 행위자의 능력"이라 규정하였다(1970년대 어떤 지역사회에서 회원제(membership)를 통해 주민들에게 발생하는 추가이익과 기회창출의 의미로 사용).

콜만은 "사회적 자본은 사회구성원의 행동을 특정한 공동 목적의 실현을 위해 조정·협력을 촉진토록 하는 사회규범 및 구조" 임을 강조하였다(사회적 자본을 주민들의 사회적 연대(social ties)로부터 나타나는 개인적 자원이란 의미로 사용).

푸트남(Putnam, 1993)은 사회적 자본을 "상호간의 이익을 위해 사회구성원 행위의 조정 및 협동을 촉진하는 신뢰, 규범, 네트워크"라 정의하였다(사회적 자본을 사회의 생산적 잠재력을 증진시켜주는 협력적 네트워크, 호혜의 규범, 그리고 사회적 신뢰(trust)와 같이 사회조직의 특징과 연관시켜 정의).

후쿠야마(Fukuyama, 1995)는 사회적 자본을 "특정사회에서 혹은 사회의 특정 부문에서 신뢰의 확산에서 생기는 능력"으로 정의하였다(사회자본의 핵심적인 구성요소는 신뢰, 규범, 참여 및 네트워크).

포르테스(Portes, 1998)는 신뢰를 "사회적 자본을 만들어내는 촉진요인이자 결과이며, 사회적 자본을 연결망이나 사회조직의 구성원이 됨으로써 혜택을 받을 수 있는 능력"이라 정의하였다.

세계은행(World Bank, 2000)은 사회적 자본을 "사람들이 바람직한 목표를 성취하는 행동을 상호 조정할 수 있도록 하는 사회적 구조에 간직된 규범과 사회적 관계"라고 정의하였다.

이상의 개념들을 정리해 보면, 사회적 자본은 정체성을 지닌 어떤 사회를 형성하는 과정에서 생산력을 증대시킬 수 있는 공식적인 제도뿐만 아니라 이를 유지시켜 주는 규범과 비공식 기능까지를 포함하는 광범위한 사회적 관계를 의미한다.

〈표 3-5〉 연구자별 사회적 자본 정의의 특성별 구분

연구자	개인의 심리적 차원	사회적 차원
브르디외(Bourdieu)	–	• 회원증(membership), 시민증
콜만(Coleman)	• 신뢰, 기대	• 정보통로, 규범, 연결망
푸트남(Putnam)	• 신뢰	• 연결망, 자원적 결사체
포르테스(Portes)		• 연결망의 구성원이 됨으로써 혜택을 받을 수 있는 능력
후쿠야마(Fukuyama)	• 신뢰	• 협동 능력

나. 사회적 자본의 유용성

사회적 자본은 사람들 사이의 수많은 일상적 상호작용으로부터 창출된다. 사회적 자본은 개인이나 혹은 사회구조 안에 있는 것이 아니라 사람과 사람 사이의 공간(space) 안에 있다(Bullen & Onyx, 1998).

일반적으로 사회적 자본은 일정 집단을 형성하는 사회구성원 간 공동의 이익을 위한 협력과 참여를 창출하는 무형자산을 의미하며 사회의 협력과 거래를 촉진시키는 신뢰, 규범, 연결망으로 개념화하고 있다(조권중, 2010). 연고집단, 가족, 친지, 친구관계 등 개인을 넘어선 집단 간의 협력, 시민사회와 참여, 지역사회와 공동체, 신뢰, 규범 등 도덕적이면서 문화적인 차원, 사회관계의 확장을 의미하는 관계망, 네트워크, 시민단체 등 사회적 차원의 제반 특성이 사회적 자본이라는 개념화에 연계되어 있다.

사회적 자본은 개인의 생산성을 증대시키는 도구인 물리적 자본(physical

capital) 및 훈련을 통해 축적되는 인간자본(human capital)과 유사하게 상호 이익을 도모하기 위한 조정과 행동을 쉽게 해주는 네트워크, 규범 및 사회적 신뢰와 같은 사회조직의 특징과 관련되어 있다.

사회적 자본에 대한 논의는 1980년 대 후반부터 국가 및 사회발전과 응용과학분야에서 활발히 전개되었다. 무형의 사회적 자본은 다양한 경제주체의 참여와 상호간 연계와 협력이 중시되는 지역사회개발과 지역혁신 클러스터 형성 등 지역발전과정에서 핵심적인 조건으로 거론되고 있다. 이는 인간 상호간 신뢰와 믿음에 관계를 둔 사회적 관계와 규범의 형성 없이는 경제주체의 자율적 참여와 상호간 협력이 요구되는 지역사회의 지속적인 경제성장과 발전이 어렵기 때문이다.

2) 주요 내용

(1) 사회적 자본의 특성

사회적 자본의 특성은 다음과 같이 기술할 수 있다(김용웅, 2009).

첫째, 사회적 자본은 행위자들 사이에서 존재하는 자본으로 공동체 사회가 지닌 공공재(public goods)의 성격을 지닌다.

둘째, 물적 자본과 인적 자본은 소유주체에 이익이 배타적으로 주어지나 사회적 자본은 이익이 공유된다.

셋째, 사회적 자본은 매우 유동적이어서 소유주체가 지속적인 유지 노력이 필요한 자본으로 지속적 교육과 사회적 관행의 준수를 위한 집단적 노력의 결과라고 볼 수 있다.

넷째, 사회적 자본은 등가교환이나 동시교환을 전제로 하지 않는다(일방적 호혜성의 특성과 불안정한 성격이 있어 쉽게 형성되지 않는다).

다섯째, 사회적 자본은 특정사회의 공동목표 달성이나 생산 활동을 촉진하는 생산 요소의 역할을 한다.

여섯째, 사회적 자본은 특정한 사회구조에 배타되어 있기에 장소적 이전이 불가능하기 때문에 사회구성원의 주체적인 노력이 없이는 형성과 촉진이 불가하다.

마지막으로 사회적 자본은 개인들 간 특정한 행동을 조정, 통제할 수 있는 힘을 지니며, 사회구성원의 집단적 인식과 행태를 결정하는 전통 및 문화와 밀접한 관계가 있다.

(2) 사회적 자본의 형성과 효과

사회적 자본은 시민사회에서 형성된다. 미시적으로는 사회구성원 간의 상호작용에서 사회적 관계가 이루어지며 지속적인 상호작용은 구성원들 간의 호혜성을 형성한다. 거시적으로는 시민들의 결사체나 시민단체와 같은 사회적 네트워크에 대한 자발적인 참여가 일반화된 신뢰로 전환된다. 사회적 자본은 공동체 형성과 제도 내에서의 실천을 통해 사회적 통합과 민주주의 및 경제발전의 기초를 제공하고 좋은 거버넌스의 사회적 기초를 제공한다.

사회적 자본은 사회 제반 영역에서 긍정적인 효과를 산출한다. 사회적 자본

[그림 3-1] 사회적 자본의 효과

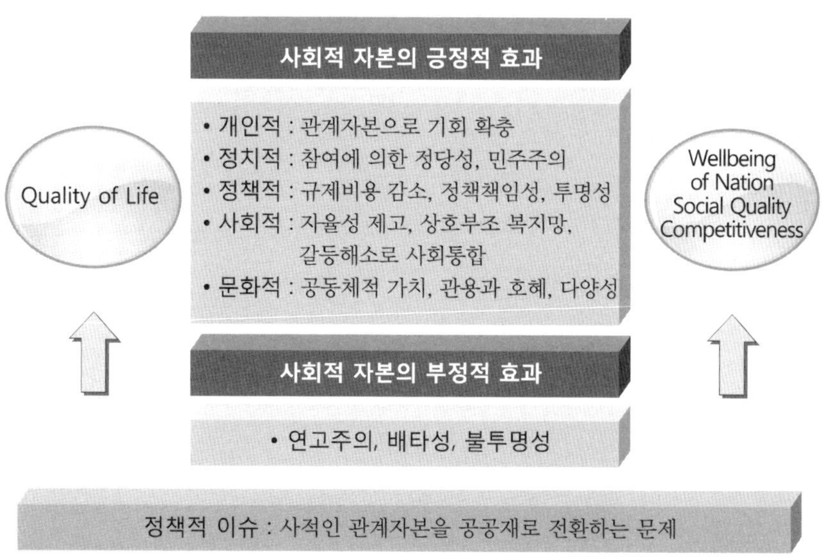

자료: 조권중, 2010.

의 축적은 사회의 질을 향상시킬 뿐만 아니라 경쟁력을 제고시켜 지속가능한 발전을 위한 토대를 형성한다.

3) 사회적 자본과 지역개발

(1) 지역개발 척도로서의 사회적 자본

지역개발이란 지역단위의 경제-사회여건의 바람직한 변화를 의미한다.

지역개발의 초기단계에는 생산과 경제 시스템의 양적 성장 등 총량적 경제성장, 산업구조의 혁신, 생산성 증대 등 경제성장과 발전을 중시하나 점차 교육, 문화, 의료, 주거 및 환경보전, 및 지역정체성 확립과 공동체 형성 등을 중시한다.

그동안 지역개발은 주로 중앙정부의 주도로 지방행정기관이 집행해 왔지만 최근 지역개발은 지방자치단체와 지역사회 내 다양한 경제주체인 대학, 기업, 다양한 상공 및 경제단체, 금융기관 등의 자율적인 참여와 협동적인 노력으로 추진되고 있다.

지역개발과 사회적 자본의 관계는 일방적인 관계로 볼 수 없으며, 상호간 영향을 주는 쌍방향의 순환관계라 할 수 있다.

사회적 자본은 지역환경 개선에도 긍정적인 역할을 하는데, 최근의 연구에서 방콕을 5개 권역으로 나누어 공동체별 환경개선 수준을 비교분석한 결과 사회적 자본이 풍부하고 네트워크 형성이 활발한 지역일수록 공동체 환경개선의 인식도가 높고 성과도 큰 것으로 나타났다(이희창·박희봉, 2005).

사회적 자본은 지역의 정치·행정에도 영향을 준다. 푸트남(Putnam, 1993)은 좋은 정부란 지역주민들의 요구에 대응할 수 있고, 이를 효과적으로 집행할 수 있는 정부를 전제하고, 이 같은 지방정부의 대응성과 효과성 보장에는 우선적으로 성숙한 시민사회의 규범과 네트워크가 발현되는 사회적 자본이 선행조건이다. 라이스(Rice, 2001)는 아이오와주 114개 지역공동체를 대상으로 지방정부의 성과에 대한 사회적 자본의 영향력을 분석한 결과, 대인신뢰, 정치적 공평성, 시민참여, 네트워크를 기초로 한 사회적 자본변수와 지방정부의 대응성, 지방정부의 효과성을 토대로 구성한 지방정부 성과변수 간에는 높은 상관성을 발견하게 된다.

(2) 한국의 지역개발과 사회적 자본

한국사회는 사회적 자본의 형성기반이 취약한데, 전통적으로 수직적인 유교적 문화 속에서 혈연적 가족주의와 연고주의가 강하다. 혈연, 지연, 학연 등 폐쇄적 연고주의로 인해 사회갈등이 심화되고 불필요한 사회적 비용이 발생한다.

한국사회의 전반적인 신뢰부족이 사회적 자본 형성의 중요한 한계요인으로 작용하고 있다. 이희창·박희봉(2005)은 지역발전을 종속변수로 두고 사회적 자본(규범, 신뢰, 참여, 네트워크, 협력, 의사소통 채널), 지방정부의 대응성 등 2개 영역의 6개 변수를 독립변수로 선정[1]하여 5년 전과 비교하도록 하고 상관관계를 분석한 결과, 사회적 자본이 지역발전에 긍정적인 영향을 미치는 것으로 나타났다고 보고했다. 통계청의 '한국의 사회동향'(2009)에 의하면 한국사회의

1 사회자본과 지방정부 대응성 측정항목

변수		조작적 정의	측정항목
규범		• 지역사회에서 준수되어야 할 규범	• 이웃 간 지역사회 정보공유, 출신지역 차별 배제, 지역 내 집단간 상호 의사존중
신뢰		• 주민 및 지방정부 신뢰	• 이웃 신뢰, 기초 자치단체 신뢰, 광역자치단체 신뢰
참여		• 지역현안이나 지역개발 문제에 대한 참여 의지	• 지역문제에 대한 적극적 관심, 지역 내 구호활동 참여, 지역개발계획 수립에 참여
네트워크	협력	• 문제해결 및 지역발전 위한 지역주체 간 협력	• 지역발전을 위한 지역 주체 간 상호협력, 지역사회 갈등 해결을 위한 주민 간 상호협력, 지역문제 해결을 위한 공공조직과 민간조직 상호협력
	의사소통채널	• 지역통합에 필요한 의사소통채널 형성	• 문제해결을 위한 의견수렴 및 반영장치 존재, 주민의견과 아이디어 공유 위한 정기적인 모임 존재, 지역문제 발생 시 당사자별 충분한 의견표명 메카니즘 존재, 지역문제 발생 시 토론과 협력을 통한 문제해결
지방정부 대응성		• 주민배려와 주민요구에 대한 적실성 있는 서비스	• 보다 나은 서비스 제공에 관심, 주민요구에 대한 적실성 있는 대응, 지역문제 해결에 있어 주민요구 반영, 주민을 위한 지역현안 정보제공 노력

신뢰수준은 OECD 회원 19개국 중 14위로 나타났으며, 삼성경제연구소의 연구결과(이동원 외, 2009)에 따르면 한국의 사회적 자본지수(신뢰, 규범, 네트워크, 사회구조)는 OECD 29개국 22위이며, 그 중 신뢰지수는 10점 만점에 5.21점으로 OECD 29개 회원국 중 24위를 기록하였다.

(3) 사회적 자본 형성 촉진 방안

가. 시민사회에 의한 사회적 자본 형성

사회적 자본 형성 촉진에 있어서 가장 우선적인 과제는 사회적 상호작용을 증가하도록 하고 시민참여를 활성화하는 것이다. 시민의식의 성숙으로 자발적 결사체의 수나 규모, 활동영역이 증가하고 기능이 활성화 된다면 사회적 상호작용이 증가하고 시민참여가 활성화될 수 있기 때문이다.

나. 정부에 의한 시민사회 형성

시민사회가 일정수준으로 발전할 때까지 정부의 적극적인 역할이 필요하다. 정부는 시민사회발전을 위한 공적·제도적 지원의 실체이기 때문에 정부의 적극적인 역할은 절대적으로 필요하다. 정부에 의한 시민사회의 육성과 지원을 위해 정치·행정 엘리트의 시민사회와 사회적 자본에 대한 이해와 자각이 선행되어야 한다.

다. 정부의 사회적 자본 형성 촉진 방안

첫째, 시민단체 육성을 지원·강화한다. 사회적 자본 형성을 위해서는 사회구성원의 공공분야에 대한 관심과 참여의식을 높이고 이 과정에서 사회구성원 상호간 교호작용의 확대와 상호신뢰와 호혜관계를 발전시켜 나가는 노력이 필요하다.

둘째, 시민사회 발전과 관련된 제도·법령 정비가 필요한데, 시민단체들이 정치행정 과정상 참여를 강화할 수 있는 장치, 예를 들어 주민발안, 주민소환과 같은 자치와 관련된 제도적 장치를 활성화하고 마련하는 방안도 고려해 볼 수 있다.

셋째, 시민의식의 강화로, 시민의식 강화를 위한 정부의 교육정책 구체화, 공동체 운동과 자원봉사 문화의 정착과 관련한 정부정책과 지원책을 마련하는 것이 필요하다. 지방정부의 경우, 지역축제나 행사, 시민교육을 통하여 지역사회 공동체 운동의 전개를 통한 사회적 신뢰기반을 형성하여야 한다.

넷째, 국가사회의 제반문제를 해결하기 위해 정부와 시민사회, 기타 제반 경세수체들 간의 협력체계인 거버넌스 체계를 구축·강화해야 한다. 즉 거버넌스의 틀 안에서 네트워크를 통한 정치사회적 상호작용을 장려함으로써 사회적 자본의 구축에 기여해야 한다.

제3절 환경이론

1. 생태도시이론

1) 생태도시의 개념

(1) 생태도시의 의미

1992년 브라질 리우데자네이루에서 개최된 '환경과 개발에 관한 유엔회의'에서 에코시티(eco-city)에 관한 토론이 있었으며, 현대의 환경문제는 도시문제의 해결 없이는 생각할 수 없는 과제라는 점에서 유엔은 환경문제에 본격적으로 관심을 가지기 시작하였다(황희연 외, 2002).

우리나라의 경우도 급속한 도시화가 진전되는 과정에서 공해가 심해지고, 도시생태축 및 녹지축이 감소됨에 따라 도시의 환경문제가 대두되었다. 그러나 도시 내에는 물, 공기, 녹지, 토양 등 환경요소가 유기적으로 복합되어 있고 상호 연관되어 있어 도시환경문제를 해결하기가 점차 어려워지고 있다. 이렇듯 복잡해지고 있는 도시의 환경문제를 극복하기 위해서는 도시의 물리적 구조나 경제적 계획, 생활양식 등을 고려해 도시를 하나의 유기적인 체계로 다루는 것이 필요하다. 또한 도시의 다양한 활동이나 구조를 통하여 자연생태계가 가지고 있는 다양하고 순환적인 계획에 근접하는 환경정책을 확립할 필요가 있다.

지금까지 우리나라는 환경계획과 도시공간계획의 연계성을 높이기 위한 다양한 노력이 있었으나, 용도지역지구제와 환경영향평가제도는 도시계획 결정과정에서 환경에 대한 배려가 부족하였다는 것을 단적으로 보여 준다. 이에 기존의 도시계획이 도시환경문제를 근본적으로 해결하는 데 한계가 있다는 점을 인식하고, 도시의 지속가능한 발전을 추구하기 위해 대두된 개념이 생태도시이다(곽결호 외, 2011).

(2) 개념

생태도시는 도시가 자연과 인간이 공생적으로 발전해야 한다는 기본 이념을 담고 있다. 자연과 사회가 도시환경의 질을 향상시켜 시민의 쾌적한 생활환경을 보장하고, 궁극적으로는 도시의 지속가능한 발전을 가능하게 한다는 것이다. 이 개념은 도시의 비전 또는 도시계획의 새로운 방향을 설정해 줄 수 있다는 점 때문에 도시환경문제와 관련된 연구와 정책에 초점이 되고 있다.

생태도시와 관련된 체계이론은 생태학적 접근, 도시신진대사론, 사회학적 도시연구 등이 있다(황희연 외, 2002).

첫째, 생태학적 접근은 도시를 하나의 생태단위로 인식하고 물질과 에너지의 순환체계를 분석하는 접근방법이다. 생태계에서는 신진대사의 강도가 높으면 높을수록 입·출력이 많으며, 종속영양·독립영양이 불균형할수록 균형을 위한 외부 환경이 더욱 필요하게 된다. 이러한 관점에서 도시환경문제를 해결하기 위해서는 도시생태계의 안전성, 독립성, 다양성을 증진시킬 수 있는 방안 모색이 필요하다.

둘째, 도시신진대사론(urban metabolism)은 생물의 신진대사과정과 유사하게 도시가 외부로부터 자원과 에너지를 흡수해 도시 자신의 생명력을 유지하고 도시 외부로 폐기물을 배출한다고 보는 시각이다. 이 관점에서 도시환경문제를 해결할 수 있는 방안은 도시 체계의 안정성과 독립성, 다양성을 증진시키고, 도시의 전문화와 분산화를 유도하는 것이다.

셋째, 사회학적 도시연구는 도시가 무생물, 생물, 인간으로 구성되어 있고 이들 구성요소는 다중구조 혹은 위계구조를 지닌다고 보고 있다. 이러한 관점에서 도시신진대사론과 유사한 방식을 통해 도시환경문제를 극복할 수 있다는 이론이다.

2) 주요 내용

(1) 생태도시의 역사적 맥락

18세기 말 영국에서 시작된 산업혁명 이후 도시로 인구가 집중되었으며, 전 세계적으로 산업혁명 이전에 3%인 도시인구가 지금은 50% 이상을 차지하고 있다.

인구의 도시집중은 다양한 환경오염과 생태계 파괴를 수반하였다. 산업화 초기 런던과 같은 산업도시의 시민들은 수인성 전염병, 폐결핵 등의 질병, 높은 영아 사망률을 경험하였다. 이에 영국 정부는 노동자의 건강을 위해 1848년 세계 최초로 '공중위생법'을 제정하였으며 개인정원을 공공정원으로 개방하였다.

우리나라의 도시화는 8.15해방과 6.25전쟁 이후 가도시화(pseudo-urbanization)를 거쳐 1960년 이후부터 본격적으로 시작되었다. 우리나라는 산업화에 의해 도시화가 본격적으로 진행되었기보다는 6.25전쟁을 통해 도시의 인구가 증가한 가도시화 현상이 먼저 발생되었으며, 이로 인해 서울과 부산 같은 대도시의 산자락에는 판자촌이 만들어지고 도시의 산림생태계가 심하게 훼손되었다. 1960년대 이후는 본격적인 산업화와 도시화가 시작된 시기로, 경제개발 과정에서 이촌향도(離村向都) 현상이 발생하였으며 이로써 본격적인 인구의 도시집중현상이 발생하였다. 이와 같이 우리나라는 급격한 도시화 진행으로 전체인구의 50% 이상이 수도권에 집중하게 되었다(한겨레신문, 2010). 2010년 말

기준으로 인구 10명 중 9명이 도시에 거주하고 있으며, 도시지역은 최근 5년 동안 여의도 면적의 31배 정도인 연평균 90.5㎢ 정도가 증가하였다(동아 economy, 2011).

이렇듯 인구의 도시집중은 생태자원의 한계수용능력을 벗어난 이용으로 인하여 수질오염, 대기오염, 토양오염, 생태계 훼손 등의 각종 환경오염이 심화되었으며, 이러한 도시환경문제를 해결하기 위해 생물의 다양성, 자연 순환성, 지속가능성을 추구하는 생태도시의 개념이 탄생하였다.

(2) 생태도시의 유형

이창우(2004)는 생태도시를 '생물다양성 생태도시', '자연순환성 생태도시', '지속가능성 생태도시'로 구분하였다.

첫째, 생물다양성을 증진하는 생태도시는 도시 내부의 생물적 요소들을 보호하여 생물다양성을 확보하고자 하는 도시이다. 이를 위해서는 서식지 보호, 인간과 자연의 공존 추구를 과제로, 에코 브릿지, 비오톱, 디딤돌(stepping stone), 옥상 녹화, 동물 보호 등의 사업 또는 활동이 요구된다.

둘째, 자연순환성 생태도시는 인간 활동이 도시 수계 및 대기계, 자원 및 에너지 순환체계에 미치는 영향을 최소화하고자 하는 도시를 말한다. 이를 위해서는 물질대사, 물 순환, 에너지 순환, 교통체계 개편, 환경오염 저감 등이 주요과제이며, 자연형 하천, 투수성 포장, 중수도, 재생가능 에너지, 솔라 시티, 도시 농업, 그린 빌딩, 자전거도로 조성 등과 같은 사업이나 활동이 적극 추진되어야 한다.

셋째, 지속가능성 생태도시는 도시의 지속가능성을 물리적 환경의 개선으로만 달성할 수 없다는 견해로 사회 및 경제적 지속가능성을 동시에 고려하여 인간 활동, 교통, 도시계획, 환경정책, 도시생태계 등 관련 분야를 총체적으로 이해해야 도시의 지속가능성을 담보할 수 있다는 견해이다. 이를 위해서는 지속가능한 지표 작성, 환경의식 제고, 환경정책 선진화 등이 요구되며, 녹색소비운동, 지방행동 21, 환경교육, 환경거버넌스, 생태마을 조성, 환경분쟁 저감

등과 같은 사업이 실천되어야 한다.

3) 생태도시와 지역개발

(1) 생태도시 개념의 지역개발 적용

앞에서 살펴본 것처럼 우리나라는 지역개발을 위해 1990년 이전까지 빈곤의 극복, 경제의 양적 성장에 초점을 두었다면, 그 이후에는 경제·사회적 수준 향상뿐만 아니라 환경의 질적 개선에 관심을 갖기 시작하였다.

2010년에는 우리나라가 무역규모 세계 7위의 경제대국이 되었으며, 이를 뒷받침한 산업단지 건설, 도시개발, 토지의 고도 이용, 고층아파트의 건설 등 눈부신 경제발전을 경험하였다(곽결호 외, 2011). 이러한 물질적 풍요로움 뒤에는 무질서한 도시의 평면적 확산, 국토의 난개발, 산지와 농경지의 훼손이 지속가능한 지역발전에 걸림돌로 작용하게 되었다. 즉 환경의 용량을 초과한 개발은 대기 및 수질오염, 폐기물, 생활환경 악화, 생태계의 단절을 가속화시켰다. 그러나 최근에는 국민소득 수준의 향상으로 도시 내 녹지축, 생태축, 오픈스페이스 등 자연환경에 대한 환경가치 인식이 높아지고, 생태계의 건강성이 삶의 질을 좌우하는 핵심요소로 부각되고 있다.

이러한 정황을 볼 때, 환경의 질 향상을 양적인 성장 못지않게 중요시하는 생태도시의 개념 및 유형은 새로운 지역개발모델에 유용한 시사점을 제시하고 있다. 생태도시는 자연과 인간이 공생적으로 발전해야 한다는 이념의 기초 위에 도시 내 삶의 질 향상 혹은 지역개발을 위해서는 환경의 질 제고가 담보되어야 한다는 의미를 내포한다. 이를 위해서는 도시생태계의 안정성, 독립성, 다양성 증진이 필요할 뿐만 아니라 도시시스템의 안정성과 독립성, 도시인구의 분산화 등이 지역개발에 필요하다.

(2) 생태도시 실현을 위한 방법론

생태도시를 구체적으로 실현하기 위해서는 에너지 효율화를 강조한 자족도시, 경관을 중요시하는 녹색도시, 도시의 개성 혹은 역사성을 중요시하는 독일의 외코폴리스(Öcopolis) 조성 방안이 있다(황희연 외, 2002).

첫째, 자족도시는 도시인구 규모에 적절한 경제활동, 도시기능, 도시 기반시설 등을 보유하고 있는 도시로, 여기서 강조하고 있는 자립성은 에너지 및 자원 이용의 효율성과 외부 의존성의 감소를 의미한다. 이에 생태도시를 구현하기 위해 우선적으로 고려해야 할 사항은 에너지 낭비를 최소화하는 것이다.

둘째, 녹색도시는 도시경관과 도시녹지의 확보 정도가 생태도시를 구현하는 중요한 요소로 보며, 구체적으로 주변 건물들과 조화가 이루어지도록 도시공원과 휴게공간을 마련하는 것이 생태도시를 조성하는 데 있어 중요하다고 인식한다.

셋째, 외코폴리스는 자연을 도시경관으로 인식하여 도시경관과 사람과의 관계성, 마을 조성 시 지역성의 적극적인 활용 방안에 비중을 두고 있다. 구체적으로 도시기후의 특성을 고려한 건축물 혹은 주택단지의 조성, 생태보전형 에너지 공급체계 마련, 녹지와 생물의 네트워크 형성 등이 생태도시를 조성하는 데 필요한 요소이다.

2. 도시재생이론

1) 도시재생의 개념

(1) 도시재생의 의미

재생의 사전적 의미는 생물이 몸의 일부를 손괴 당했을 때, 그 잃은 부분을 회복시켜 한 개체로서의 생활을 가능하게 하는 현상을 말한다(네이버 백과사전, 2012). 도시재생은 도시의 생기를 되살려내기, 즉 도시재활성화를 뜻하는 것 또는 활력을 잃거나 시대에 뒤처진 도시의 일부 혹은 전체를 대대적으로 수술해 새로운 생기를 불어 넣는 것으로 해석된다(이주형, 2009).

국가별로 도시재생의 의미는 다소 차이가 있다. 영국에서는 도시재생을 “경제·사회·물리적으로 쇠퇴한 지역을 개별 프로젝트를 통해 문제 해결식으로 처방하는 것이 아니라, 도시 전체의 발전을 위한 전략적 계획의 틀 아래에서 공공과 민간의 파트너십을 전제로 하여 해당 지역의 경제적, 사회적, 환경적 상태를 지속적으로 개선해가는 통합적 접근"으로 정의하고 있다.

일본에서는 도시재생을 "기성시가지 내에 경제적·사회적·환경적 요인으로 인해 쇠퇴한 지역에 대해 비전과 계획을 수립하고, 행정, 커뮤니티, 기업 등이 공동으로 보전·회복·개발됨으로써, 지역의 지속적인 발전기반을 마련하는 등 사회, 환경, 경제 세 가지 측면에서 지속가능한 상태를 지향하는 것"으로 개념 정리하고 있다.

우리나라에서는 도시재생을 산업구조의 변화 및 신시가지 위주의 도시 확장으로 상대적으로 낙후되고 있는 기존도시에 새로운 기능을 도입·창출함으로써 경제적·사회적·물리적으로 부흥시키는 것으로 보고 있다(도시재생사업단, 2012a). 기존의 도시정비(재개발·재건축사업, 뉴디운사업 등)를 포함하고 있으며 물리적 정비를 넘어 환경, 경제, 생활까지 포괄하는 개념으로 사용되고 있다.

[그림 3-2] 우리나라 도시재생의 개념

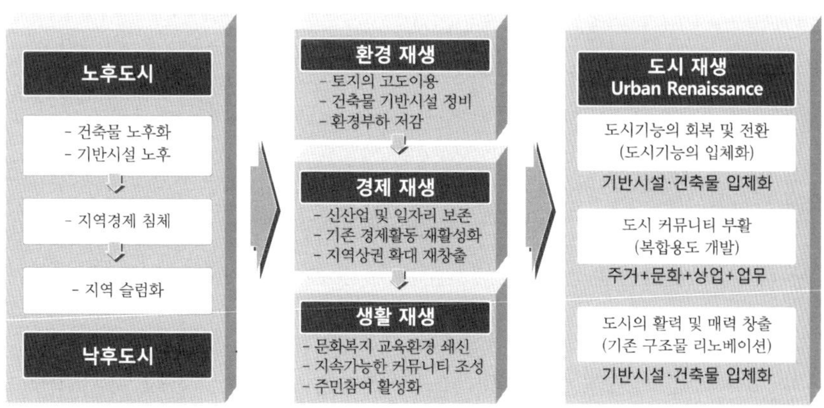

자료: 도시재생사업단, 2012a.

(2) 도시재생 개념의 등장

도시재생(urban regeneration)은 20세기 중반에 들어 대부분의 세계적인 대도시가 무분별한 교외화 현상과 동시에 심각한 도심부 쇠퇴현상의 후유증을 겪게 됨에 따라, 이러한 대도시지역의 무분별한 외부 확산을 억제하고 도심부 쇠퇴현상을 방지함으로써 도심지역에서의 인구 및 산업의 회귀를 촉진하고 재활성화를 모색하기 위해서 등장하였다.

도시재생의 소개는 1990년대 후반 영국에서부터 시작되었다. 1999년 영국정부가 도시재생특별팀을 구성하여 도시재생에 대한 개념과 계획원리, 실천전략을 담은 '도시부흥을 향하여(toward an urban renaissance)'를 발간하여 도시재생의 이론과 정책의 근간으로 활용하였다(서종국, 2011). 도시재생이 물리적 환경정비 중심의 재개발방식이 초래하는 여러 문제를 극복하기 위해 물리적, 경제적, 사회적 요소를 통합적으로 고려하는 새로운 접근방식으로 소개되었다. 대부분의 국가에서도 영국정부의 도시재생이론과 정책을 기초로 하여 다양한 원론적, 정책적 연구가 진행되어 오고 있다.

2) 주요 내용

도시재생의 기본적 목적은 도심부 공간구조의 개편, 토지이용의 합리화, 물리적 환경의 개선 등을 통해 도심부를 기능적이고 쾌적한 활동공간으로 부흥(urban renaissance)시키며, 나아가 이를 통해 도심부가 도시 및 지역 활성화의 촉매제(urban catalysis) 역할을 할 수 있도록 하는 것이다.

국외에서는 도시재생이 도시의 물리적 환경, 산업, 경제, 사회, 문화적 측면에서 도시의 모든 분야를 부흥시킨다는 포괄적 의미를 포함하고 있으며, 이러한 도시재생사업은 기존 도시정비사업이 물리적 환경의 개선에 치중되던 것에서 벗어나 지속가능한 도시의 커뮤니티를 형성하고 물리적, 사회적, 경제적 부분을 고려하는 통합적인 접근이 이루어지고 있다(안건혁, 2007; 이일희·이주형, 2011).

〈표 3-6〉 영국·미국 등 선진국이 추진한 도시재생정책 변천과정

구분	1950년대 Reconstruction	1960년대 Revitalization	1970년대 Renewal	1980년대 Redevelopment	1990년대 Regeneration
주요 전략과 경향	• Master Plan의 한 도시노후지역의 재건축, 교외 지역의 성장	• 1950년대 경향 유지, 교외지역과 주변부의 성장, rehabilitation의 초기 시도	• renewal과 근린단위계획에 관심, 주변부개발 계속	• 대규모 개발 및 재개발 계획, 대규모프로젝트 위주	• 정책과 집행이 보다 종합적인 형태로 전환, 통합된 처방에 대한 강조
주요 actors와 이해관계자	• 중앙과 지방정부, 민간개발업자와 도급업자	• 공공과 민간부문간의 균형과 조화를 이루는 방향으로 전환	• 민간부문 역할 강화, 지방정부의 탈중앙화	• 민간부문과 특별정부기관이 중심, 파트너십의 성장	• 파트너십이 지배적
공간적 차원	• 지방 및 해당 부지 차원의 강조	• 지역차원의 활동 등장	• 초기에는 지역 및 지방차원, 후에 지방차원이 강조	• 80년대 초 해당 부지차원 강조, 후에는 지방차원을 강조	• 전략적 관점의 재도입, 지역차원의 활동 성장
경제적 측면	• 공공부문 투자(일부 민간부문의 투자를 동반)	• 1950년대 이후 지속된 민간투자의 영향력 증대	• 공공부문의 재정 압박으로 인해 민간투자의 성장	• 선별적 공공자금을 받은 민간 부문이 주도적 역할	• 공공과 민간, 자발적(voluntary) 기금간의 균형이 중요
사회적 측면	• 주택 및 생활수준의 향상	• 사회복지 증진	• 커뮤니티 위주의 시책과 보다 많은 권한 부여	• 선별적인 국가지원하에서의 커뮤니티 자활(self-help)	• 커뮤니티 역할의 강조
물리적 강조점	• 내부지역의 복원(replacement)과 주변지역의 개발	• 기존 지역의 재건과 병행하여 1950년대의 시책 유지	• 노후 도시지역의 재개발 확대	• 대규모 재개발 및 신개발, 대규모 개발 프로젝트	• 1980년대보다 신중한 개발계획, 문화유산과 자원 유지 보전
환경적 접근	• 경관 및 일부 조경 사업	• 선별적인 개선	• 일부 혁신적인 사업을 통한 환경 개선	• 환경적 접근에 대한 관심 증대	• 환경적 지속성이라는 보다 넓은 개념 도입

자료: Peter Roberts & Hugh Sykes, 2000; 박천보·김정연, 2007.

미국의 도시재생은 커뮤니티 운동과 연계되어 중심시가지 활성화사업과 연계되어 있고, 일본의 경우 마을 만들기 운동(まちづくり)으로 도시재생사업이 이루어지고 있다. 영국은 근린지역재생운동(new deal for communities)과 연계되어 도시재생사업이 추진되고 있다.

우리나라의 도시재생은 아직 개념을 정립하는 단계에 있다. 그러나 최근 들어서는 단순히 물리적 정비에서 벗어나 쇠퇴하고 있는 도시 전체 혹은 일부를 물리적 환경, 산업, 경제, 사회, 문화적 측면에서 기존의 기능을 활성화하거나 새로운 기능을 부여하는 방향으로 근본적인 변화를 꾀하고 있다.

즉 우리나라는 1960년 이후 경제성장과 함께 급격한 도시화를 이루었다. 그러나 양적 수요 충족에만 치중한 도시개발로 인해 도시의 지속가능성을 저하시켰다. 또한 기성시가지에는 인구와 고용의 감소, 물리적 환경의 노후화와 서비스 투자의 감소로 인한 사회·공간적 분리현상으로 이어졌다. 이에 정부는 도시지역의 무분별한 확산을 억제하고 도심부 쇠퇴현상을 방지하며, 또한 이들 지역에 인구 및 산업의 회귀 촉진을 통한 경제·사회·환경적 상태를 개선하기 위하여 지역의 경제적 기반을 구축하고 물리적 환경을 개선하는 사업을 지속적으로 추진하고 있다. 그러나 기성시가지의 경우는 재개발, 재건축, 도시환경정비사업 등 주택공급을 위한 물리적 정비사업만 진행하고 있어 오히려 각종 사회문제를 유발시키고 있다.

3) 도시재생과 지역개발

(1) 도시재생 패러다임 변화

최근의 도시재생은 과거의 도시재개발과 달리 주거지 개선중심의 물리적 개발이 아니라 주거, 상업, 업무의 복합적인 용도를 담는 개발일 뿐만 아니라 여기에 디자인, 예술, 문화 등 포스트모더니즘적인 성격이 강하게 작용하여 나타나고 있다(이주형, 2009). 최근 도시재생의 현상은 규모에 있어서 광역적이며, 사회, 경제, 문화적 문제 등 비물리적인 부문의 개선까지도 포함하고 있다.

세계적으로 도시재생에 성공한 나라의 공통적 요소는 용도의 복합화, 공공의 역할, 도시 내 필요한 공공성의 확보, 인간중심의 커뮤니티 재현, 파트너십을 통한 도시재생의 추진, 도시재생의 주변지역으로의 파급효과 등이다(이주형, 2009).

최근 해외 각국에서는 신도시 개발을 지양하고 구도심 재생사업으로의 정책방향이 전환되고 있다. 물리적 재생에서 사회·경제·문화 등을 포함한 종합적 재생으로 도시재생의 의미가 확대되어 가고 있으며 사회·경제적 상황에 따라 지역기반·거주자 중심의 자력재생으로 발전하고 있다(대한국토·도시계획학회, 2011). 지역에 근거하며 지역공동체에 의해 진행되는 도시재생은 일본, 유럽, 미국 등 선진국에서도 활발히 진행 중에 있다. 특히 도시재생과정에 주민을 참여시키고 주민과 지역의 역량을 강화시키기 위해서 중앙정부의 적극적 지원도 뒷받침되고 있다.

(2) 도시재생 활성화를 위한 방법론

도시재생 활성화를 위해서는 과거와 같이 지역의 인적·물적 자원을 무시하는 재생이 아니라 이를 충분히 존중하고 활용하며, 이들의 역량을 통해 좀 더 지속가능한 도시재생을 추구할 수 있도록 하여야 한다(도시재생사업단, 2012b). 이를 위한 방법은 다음과 같다.

첫째, 양의 확대로부터 질적인 제고가 필요하다. 도시재생을 통한 지역발전을 위해서는 양적 확대를 요구하는 종전의 개발방식보다는 이를 대신할 대안으로서 삶의 질 향상이 요구된다. 도시계획 분야에서는 인구증가에 대응한 교외 개발보다는 도심을 새롭게 활용하는 콤팩트시티(compact city)로의 전환이 필요하다.

둘째, 교류인구를 살려 도시 활성화를 도모해야 한다. 도심 공동화를 해소하기 위해 도심에 젊은 층을 끌어들일 수 있는 문화 및 여가시설 확충이 필요하다.

셋째, 도심의 역사성을 재검토해야 한다. 도심의 문화, 산업, 높은 접근성 등을 재평가하고, 이를 활용한 지역 활성화 추구 전략이 필요하다.

넷째, 주민참가형 도시만들기를 추진해야 한다. 주민참가에 의한 도시 만들기 및 주민의 활동이 도시 및 지역의 활성화에 큰 역할을 할 수 있다. 참가자의 정보 교환 및 합의 형성을 위한 방법으로 세미나, 워크숍 등을 개최하는 것도 하나의 대안이다.

다섯째, 지역자력형 도시재생사업을 추진한다. 지역사회가 주도적으로 주체가 되어 주민들의 삶과 직결된 문제들을 스스로의 힘으로 해결하는 움직임에 맞추어 진행되어야 한다.

3. 지속가능한 발전이론

1) 지속가능한 발전의 개념

(1) 등장배경

1960년대 이후 지속되는 환경파괴로 인류의 생존에 대한 위협이 제기됨에 따라 새로운 패러다임을 정립하여야 한다는 주장이 대두되었다(변점출, 2009).

지속가능한 발전에 대하여 국제사회가 관심을 갖게 된 배경의 하나로 '성장의 한계(the limits to growth)'라는 1972년 로마클럽(Club of Rome)의 연구보고서에서 나타난 환경보전과 경제발전에 대한 연구를 들 수 있다(정근영 · 장민수, 2007). 로마클럽은 심각한 문제로 급속히 대두되고 있는 천연자원의 고갈, 환경오염, 개발도상국에서의 폭발적인 인구 증가, 핵무기 개발에 따르는 인간사회의 파괴 등 인류의 위기에 대한 해결책을 모색하기 위해서 설립되었다. '성장의 한계' 보고서는 환경파괴로 인해 초래될 암울한 미래를 제시하여 환경보호와 세계경제의 지속적인 발전 가능성과 관련하여 국제사회에 큰 반향을 불러일으켰다.

(2) 개념의 형성

지속가능한 발전의 개념은 1972년 스톡홀름에서 열린 유엔인간환경회의(United Nations Conference on Human and Environment: UNCHE)에서 언급되어 지구환경 문제에 대한 범세계적 대응 논의가 시작되었다(국가지속가능발전위원회, 2008). 이 회의에서 '하나뿐인 지구(only one earth)'라는 슬로건 하에 내린 주요 결정은 유엔인간환경선언 채택, 세계환경의 날 지정·권고, 인간환경을 위한 행동 채택, 유엔환경기구(UNEP)의 창설·권고 등이다.

공식적으로 지속가능한 발전이라는 개념이 널리 알려진 것은 1987년 세계환경·개발위원회(World Commission on Environment and Development: WCED)에서 제출한 '우리 공동의 미래(our common future)'라는 보고서, 일명 '브룬트란트 보고서' 이후였다. 이 보고서는 발전의 1차적 목적을 인간의 욕구 충족으로 보고 인간의 욕구는 시간적으로는 세대를, 공간적으로는 국가를 초월한 생산활동을 통해 충족되며, 생산활동은 자연자원의 이용을 통해 이루어진다고 보았다.

(3) 개념의 확대

1992년 6월 지속가능발전을 범세계적으로 실현하기 위해 브라질 리우에서 열린 UN환경개발회의(United Nations Conference on Environment and Development: UNCED)에서 '환경적으로 건전하고 지속가능한 개발(Environmentally Sound and Sustainable Development: ESSD)'이라는 환경과 경제의 통합개념이 만들어졌다(국가지속가능발전위원회, 2008). 지속가능한 개발과정에서 환경보호와 경제발전이 서로 분리되어서는 안된다고 명시하고 양자 간 상호보완적인 관계의 추구에 대한 합의를 재확인하였다.

(4) 개념의 정착

2002년 8월 남아프리카공화국 요하네스버그에서 열린 세계지속가능발전정상회의(World Summit for Sustainable Development: WSSD)는 주제를 '인간, 지

[그림 3-3] 지속가능한 발전 개념의 변화

자료: 국가지속가능발전위원회, 2008.

구, 번영'으로 채택하고, 지속가능한 발전을 사회발전과 통합, 환경보호, 경제 성장이라는 3대 축을 아우르는 것으로 재확인하였다. 이 회의를 통해 환경, 경제, 사회의 통합과 균형을 지향하는 지속가능한 발전 개념이 21세기 인류의 보편적 발전전략의 핵심개념으로 자리잡게 되었다.

2) 주요 내용

(1) 개념 정의

지금까지 널리 인용되고 있는 지속가능한 발전의 개념은 WCED의 브룬트란트보고서(1987)와 Caring for the Earth(1991)에서 사용된 개념이다(하성규 외, 1999). WCED에서는 지속가능한 발전을 "다음 세대의 욕구를 충족시키는 능력을 저해하지 않으면서 지금 세대의 욕구를 충족시키는 발전"으로 정의하였는데, 핵심 개념은 "미래 세대의 다양한 욕구를 인정하면서 현 세대의 책임 있는 주체간의 합의"라고 할 수 있다.

여기에서 미래 세대의 욕구는 지속가능성에 대한 기본적 의미이며 다양한 욕구의 인정은 국가 간, 계층 간, 세대 간, 가치 간의 인정을 뜻한다. 합의의 주체는 9개 주요그룹(의제 21에서 제시), 즉 여성계, 청소년, 원주민, 농민, 노동자, 기업, NGO, 지방정부, 과학기술계를 말한다. Caring for the Earth(1991)에서는 지속가능한 발전을 "생태계의 환경용량 내에서 인간생활의 질을 향상시키는 발전"으로 정의하고 있다. 이외에도 유엔환경프로그램, 국제지방환경자치체협의회(ICLEI)는 지속가능한 발전의 개념을 확대 발전시켜오고 있다.

최근 유엔의 세계행복보고서에서는 지속가능한 발전을 인간의 복리, 사회적 포용, 환경적 지속성을 모두 결합한 개념이라고 설명하면서 행복에 대한 탐색은 근본적으로 지속가능한 발전에 대한 탐색임을 강조하고 있다(Helliwell et al., 2012). 이러한 지속가능한 발전 개념의 다양성은 환경보전에 대한 기본적인 시각을 어떤 입장에서 취하고 있는가와 밀접하게 관련되어 있다(하성규 외, 1999).

결국 지속가능한 발전 개념이 의미하는 바는 우리가 물려줄 환경과 자연자원의 여건 속에서 미래세대도 최소한 우리만큼 잘 살 수 있도록 담보하는 범위 안에서 우리에게 주어진 환경을 이용하고 자연자원을 이용하자는 것을 의미한다(이정전, 1995).

한편 지속가능한 발전의 이념은 1992년 리우회의에서 21세기 지속가능한 발전을 위한 '의제 21(Agenda 21)'을 채택하여, 지속가능한 발전을 국제사회가 추구해야 할 정책이념으로 확립하였다. 의제 21에서는 지속가능한 발전 이념 아래 지향해야 할 구체적인 목표로 성장 회복, 성장의 질 변화, 직업·식량·에너지·물·위생에 있어서 기초적인 필요의 충족, 지속가능한 인구수준 유지, 지하자원의 보존과 질적 향상, 기술의 지향점에 대한 재조정과 위험성 관리, 정책결정과정에서의 환경과 경제의 결합 등을 제시하였다.

(2) 개념 범위

지속가능한 발전의 범위는 환경적, 경제적, 사회적 지속가능성의 세 가지로 구분되며, 각각이 추구하려는 목적은 서로 다르다(국가지속가능발전위원회, 2008).

환경적 지속가능성은 인간의 경제활동과 사회활동을 지속적으로 지탱(sustainable)해 줄 수 있는 생명(life)의 토대로서 생태적 지속가능성을 전제로 하고 있다. 경제적 지속가능성은 절반 수준의 자원을 투입하면서 두 배의 산출을 얻을 수 있다는 '네 배의 공식(factor four formular)'을 실현하는 녹색경제의 생태효율성(ecological efficiency)을 의미한다. 사회적 지속가능성은 빈곤문

[그림 3-4] 지속가능한 발전의 범위

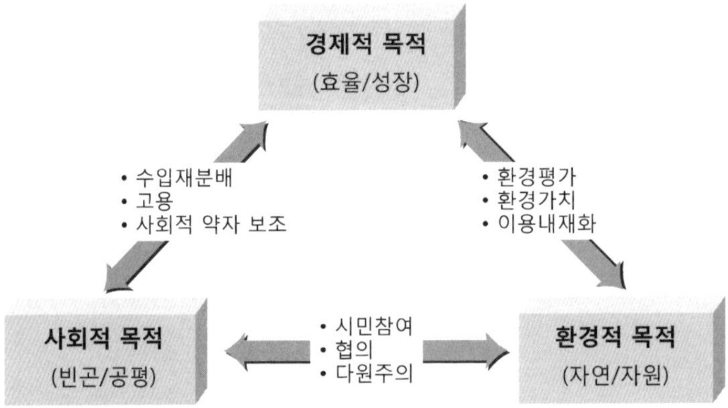

자료: 국가지속가능발전위원회, 2008.

제의 해결과 함께 세대 간, 계층 간, 지역 간 사회통합을 실현함과 동시에 환경정의를 이루는 상태로서 사회적 형평성을 뜻한다.

(3) 비판

지속가능한 발전이라는 개념이 광범위하게 사용되지만, 그 진정한 의미와 적용에 있어서는 많은 혼란과 자의적인 해석이 존재하고 있다. 개념이 너무 단순해서 개념에 내재된 복잡한 의미와 그 상호모순성의 명확한 규명의 한계성, 개념이 모호하여 실천 방안에 대한 토대를 제공 못하는 점, 개념이 지나치게 광범위하여 모든 항목이 지속가능한 발전에 포함되는 등을 들 수 있다. 나아가 지속가능한 발전이라는 개념이 실제로 실현불가능한 자기모순적인 개념에 불과하다는 비판도 있다(김용웅 외, 2003).

이러한 개념상의 혼란은 자연히 지속가능한 발전을 어떻게 측정할 것인가의 문제(측정과 모니터링), 애매하고 모호한 개념을 어떻게 구체적인 행동과 정책으로 옮길 것인가의 문제(정책과 실행계획), 그리고 다루어야 할 수많은 문제 중에서 과연 어떤 문제부터 우선적으로 다루어야 할 것인가의 문제(정책 우선순위)에 대한 실질적인 도움을 주지 못하고 있다(하성규 외, 1999).

최근에는 지속가능한 발전을 대체하는 개념으로 녹색성장이 등장하였는데, 녹색성장은 지속가능한 발전 개념의 변화, 발전, 확장과정에서 나타나게 되었다.

3) 지속가능한 발전과 지역개발

세계 각국의 지역개발전략은 지속가능한 발전이라는 목표를 추구하는 방향으로 나아가고 있다(김용웅 외, 2003). 전통적 지역개발 전략과 달리 지속가능한 지역발전은 발전의 의미와 가치의 전환이 전제된 새로운 지역개발의 개념으로 전개되고 있다. 지속가능한 발전전략은 지역발전정책의 수립에 있어서 경제와 환경적 접근을 통합시킴으로써 자원 이용 활동 간의 마찰을 최소화하고, 사회경제적 기회(생산성의 극대화)를 증진하며, 미래세대의 이익을 위하여 환경자산을 물려주는 것을 의미한다.

지속가능한 지역발전은 환경기준의 의미를 평가하고 산업, 농업, 교통개발에 있어서 제약을 가함으로써 수행된다. 구체적인 방식으로는 생태계와 자연환경자원에 대한 훼손이 최소화되고, 개발 및 관리에 있어 재생불능 자원의 투입이 최소화될 수 있으며, 폐기물 및 오염물질의 생성이 최소화될 수 있는 접근방법이 요구된다.

지속가능한 발전 이념이 지역개발에 공식적으로 표방된 것은 1992년 리우회의에서 채택된 '의제21'이라 할 수 있다(김용웅 외, 2003). 이에 따라 선진국 및 우리나라 지방자치단체들은 '지방의제 21(Local Agenda 21)'[2]을 통해 지역적 차원에서 지속가능한 발전을 위한 환경선언과 행동강령 및 개발지침을 만들어 실천하고 있다.

우리나라는 2000년 9월에 지속가능발전위원회가 발족되어 2005년 6월

---

2 1992년 리우회의에서 합의한 '21세기를 위한 환경강령(의제21)'의 제28장에서는 1996년까지 지방자치단체는 주민과 협의를 거쳐 '지방의제 21(Local Agenda 21)'에 관한 합의를 도출해야 한다고 규정하고 있다.

에 국가지속가능발전 비전을 선언하였고, 2006년에는 국가지속가능발전 전략, 이행계획 수립, 그리고 77개의 국가지속가능성지표(sustainable development indicator)를 선정하여 평가를 실시[3]하고 있다.

최근에는 지속가능한 발전 개념보다 진전된 개념으로 녹색성장이 국가발전의 핵심전략으로 대두되고 있다(김용웅 외, 2009). 녹색성장의 개념은 2000년 영국 이코노미스트(Economist)에 처음 거론되어 다보스포럼과 유엔 아·태경제이사회(UNESCAP) 등을 거치면서 국제사회로 확산되었다. 2002년 요하네스버그의 지속가능발전 세계대회의 요청에 대한 대응으로서 2005년 제5차 아시아태평양 각료회의에서 지속가능한 발전을 위한 구체적인 발전전략으로 녹색성장을 채택하였다.

지속가능한 발전과 녹색성장은 개념적인 유사성이 지적되기도 하지만 녹색성장은 지속가능한 발전을 달성하기 위한 구체적이고 목표지향적인 행동과 정책을 제시하는 개념으로 볼 수 있다(미래기획위원회, 2009).

제4절 새로운 지역개발의 모색

1. 대안이론들의 핵심 요소

이상 지역개발과 유관 학문에서 제기되고 있는 대안이론들을 각각 사회이론과 환경이론으로 나누어 살펴보았다. 사회이론에서는 핵심적으로 지역사회 내의 다양한 주체의 역량 강화와 주도적인 참여, 그리고 이들 주체 간의 목적 공유와 협력이 강조되고 있다.

지역거버넌스이론의 핵심은 이제는 더 이상 국가와 같은 단일한 주체로는

---

3 우리나라의 지속가능한 발전 정도를 평가하기 위해 2006년 10월 분야별 '국가지속가능발전지표'를 설정하였으며 2008년 1월에는 최근 5년 간의 데이터를 바탕으로 지표의 시범적용을 실시하였다.

현대사회의 문제에 대응할 수 없으므로 지역사회 내의 다양한 이해관계자의 협력과 참여로 지역사회의 변화를 만들어야 한다는 것이다. 다원적 주체, 수평적 협력, 이해관계자의 참여, 공정한 게임의 법칙, 지역사회의 변화 등을 핵심 요소로 하고 있다. 지역네트워크이론은 이와 관련하여 공공기관에서 다양한 행위자 간의 네트워크의 효과적 관리를 강조하고 있으며 이를 위해 목적의 수렴, 네트워크 구축, 신뢰의 형성, 지역 간 네트워크 구축 등이 강조된다. 사회적 자본이론에서는 기존에 물리적 여건 중심 접근의 한계를 지적하면서 사람의 관계나 사회구조 형성의 중요성을 강조하고 지역사회 구성원들의 역량 강화와 주도적인 참여가 중요함을 지적하였다.

환경이론에서는 기존의 물적 확대 중심의 성장이 인간과 환경 간의 관계를 파괴해왔다는 점을 인식하고 다시 인간과 생태환경 간의 공생발전을 도모함으로써 생태환경의 복원과 삶의 향상을 동시에 꾀하려고 한다. 더 나아가 지속가능한 발전을 위해서 사회적 형평성까지 포괄한 환경, 경제, 사회의 지속가능성을 높여야 함을 강조하고 있다.

생태도시이론에서는 기존의 도시개발이 오히려 생태환경 악화를 가져와 삶의 질의 악화를 가져왔음을 지적하고 환경계획과 도시계획 간의 순환적인 연계성을 높임으로써 자연과 인간 간의 공생발전과 시민의 삶의 질 향상을 동시에 추구할 수 있는 전략을 제시하고 있다.

도시재생이론은 기존의 도시정비 사업이 물리적 환경 개선에 치중되었던 한계를 지적하면서 지속가능한 도시의 지역공동체를 형성하고 이들의 참여와 주도적 역할을 기반으로 지역의 기존 자원과 역사성을 살린 새로운 형태의 지역활성화 접근을 보여주고 있다.

지속가능한 발전이론은 기존의 물적 성장 중심의 발전이 초래한 환경파괴로 인류사회의 생존에 위협을 받고 있음을 인식하고 환경보호와 경제발전의 상호보완적 발전을 위해 환경적 지속성, 경제적 효율성, 사회적 형평성을 추구해야 함을 강조하고 있다.

2. 대안이론과 H_2O 전략의 도출

이상 대안이론들을 검토해본 결과, 모두 기존의 물적 성장중심, 하향식 발전이 가지는 한계를 지적하면서 지역개발에 대한 접근, 지역사회에 대한 인식, 인간과 환경과의 관계 등에 대한 재정립을 통해서 사회의 지속가능성과 삶의 질을 높일 수 있는 대안적 방법론을 각기 제기하고 있다.

이러한 다양한 대안이론들은 서로 제기되는 배경이나 학문 영역, 중심 개념들이 상이하지만 서로 공유된 방향성을 가지고 있어 이들의 다면적인 특성들은 하나의 일관된 틀로 통합될 수 있는 모습을 보여주고 있다.

따라서 이들 이론 간의 핵심요소들은 소통, 순환, 생태, 평등, 투명, 융합의 여섯 가지 전략적 요소로 정리될 수 있다.

소통은 다양한 구성원 간의 상호 의사소통(커뮤니케이션)과 공공기관과 지역주민간의 소통(참여)을 의미하는 것이다. 거버넌스이론과 사회적 자본이론, 도시재생이론 등에서 강조되고 있는 지역주민의 주도적인 참여와 함께 네트워크이론에서 수평적인 상호작용 관계가 구축되는 네트워크 구조를 구성하고 공통의 목적을 수렴시키고 공유하기 위한 상호 간 소통의 요소와 연결되고 있다.

순환은 환경과의 관계에서 일방적인 관계가 아닌 상호순환적인 관계를 구축하는 것을 핵심으로 하는 전략이다. 도시재생이론에서 기존의 환경과 역사성을 복원하는 의미의 순환과 지속가능한 발전이론에서 환경의 지속성을 확보하기 위한 순환성 회복의 전략을 포괄하고 있다.

생태는 인간사회 역시 광범위한 자연생태의 일부로서 인간과 환경과의 관계를 복원하는 전략으로서 생태도시이론의 핵심과 맞닿아 있다. 또한 경제 성장에 있어서도 적은 자원으로 생태환경에 대한 영향을 최소화 시키면서 효과를 극대화해야 한다는 지속가능한 발전이론에서 이야기하는 경제에 있어서의 생태적 효율성과 연결된다.

평등은 환경과 경제의 지속성을 추구하기 위해서는 사회적 지속성 역시 확보되어야 하며, 이를 위해서는 사회적 형평성이 보장되어야 한다는 지속가능한 발전이론의 핵심 요소와 연관되어 있다. 지역네트워크이론에서 네트워크 관리를 위해 목적의 수렴과 공유를 위해서는 다양한 이해관계자 간의 형평성이 전제되어야 한다는 점에서 또한 관련되어 있다.

투명은 다양한 주체간의 참여와 협력을 위해서는 신뢰관계가 기초가 되며, 신뢰관계를 구축하기 위해서는 상호간의 투명한 정보 공유와 공개가 필요하다는 측면에서 네트워크이론의 핵심인 신뢰관계의 구축과 연결되고 있다.

융합은 다양한 주체 간의 역량과 노력이 공유된 공공의 목적을 위해 합쳐짐으로써 새로운 시너지를 발휘한다는 개념이다. 다양한 주체의 수평적 협력이라는 측면에서 거버넌스이론, 네트워크이론과 연결된다. 또한 공공기관과 같은 공식적 주체뿐 아니라 지역공동체의 구성원들의 주도적인 참여를 통해서 궁극적인 지역사회 변화를 이끌 수 있다는 측면에서 거버넌스이론의 지역사회 변화와 사회적 자본이론의 지역사회의 주도적 참여와 연결된다.

〈표 3-7〉 대안이론의 핵심요소와 H_2O 전략

이론	핵심 요소	H_2O 전략
거버넌스이론	• 다원화된 주체의 수평적 협력	• 융합/소통/평등
	• 이해관계자의 참여	• 소통
	• 공동체와 지역사회의 변화	• 융합
네트워크이론	• 목적의 수렴과 공유	• 소통/평등
	• 신뢰관계 형성	• 투명/소통
	• 네트워크 구조의 구축	• 소통/융합
사회적 자본이론	• 지역사회의 주도적 참여	• 소통/융합
생태도시이론	• 인간과 생태환경의 관계 복원	• 생태/순환
도시재생이론	• 지역주민의 참여	• 소통
	• 기존 환경의 재생	• 순환
지속가능한 발전이론	• 환경의 지속성	• 순환
	• 사회적 형평성	• 평등
	• 경제의 생태적 효율성	• 생태

제4장

H_2O 지역개발이론

제1절 의 의
제2절 주요 내용과 특징
제3절 이론의 적용
제4절 이론의 종합

제4장
H_2O 지역개발이론

제1절 의 의

1. 대두배경

1) 이론·정책적 배경

최근 지역개발 패러다임 변화에 대한 관심이 고조되면서 새로운 이론 모색이 활발하다. 이러한 움직임은 이론적인 측면, 정책적인 측면에서 다양하게 나타나고 있다.

우선 지역개발이론 전개과정에서 살펴보면 전통적 지역개발이론은 효율성을 지향하는 성장거점전략 중심의 불균형성장이론이었으나 형평성을 지도 이념으로 하는 균형이론이 등장하면서 기초수요 접근과 도농통합이 강조되었다. 이후 지식, 혁신, 학습의 중요성이 높아지면서 유연생산체제이론, 지역혁신체제이론, 학습지역이론 등의 대안이론이 잇따랐다. 최근에는 환경을 중시하는 지속가능한 발전이론, 생태도시이론, 도시재생이론 등의 환경이론과 사회적 관계와 가치를 설명하는 거버넌스이론, 네트워크이론, 사회적 자본이론 등의 사회이론이 새롭게 주목받고 있다.

정책적으로는 상당히 오랫동안 경제 성장과 물적 인프라 확충에 집중하였다. 국가가 주도한 관료적·하향적 정책으로 자원개발이 주를 이루었다. 그러나 근래에는 그 동안의 물적 성장이나 산출 중심 접근에 대한 반성을 토대로 친환경성, 삶의 질, 수평적인 협력, 주민참여 등을 강조하는 상향식 정책으로 변화하는 경향이 뚜렷하다.

이러한 추세는 세계적으로도 공통된 양상으로 나타나고 있다. 주요 선진국의 지역개발은 1990년대 이후 주민 행복에 대한 관심, 지역의 주체적 역할이 강조된 지방분권화, 새로운 지역개발 주체로서의 지역공동체 복원 등 이전과는 차별화된 접근이 활성화되고 있다. UN의 행복보고서, 영국의 국가지표(national indicators), 일본의 희망지표 등으로 주민 행복에 대한 관심이 구체화되고 있으며, 지역 이해관계자가 자발적으로 형성한 파트너십이 지역조건과 관점에 맞추어 지역개발전략 및 사업을 수립하고 집행한다. 또한 지역개발의 새로운 주체로서 지역공동체 역량이 커지고 있다. 영국의 지속가능한 지역공동체, 일본의 마찌쯔구리, 한국의 살기좋은 지역만들기 등은 정부의 역할을 최소화하고 합리적인 정책 틀에서 지역공동체가 개발을 주도하는 대표적인 예다.

이러한 흐름은 삶의 질, 환경 등에 대한 국제적 논의와 각 국가에서 나타나는 지역개발정책의 변화, 정책학 및 행정학 등의 학문 분야에서 나타나는 대안적 접근 등에서 동일하게 나타나고 있지만 지역개발에 있어 하나의 통합된 틀로서 제시된 바는 없다. 또한 최근의 대안이론 역시 사회적인 측면과 환경적인 측면을 통합하지 못하는 한계를 보이고 있다. 지역개발에 이러한 새로운 패러다임을 적용하기 위해서는 실질적으로 지역개발의 정책적 목적을 설정하고 이를 성취하기 위한 전략들을 수립하는데 기초가 될 수 있는 일관되고 체계적인 모델이 필요하나 추상적이거나 모호한 측면이 많고 실용적인 통합적 이론으로서 제시되고 있지는 않다.

사회·환경적인 접근을 통합하고, 기존 지역개발에서 중시하는 투입 대비 산출이 아닌 과정(전략)과 결과(만족도)에 초점을 둔 새로운 지역개발이론이 필요하다. 새로운 지역개발이론은 지방의 자율을 보장하고, 궁극적인 목표와 가치를 주민에 둔 이론으로 최근의 '행복'에 대한 국제적 논의(기획재정부, 2012)와 지역개발에서 나타나는 새로운 패러다임의 변화, 사회적으로 직면하고 있는 양극화를 충분히 고려해야 한다.

2) 외국의 연구 및 정책 동향

(1) UN의 세계행복보고서(World Happiness Report)

경제성장 지표인 GDP가 가지는 한계를 극복하기 위해 2012년 4월 UN은 '세계행복보고서(World Happiness Report)'를 발표하고 행복도 객관적 지표로 측정 가능하다는 연구 결과를 발표하였다(기획재정부, 2012). 이는 국민의 행복을 증진시키기 위해 정부의 정책적 의지가 중요하다는 것을 의미하며 주요 내용은 다음과 같다.

소득 수준이 낮은 국가의 경우, 소득 향상, 식량 증산, 보건의료에의 접근성 제고 등이 국민 행복 증진에 중요한 요소이며 기초생활이 어느 정도 충족된 국가인 경우, 행복은 개인의 소득보다는 개인이 속한 공동체, 개인의 정신적·육체적 건강, 가치관에 의해 보다 많은 영향을 받는다.

(2) UN의 인간개발지수(Human Development Index: HDI)

UN의 HDI는 소득, 교육, 빈곤, 실업, 환경, 건강, 종교 등 인간생활과 관련된 여러 가지 기본요소들을 기초로 사회생활에서 느끼는 행복감을 측정한다. HDI는 각국의 행복감을 매우 높음, 높음, 중간, 낮음의 단계로 분류하며, 매우 높은 수준으로 분류된 국가는 대부분 선진국으로 나타났다. 1998년 우리나라는 총 137개국 중 37위를 차지했으며 2011년 총 187개국 중 15위를 차지하였다.

(3) 부탄의 국민행복지수(Gross National Happiness: GNH)

부탄의 지그메 싱기에 왕추크 국왕은 1974년 GDP가 아닌 국민행복지수

(GNH)를 기준으로 국가를 통치하겠다고 발표하였다(기획재정부, 2012). GNH는 건강, 시간 활용 방법, 생활수준, 공동체, 심리적 행복, 문화, 교육, 환경, 올바른 정치 등 9개 부문의 지표를 토대로 산출하며, 이를 국가정책에 반영하였다. 현재 부탄 이외의 국가에서도 국민 행복지수에 관한 논의가 활발하게 진행되고 있다.

(4) 영국의 정책 동향

과거 1980년대 대처정부는 행정관료 시스템으로 이론적 혹은 직접적인 결과인 성과(Output)를 강조하였다. 대처정부는 경쟁체제, 성과급 체제, 상호간 경쟁을 통한 삶의 질 향상을 도모했으며, 이를 통해 사회복지 서비스의 질을 향상시킬 수 있었으나 협력적 요소는 다소 미흡했다.

현재 영국 정부는 주민의 행복감이자 만족도를 지역주민 혹은 지역 장소에 대한 결과(Outcome)로 보고 이를 지역개발정책의 궁극적 목표로 설정하고 있다. 영국의 중앙정부는 기존의 지표를 사용하거나 새로운 지표를 개발하여 최종적으로 198개의 지표를 선정하여 지역발전의 수준을 측정하고 있다. 또한 영국의 지방정부는 38개의 지표를 선정하여 지역의 취약한 부문을 진단하고 개선하는 데 이를 활용하고 있다. 보다 구체적으로 공무원, 기업인 등으로 구성된 지역전략협의체(거버넌스)를 구성하고 2~3년간 목표 달성치를 설정하고, 중앙정부는 목표를 달성하였을 경우에 재정적 인센티브를 부여하고, 달성에 실패할 경우에는 컨설팅을 지원하고 있다.

3) 새로운 지역개발이론의 필요성

제2장 지역개발의 패러다임 변화에서 언급한 바와 같이 현재 국가 주도의 지역개발정책은 퇴조하고 있다. 점차 경제적 성장이 항상 주민의 삶의 질 향상과는 직결되지 않으며, 전통적인 지역개발정책은 수도권 집중과 지역격차를 심화 시켜왔다는 반성을 하게 되었다. 산업 및 공간 재배치를 근간으로 하는

국가 주도의 지역개발정책은 분권화, 세계화, 지식정보화 등 새로운 메가트렌드 속에서 실패를 경험하였다.

1960년 이후 급속한 산업화와 도시화는 물리적 기반시설 확충과 양적 성장에만 집중하였으며 이로 인한 환경의 질 저하로 인해 오히려 주민의 전반적 삶의 질 저하를 가져왔다. 또한 인구와 자본의 대도시 혹은 수도권 집중은 국토 불균형 문제를 초래하였으며 이는 지역 간 대립과 갈등의 소지를 남겨 놓았고 지역구성원 간의 사회통합의 저해 요인으로 작용하고 있다.

이에 따라 새로운 지역개발정책은 지속가능한 지역발전, 생태적 미래기획 추구, 창조적 발전 지향, 공동체가 참여할 수 있는 개방형 거버넌스 체계 구축, 내발적 개발 정책에 초점을 두고 있다. 즉 미래세대의 수요를 고려하면서 기존 수요를 충족시킬 수 있는 지속가능한 지역발전을 추구하고, 경제의 양적 성장뿐만 아니라 환경의 질 혹은 생태적 가치를 고려한 경제성장을, 대형 인프라 산업보다는 매력적인 공간 창출을, 관료와 소수 전문가들이 만든 정책을 일방적으로 받아들이는 수동적 정책 수용자에서 주민, NGO, 전문가, 관료가 함께 참여하는 개방형 거버넌스 체제를, 지역의 부존 자원, 노동력 및 기술을 최대한 활용하여 그 지역의 고용 및 소득을 창출하고 다시 지역경제로 재투입하는 내발적 개발을 추구하는 것이 요구되고 있다. 그러나 전통적인 지역개발이론과 대안적 지역개발이론은 종합화의 부족, 지역주민이 체감하는 주관적 만족감 즉, 삶의 질 수준을 통시적으로 파악할 수 있는 수단의 부족, 실행전략을 통한 지역조건의 상쇄효과에 대한 고려가 부족한 것으로 판단된다.

지역주민의 주관적 삶의 질 향상을 파악하기 위해서는 내용적으로는 사회·경제·환경의 문제를 다차원적 혹은 종합적으로 다루어야 하며 또한 통시적으로 그 수준을 파악하여야 한다. 그러나 전통적인 지역개발이론과 대안적 지역개발이론은 도시환경문제 혹은 도심쇠락지구 활성화 등 특정 지역 및 도시문제를 해결하기 위해 고안된 이론이 대부분이다.

또한 기존 지역개발이론에서는 행복을 개인의 주관적 만족감 혹은 행복감으로 정의하고, '미래의 희망'과 '균등한 기회' 차원을 별개로 구분하고 있지 않기 때문에, 행복, 희망, 기회의 차원 등 보다 세분화된 영역에서 지역이 처한 문제점을 파악하기 힘들다.

마지막으로 기존 지역개발이론에서는 지역이 처한 문제점을 보완하기 위한 수단으로서의 실행전략에 대한 고려가 부족하고 지역 특성을 반영하고 주관적 행복감을 향상시키기 위한 체계적인 이행 절차를 다루지 못하고 있다.

이에 따라 새롭게 제시될 H_2O 지역개발이론은 기존 지역개발이론의 장점을 부각시키고 단점을 보완한 형태가 되어야 한다. 이를 위해서는 기존 지역개발이론을 종합하여 지역이 처한 문제점을 다차원적으로 분석하고 지역 주민이 느끼는 주관적 만족감을 지역개발의 궁극적 목적으로 설정해야 한다. 더불어 실행전략을 통해 주관적 만족감을 향상시키며 마지막으로 지역민의 만족감의 정도를 통시적으로 파악하여 제반 정책의 효율성을 모니터링할 수 있어야 한다.

2. 개 념

1) H_2O의 개념

H_2O는 행복(Happiness), 희망(Hope), 기회(Opportunity) 등 세 가지 요소가 합쳐진 개념으로 행복과 희망, 기회와 관련된 유사개념들을 살펴보면 다음과 같다.

행복은 현재 지역민의 삶에 대한 만족 수준을 의미하는 것으로 질적 만족 수준의 중요성을 강조하는 개념이다. 벤호벤(Veenhoven, 1984)도 행복을 개인이 전반적인 삶에 대해 만족을 느끼는 것이라 정의하였다. 행복과 유사한 의미를 가진 보편화된 용어는 삶의 질(quality of life), 행복감(happiness), 만족도(satisfaction), 안녕 혹은 복지(well-being) 등이다.

UN의 '세계행복보고서(World Happiness Report)', OECD의 '당신의 더 나은 삶 지수(Your Better Life Index)', 부탄의 '국민행복지수' 등 최근 세계적으로

행복에 대한 관심이 뜨겁다. 과거 가장 우선시했던 소득과 도시 인프라 보다 개인이 느끼는 심리적 만족감, 공동체, 건강, 환경이 보다 중요하다는 연구결과에 세계적인 공감대가 형성되었기 때문이다.

이러한 행복에 대한 논의가 활발해진 배경에는 생산성은 저하되고 복지비용은 증가하는 저성장시대에 개인의 '행복'을 매개로 하는 새로운 진단과 처방이 절실하다는 시대적 요구가 있음을 알 수 있다.

희망은 사전적으로 미래 개인을 포함한 지역사회의 지속가능한 발전과 경쟁력을 의미하는 것으로 지역사회가 더욱 살기 좋아지기 위해서는 반드시 필요한 요소이다. 유사 개념으로는 경쟁력(competitiveness) 및 지속가능한 발전(sustainable development) 등을 들 수 있다. 경쟁력은 경제 여건을 개선시키고 주민의 삶의 질을 지속적으로 향상시키며, 인간개발로 연계될 수 있는 능력을 의미하여(김현주 외, 1997) 지속가능한 발전은 다음 세대의 필요를 충족시킬 수 있는 능력을 저해하지 않으면서도 지금 세대의 필요를 충족시키는 발전을 의미한다. 도시경쟁력과 지속가능한 발전의 공통점은 미래지향성을 내포하고 있다는 점인데, 해당 지역이 속성을 나타내는 경제, 사회, 환경, 제도적 요소들을 포함하고 있어 현재 뿐만 아니라 미래에 영향을 미치는 정보 확보가 가능하다.

기회는 지역사회 구성원들이 성, 지역, 세대, 계층 등에 의해 차별받지 않고, 사회 전반에 신뢰와 협력을 기반으로 지역사회 구성원 간 상생관계를 확대하는 것을 의미한다. 최근 경제위기 극복과정에서 배분보다 성장위주의 정책을 시행함으로써 중산층이 붕괴되고 양극화가 심화되어 상대적 박탈감 확대, 근로 빈곤층 증가, 교육기회 불균등, 사회계층 간 이동성 감소, 대자본과 중소자본 간 양극화 등 기회와 관련된 다양한 사회문제가 발생하고 있다. 따라서 현재와 미래의 사회정의가 보장되고, 수직적 형평성이 확보되는 공정한 사회를 구현하기 위해서는 '균등한 기회' 제공이 필수적이다. 기회는 성, 지역, 계층, 세대 등에 의한 불평등을 감소시키고, 다양성을 인정하여 갈등과 격차, 사회적 혼란을 최소화하고 구성원 상호 간과 사회 전반의 신뢰와 협력

증진을 포함하는 개념이다. 이와 관련된 유사용어로는 사회적 배제(social exclusion), 사회통합(social cohesion), 공정(fairness), 사회정의(social justice) 등이 있다.

이처럼 기존 연구들에서는 행복, 희망, 기회가 각기 하나의 대상으로 연구되었지만 H_2O 지역개발이론에서의 H_2O 개념은 행복(Happiness), 희망(Hope), 기회(Opportunity) 등 세 가지 요소가 결합된 통합적 개념으로서 현대사회에서 지역발전의 중요한 척도로 활용될 수 있다.

따라서 H_2O의 정의는 $H_2O = f(H_1, H_2, O)$로 나타낼 수 있다. 여기에서 H_1는 현재 행복, H_2는 미래 희망, O는 기회균등을 의미한다. 즉 H_2O는 한 개인이 느끼는 현재 시점의 행복, 미래 시점의 희망, 현재와 미래 시점에서 기회의 균등 수준을 포괄하는 개념으로 H_2O 지역개발의 궁극적인 목표이다.

$$H_2O = f(H_1,\ H_2,\ O)$$

H_1 = 현재 행복, H_2 = 미래 희망, O = 기회균등

2) H_2O 지역개발의 개념

H_2O 지역개발은 지역주민에게 현재의 행복과 미래 시점의 희망을 보장하고, 균등한 기회를 제공하여 지역주민의 행복과 희망, 기회를 제고하고 이를 통해 지역발전을 도모한다는 것을 의미한다. 주민의 H_2O를 지역개발에 대한 결과(Outcome)로 보고 현재 삶의 질, 미래의 실현가능성, 모두를 위한 기회를 통섭하는 노력을 말한다.

H_2O 지역개발은 투입과 산출만을 중시하던 기존 지역개발을 보완하고 지역개발의 목표와 수단을 재설계하였다.

우선 투입대비 산출을 높이고자 했던 과거 목표에서 벗어나 주민의 행복, 미래, 기회 향상을 궁극적 목표로 두었다. 주민이 느끼는 주관적 만족감(Outcome)이 지역개발 투입, 과정, 산출의 최종결과임을 강조하였다.

둘째, 과정을 중시하여 전략을 재조명하였다. 기존의 지역개발에서는 과정

을 단순한 집행으로 여겼으나 H_2O 지역개발에서는 주민의 주관적 결과를 조정하는 전략수단 적용과정으로 본다. H_2O 지역개발전략은 지역개발정책 의사결정자와 집행자가 지역개발을 실천하는 과정에서 요구되는 것으로 인간과 환경을 중시하는 대안적 이론에서 도출된 핵심요소(소통, 순환, 생태, 평등, 투명, 융합)로 구성되었다.

전략수단에 대한 평가는 지역개발 집행과정에서 H_2O 제고와 정책의 신뢰와 품질을 보증하는 기준이자 체제로 작동하며 지역개발정책이 기획되어 주민에게 이르는 전 과정을 보증하고 관리하는 H_2O 지역개발 품질보증 및 관리체제로 볼 수 있다.

이를 바탕으로 구체화된 H_2O 지역개발은 지속가능한 지역발전, 생태적 미래기획 추구, 창조적 발전 지향, 공동체가 참여할 수 있는 개방형 거버넌스 체계 구축, 내발적 개발에 초점을 둔다.

미래세대의 수요를 고려하면서 기존 수요를 충족시킬 수 있는 지속가능한 지역발전을 추구하고, 경제의 양적 성장뿐만 아니라 환경의 질 혹은 생태적 가치 제고를, 대형 인프라 산업보다는 매력적인 공간 창출을, 관료와 소수 전문가들이 만든 정책을 일방적으로 받아들이는 수동적 정책 수용자에서 주민, NGO, 전문가, 관료가 함께 참여하는 개방형 거버넌스 체제를, 지역의 부존자원, 노동력 및 기술을 최대한 활용하여 그 지역의 고용 및 소득을 창출하고 다시 지역경제로 재투입하는 내발적 개발을 추구한다.

또한 지역주민이 체감하는 주관적 만족감을 통시적으로 파악할 수 있는 수단이자 실행전략을 통한 지역조건의 상쇄효과에 대한 고려도 포함한다. 이를 통해 사회·경제·환경의 문제를 다차원적 혹은 종합적으로 다룰 수 있다.

3. 구 조

1) H_2O 지역개발의 구조

H_2O 지역개발이론은 크게 지역개발에 필요한 투입요소(Input)를 의미하는 독립변수, H_2O 증진에 필요한 전략수단을 의미하는 조절변수, 지역의 객관적 산출물(Output)과 주관적 삶의 질 혹은 만족도(H_2O)를 의미하는 종속변수(Outcome)로 구성되어 있다.

즉 H_2O 지역개발은 먼저 지역주민의 주관적인 행복, 희망, 기회에 대한 인식을 기본지표로 제시하여 궁극적 정책 목적을 분명히 하고, 이에 대한 계측을 통하여 지역에 대한 진단을 할 수 있도록 하였다. 지역에서 추진되고 있는 각 분야별 프로그램과 사업, 예산, 조직, 인력, 법·제도 등의 정책적 요소를 독립변수로 두고 이의 효과를 극대화 할 수 있는 전략수단으로 소통, 순환, 생태, 평등, 투명, 융합 등 여섯 가지 조절변수를 제시하였다.

H_2O 지역개발이론은 기존의 물적 성장(객관적 조건의 개선) 중심의 접근 한계를 넘어 궁극적인 지역주민의 만족감(Outcome)에 초점을 두지만, 그와 동시에 객관적 조건을 또 다른 산출물(Output)로 설정함으로써 여전히 객관적 조

[그림 4-1] H_2O 지역개발모델의 구조

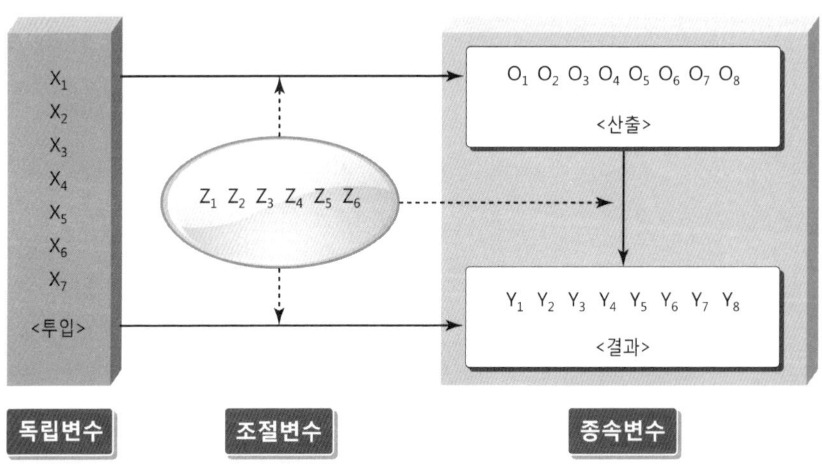

〈표 4-1〉 H_2O 지역개발모델의 변수 및 측정지표

변수		성격	측정지표	측정방법
독립변수 X_i		• 투입(Input)	• 사업계획, 인력, 조직, 예산, 제도, 주민참여, 리더십	• 주 · 객관적 지표
조절변수 Z_i		• 전략(Strategy)	• 소통, 순환, 생태, 평등, 투명, 융합	• 주관적 지표
종속변수	O_i	• 산출(Output)	• 경제, 사회 · 교육, 여가 · 문화, 정치 · 행정, 건강 · 복지, 생활편의, 재해안전, 녹색환경	• 객관적 지표
	Y_i	• 결과(Outcome)	• 경제, 사회 · 교육, 여가 · 문화, 정치 · 행정, 건강 · 복지, 생활편의, 재해안전, 녹색한경	• 주관적 지표

건 개선의 중요성을 간과하지는 않는다. 즉 지역주민의 주관적 만족감(삶의 질)의 개선을 위해서는 고용이나 소득과 같은 경제적 조건, 사회 · 교육, 여가 · 문화, 정치 · 행정, 건강 · 복지, 생활편의, 재해 · 안전, 녹색환경 분야의 인프라, 정책 및 행정의 효과성과 같은 객관적 조건이 개선되어야 함을 전제하지만, 다양한 대안이론들이 지적하는 것처럼 이와 같은 객관적 조건의 개선만으로 궁극적인 지역주민의 만족감이 높아지는 것은 아니라는 점이다. 따라서 지역의 정책과 개발에 있어 소통, 순환, 생태, 평등, 융합, 투명과 같은 기존과는 차별화되는 전략이 적용될 때 같은 객관적 조건에서도 주관적인 만족감의 차이가 있을 수 있으며 이러한 전략을 통해서 객관적 조건의 영향력을 극대화시킬 수 있음을 제시하였다.

지역진단에 있어서 H_2O 주관적 지표와 객관적 지표는 지역사회가 어떠한 부분이 취약하며 어떠한 부분에서 H_2O 전략에 의한 개선이 집중되어야 하는지를 보여줄 수 있다.

상대적으로 객관적 지표가 취약하지 않은 부분에서 H_2O 지표가 낮게 나온다면 그 부분에 대한 정책적 효과가 잘 나타나지 않는 부분이며 이는 H_2O 전략을 적용하여 개선되어야 할 부분이라고 진단할 수 있다. 가령 객관적으로

경제활동참가율이 낮지 않은 지역에서 특별히 일자리에 대한 행복이 낮게 평가될 경우에 지역주민의 참여와 홍보 등의 소통전략, 고용서비스에 대한 통합적 접근을 통한 융합전략, 고용기회의 형평성을 촉진시키는 평등전략 등을 강화함으로써 고용에 대한 행복감을 증진시킬 수 있다. 또한 객관적 조건의 개선이 당장 힘들다면 이러한 조건의 변화없이 H_2O 전략을 강화함으로써 궁극적으로 지역주민의 만족감을 개선시킬 수 있다. 가령 당장 예산을 투입하여 공원녹지를 확대하는 데 한계가 있다고 하더라도 공원녹지 활용프로그램에 지역주민을 참여시키고, 생태적 공간으로서의 활동도를 높인다면 같은 공원녹지 공간으로 그 효과를 극대화시킬 수 있다.

2) 성격과 특징

이상의 H_2O 지역개발의 목표와 그 이론을 바탕으로 다음과 같은 성격과 특징을 살펴볼 수 있다.

첫째, 전통적인 지역개발이 물적 하부구조 건설, 지역 간 균등발전, 경제의 양적 성장에 주력하였다면 H_2O 지역개발은 지역주민의 주관적 '삶의 질' 혹은 만족감 향상을 지역개발의 궁극적인 목표로 설정하고 있다. H_2O 지역개발은 지역민의 주관적 '삶의 질' 향상을 지역개발의 최종적인 목표로 설정하고 이러한 '삶의 질'은 '행복', '희망', '기회'의 세 가지 차원으로 구성되어 있다고 전제하고, '행복', '희망', '기회' 수준 제고를 강조하고 있다.

둘째, H_2O 지역개발이론은 실증적 이론이나 실체적 이론으로 분류되기 보다는 규범적 혹은 절차적 이론의 성격을 지닌다. 과학철학의 입장 차이에 의해 지역개발이론은 '실증적 이론'과 '규범적 이론'으로 구분할 수 있으며, 실증적 이론은 논리실증주의(positivism)의 관점에 입각하여 객관적인 입장에서 사실 또는 현상을 기술·설명·예측하는 이론체계이며, 규범적 이론은 현실문제에 대한 진단과 처방에 관심을 갖는 이론체계이다(전경구, 1999; 김용웅 외, 2009). H_2O 지역개발이론은 지역개발의 목표를 지역주민의 주관적 삶의 질 향상으로 설정하고, 그에 따른 과정 및 방법을 당위적인 입장에서 주장하는 진술체계를 갖기 때문에 규범적 이론에 속한다. 지역개발이론은 연구대상에 따라 '실체적 이론'과 '절차적 이론'으로 구분할 수 있으며, 실체적 이론은 지역개발계획 수립 시 각기 필요로 하는 분야별 전문지식에 관한 이론이며, 절차적 이론은 계획 활동 자체가 추구하는 이념, 가치, 목표 그리고 계획의 원칙과 절차 등을 다룬다(이성근, 2006). H_2O 지역개발이론은 지역주민을 대상으로 '삶의 질'을 향상시키기 위해 여섯 가지의 전략 및 그에 따른 실행 절차를 제시하고 있음으로 절차적 이론으로 분류할 수 있다.

셋째, H_2O 지역개발이론은 지역주민의 삶의 질과 관계되는 사회·경제·환경 분야를 포괄하는 다차원적이며 종합적인 성격이 강한 지역개발이론이다. H_2O 지역개발이론은 경제, 사회, 여가, 정치, 건강, 생활편의, 재해안전, 녹색환경 분야에서 행복, 희망, 기회 요인을 추출하고, 여섯 가지의 H_2O 증진 실행전략을 통하여 지역주민의 삶의 질 향상을 도모하므로 H_2O 지역개발이론은 다차원적이며 종합적인 성격을 보유하고 있다.

넷째, H_2O 지역개발이론은 한 시점에서의 H_2O(주관적 삶의 질)를 측정할 뿐만 아니라 미래 시점에서도 H_2O를 측정하므로 장기적인 지역개발 추진체계를 지니고 있다는 것이 특징이다. 즉 H_2O 지역개발이론은 현재의 행복, 미래의 희망, 기회 균등의 수준을 통시적으로 모니터링하여 지역이 처한 문제점을 파악하고, 관련 문제점에서 개선방향을 모색하는 것으로 장기적인 지역개발 추진체계를 보유하고 있다.

제2절 주요 내용과 특징

1. H_2O 지역개발의 목표가치

전술했듯이 H_2O 지역개발의 궁극적인 목적은 지역민의 주관적 '삶의 질'

향상이며 이러한 삶의 질의 세부 차원을 행복, 희망, 기회로 구분한다. 일반적으로 '삶의 질'은 개인의 삶 혹은 주변 환경에 대한 만족도를 의미하며 인간생활을 둘러싼 모든 객체, 주체 그리고 특정 지역에 대한 이미지 등을 포함하고 있는 개념이다.

커터(Cutter, 1985)는 삶의 질을 필수품, 욕망, 생활양식과 개인의 웰빙(well-being)을 결정짓는 유무형의 인자에 대해 개인이 느끼는 행복감과 만족감으로 정의하고, 세계보건기구(World Health Organization)는 "삶의 질을 개인이 속한 문화와 가치관 시스템 속에서 형성되는 인식"으로 정의하였다(WHOQOL, 1994). 또한 랜달과 윌리엄스(Randall & Williams, 2001)는 "삶의 질이란 소속되어 있는 공동체 속에서 형성되는 주관적 가치"라고 정의하고 있다.

이처럼 개인이 주변 환경에 대해 느끼는 행복감과 만족감은 개인의 성향에 따라 상이하고 특정지역에 대해 개인이 소유하고 있는 이미지 또한 상이하기 때문에 삶의 질의 의미를 세부 영역으로 구분하고 각각의 세부영역에서 그 정도를 측정할 경우에 보다 의미 있는 결과를 도출할 수 있다. 이에 H_2O 지역개발은 삶의 질의 차원을 '현재의 행복', '미래의 희망', '기회의 균등'으로 구분하고 결과적으로 H_2O 증진을 지역개발의 궁극적인 목적으로 설정하였다.

1) H_2O 지역개발의 산출

H_2O 지역개발이론에서는 H_2O 지역개발의 종속변수를 경제, 사회·교육, 여가·문화, 정치·행정, 건강·복지, 생활편의, 재해안전, 녹색환경 등 8가지의 분야로 나누어 설정하고, H_2O 실행전략을 통해 H_2O(행복, 희망, 기회)를 증진시키는 것이 지역개발의 궁극적인 목표라고 주장하였다.

지역에서 사업계획, 인력 및 조직, 예산, 제도 등을 투입하여 나타나는 산출(Output)은 경제, 사회·교육, 여가·문화, 정치·행정, 건강·복지, 생활편의, 재해안전, 녹색환경 분야의 지역조건(환경)을 의미한다.

2) H_2O 지역개발의 결과

H_2O 지역개발의 궁극적인 결과(Outcome)는 지역주민의 주관적 행복·희망·기회 수준이다. H_2O 지역개발이론은 경제적인 성과가 항상 주민의 '삶의 질' 향상이라는 궁극적인 결과(Outcome)를 동반하지 않음에 주목하고, 물적 성장이나 경쟁력을 중심으로 한 그동안의 경제나 정책 패러다임에서 벗어나 주민이 느끼는 주관적 행복·희망·기회 향상에 분명한 목적을 두고 있다.

지역의 H_2O 수준을 측정하기 위해 주민의 삶의 영역을 경제, 사회·교육, 여가·문화, 정치·행정, 건강·복지, 생활편의, 재해안전, 녹색환경 등 8가지로 구분하고, 이에 대한 주민의 주관적 행복·희망·기회 수준을 측정한다. 앞서 설명한 H_2O 지역개발의 산출이 궁극적인 H_2O를 높이기 위한 충분조건이 되지 못한다는 점을 인지하고 H_2O 지역개발의 산출과 함께 주민이 느끼는 주관적 행복·희망·기회 수준을 궁극적인 결과로 측정하고자 함이다.

2. H_2O 지역개발의 투입

H_2O 지역개발의 투입요소(Input)를 지방자치단체의 수준을 쉽게 파악할 수 있도록 계획수립, 실행, 점검이라는 단계 및 과정에 따라 검토하면 조직, 인력, 주민참여, 사업계획, 예산, 제도, 리더십 등 7개 차원으로 구분할 수 있다.

지역개발의 주체는 자신이 거주하고 있는 지역의 문제를 발견하고 이를 해결하기 위해 행동하는 주민 또는 조직, 행정기관, 기업 등이 될 수 있다. 의사결정 및 주도권이 주어지는 중핵적인 역할을 수행하는 집단은 지역주민, 지방자치단체, 이익단체, 중앙정부, 광역자치단체, 시민단체, 비영리조직 등 다양하다(이성근 외, 2012).

지역개발정책 추진주체로서의 조직은 목표한 공적 가치 창출의 여부에 따라 존재의 정당성 여부가 결정된다(한세억, 2012). 최근 지역개발 추진 조직이 조직의 기능 및 업무 특성에 따라 유연하면서도 탄력적인 대응을 해야 한다는 주장이 점차 커지고 있다(이경호 · 김정옥, 2012).

조직역량의 제고와 함께 이를 이끌어낼 수 있는 인력, 즉 인적자본이 중요해지고 있다. 조직의 규모와 구성, 구성원의 역량은 노동집약적 성격이 강한 공공조직의 경쟁력 향상에 매우 중요하다. 조직이 업무를 수행하는 과정에서 필요한 조직 구성원의 역량은 지식, 기술, 실무기술을 포함한다(김귀영, 2011).

주민참여는 지역개발정책 결정 · 집행 · 평가 과정에서 주민주권을 실현하는 주요한 투입요소이며(최진혁, 2012; 김순은, 2012; 김병국 · 최철호, 2012; 유동상, 2010) 주민의 주체적 지위 인정, 계획 수립을 위한 의사결정의 합리화, 계획의 정당성 확보, 주민의 건전성 향상, 이해의 조정과 협동의 증진, 사회적 형평성 확보 등을 위하여 필수적이다(이성근 외, 2012).

지역개발에 있어서 계획은 급변하는 환경 변화에 적극적으로 대응하기 위해 지역 현황과 장래 과제를 심층적으로 진단하고 이슈 중심으로 발전방향을 제시하는 전략계획 형식의 기본계획(양재섭, 2010)과 개별 지역개발사업 진행을 위해 실효성에 중점을 두는 실행계획 등 다양하다.

지방자치단체 예산은 사회 · 경제적 요인, 정치적 요인과 같은 환경적 변수에 영향을 받거나 과거의 지출경향에 따라 점진적으로 변화할 수 있다(유현종 · 최연태, 2010). 지역개발에 투입되는 예산은 목표를 둘러싼 환경적 변수에 의해 영향을 받는다는 입장에 가까우므로 전자에 속한다. 후자는 제한된 합리성으로 인한 인지적 한계와 예산결정의 정치성 때문에 지방정부 예산지출이 과거 지출 경향에 따라 점진적으로 변화한다는 입장이다.

지역개발 투입요소로서 제도는 지역개발 목적과 영향 범위에 따라 주체, 공간, 부문, 사회기반시설 등을 규정한 관련법으로 구분하여 검토할 수 있다. 국내 기준으로 살펴보면 주체는 행정체계를 중심으로 중앙부처, 지방자치단체 등이고, 공간은 국가 내 공간 크기에 따라 시 · 도, 시 · 군 · 구, 읍 · 면 · 동 등 행정구역으로 구분된다. 부문은 산업, 복지, 교육으로 구분되고 사회기반시설은 교통시설, 공간시설, 유통 · 공급시설 등으로 나뉜다(이성근 외, 2012).

사회변화에 부응하고 변화를 주도할 수 있도록 조직을 선도하는 역할이 중요해지면서 리더의 역할이 중요해지고, 지방자치단체에서도 지속적인 생존·발전을 위한 새로운 리더십이 요구된다(김정광·송병주, 2011). 리더십은 한 개인이 공동의 목표를 달성하기 위해 집단구성원에게 영향력을 미치는 과정으로 정의된다(Northouse, 2003). 최근 기존의 리더십 틀로서는 급변하는 조직 환경에 제대로 적응할 수 없다는 위기의식이 팽배해지면서 독특한 방법으로 조직목표달성에 매진할 수 있도록 동기를 부여하고, 인적·물적 요소를 변화시키고 서비스나 만족 등을 제고하는 서번트 리더십(servant leadership)에 대한 관심이 뜨겁다(김정광·송병주, 2011).

3. H_2O 지역개발의 전략

1) 물의 철학적 논의

(1) 물의 철학적 가치

기존 지역개발의 한계를 극복하고 새로운 패러다임을 수용하는 대안적 이론에서 도출된 소통, 순환, 생태, 평등, 투명, 융합은 H_2O 지역개발의 전략 요소로서 전략화가 가능하다. 이러한 H_2O 지역개발의 주요 전략으로서 소통, 순환, 생태, 평등, 투명, 융합 등의 실천전략은 물(水)이 가진 속성과 유사하다.

물은 소통, 순환, 생태, 평등, 투명, 융합의 성격을 지녀 철학적 가치를 표상하는 존재로 언급되어 왔다. 고전에서의 물의 가치는 '논어(論語)'의 옹야편(翁也篇)과 노자(老子)의 '도덕경(道德經)'에 자세히 나타나고 있다. '논어(論語)'의 옹야편(翁也篇)에는 '지자요수 인자요산(智者樂水 仁者樂山)' 즉 '지혜로운 사람은 물을 좋아하고, 어진 사람은 산을 좋아한다.'라고 보았으며 노자(老子)의 '도덕경(道德經)'에는 '상선약수(上善若水)'라 하여 "지극히 선한 것은 마치 물과 같다."라고 보았다. 이렇듯 고전에서의 물의 가치는 '소통과 순환' '자연과 생명' '평등과 균형' '융합과 의지'로 정리할 수 있다. '소통과 순환'은 끊임없이 흐르는 원천으로서의 물, 길을 따라 흐르는 물, 아래로 흐르는 물, '자연과 생명'은 만물을 생(生)하게 하고 이롭게 하는 물, 파편을 나르는 물, 침전물을 정화하여 거울이 되는 물을 뜻한다. '평등과 균형'은 고요할 때 수평을 이루는 물, 부드럽고 다투지 않는 물, 투명해서 보기 어려운 물이며, '융합과 의지'는 흐르고 흘러 바다를 이루는 물, 어떤 형태든 취하는 물, 바위에도 구멍을 뚫는 물, 막히면 돌아갈 줄 아는 물의 속성으로써 이해할 수 있다.

(2) 현대적 의미의 물의 가치

고전에 나타난 물의 가치를 현대적 의미로 해석하면, 소통, 순환, 생태, 평등, 투명, 융합의 개념으로 정리된다. 소통은 막히지 아니하고 잘 통하는 상태로 서로 오해가 없음을 의미하며, 막힘없이 잘 흘러가는 물로서 소통의 중요성이 강조된다. 자연계에서 물은 아래로 흐르고, 안개가 되어 위로 올라가며, 비가 되어 떨어지고, 식물들에게 생명을 주는 물의 순환으로 나타난다.

생명은 모든 생물이 살아 숨쉬고 활동할 수 있는 힘의 원천이며 생명의 근원인 물은 자연과 사람을 중시하는 사상을 기본적으로 가지고 있다. 평등은 신분, 성별, 재산, 인종 등에 관계없는 인간의 기본적인 가치로 모두 동등하다는 의미이다. '수평(水平)'이라는 말에서도 드러나듯 물은 언제나 평등과 균형을 성취하며 낮은 데로 임하는 겸손한 자세로 평등을 추구하는 것도 같은 맥락이다.

융합은 서로 다른 성질의 것이 하나로 합쳐진다는 의미로 물은 변화무쌍하지만 타인과 다투지 않고 모든 것을 수용하는 특성이 있는 것과 통한다. 각기 다른 에너지가 하나로 융합되어 극대화된 시너지 효과를 창출하는 전략과 이어진다.

2) 전략수단

H_2O 지역개발전략은 주로 제3장 H_2O 지역개발의 기초이론에서 도출될 수

있으며 선정된 전략은 소통, 순환, 생태, 평등, 투명, 융합전략으로, H_2O 지역개발모델 중 전략 요소는 소통, 순환, 생태, 평등, 투명, 융합하는 물의 속성과 유사하다.

여기서는 H_2O 지역개발전략이 지역개발 기초이론과 어떠한 관계를 지니고 있는 지 파악하고 이러한 전략의 중요성 및 실행전략을 간략하게 살펴보고자 한다.

(1) 소통전략

소통은 사전적으로 막히지 아니하고 잘 통함 혹은 뜻이 서로 통하여 오해가 없음을 의미하는 것으로 H_2O 지역개발이론에는 주로 정책소통을 뜻한다. 이는 다수의 이해관계자가 상호 의견 수렴과 설득 과정을 통해 상호 공감대를 형성하여 정책의 실효성을 높이는 것을 의미한다.

H_2O 지역개발에서의 소통은 지역거버넌스이론에서 찾을 수 있으며, 다양한 주체들의 상호 협력을 통해 삶의 질 향상이라는 목적을 성취할 수 있음을 강조한다. 즉 거버넌스 패러다임은 물질 성장이나 지역 간 경쟁을 넘어서 주민의 삶의 질과 만족감 등을 지역개발의 궁극적인 목적으로 설정하고 있다. 이를 위해서는 다양한 지역주체들의 참여가 필요하며 단순한 투입이나 산출보다는 궁극적인 변화에 보다 많은 관심을 가지며 '삶의 질 향상'이라는 지역개발의 목적을 달성한다.

H_2O 지역개발에서는 사회적 갈등으로 인한 사회적 낭비를 최소화하고, 지역주민의 주관적·심리적 만족감을 최대화하기 위해서 소통이 잘되는 사회로 나아가는 것이 필요하다. 이에 따라 소통전략을 H_2O 증진에 필요한 실행전략으로 선정한다. 소통은 다수의 이해관계자가 가지고 있는 생각을 서로 나누어 이해하고 공감토록 하여 복잡한 사회적 교류와 인프라를 가능하게 하는 사회적 접착제로서의 역할을 한다(Rifkin, 2009). H_2O 지역개발에서 소통은 거버넌스이론이 강조하는 다양한 주체들의 상호 협력을 이끌어내는 성공기제로서 정책의 추진력과 수용도를 높인다(최숙희 외, 2008). 또한 조직에서의 소통은 개

인과 조직의 다양한 벽을 허물고 서로 공감하고 협력함으로써 창조적 혁신에 기여한다(엄동욱 외, 2011).

이동원 외 연구(2009)에 따르면 전반적인 사회갈등 수준을 나타내는 사회갈등지수가 한국의 경우 0.71로 OECD 회원국 27개 국가 중 4위로 높게 나타났다. 이 같은 수치는 평균 0.44보다 1.5배 정도 높은 수치이다. 이처럼 사회적 갈등이 많다는 것은 그만큼 소통이 되지 않고 있다는 증거이다. 또한 여론조사(SBS, 2010)에서는 국민의 55%가 소통이 안되고 있다고 응답했고, 특히 국가와 정부에 대한 소통 갈증이 큰 것으로 나타났다.

과거 정부의 주요한 관심사는 정책의 수립과 집행이었다. 그러나 국민의 의식수준이 높아지고 이해관계가 복잡해지면서 소통 없이는 정책효과를 거두기 어렵게 되었다. 이에 정부 정책이 성공적으로 시행되는데 있어 소통은 매우 중요한 수단이 되고 있다. 서로를 믿을 수 있는 사회적 신뢰, 서로 다른 가치를 인정하고 서로의 장점을 키우는 다양성 존중의 문화, 효과적인 갈등조정 시스템이 작동되는 지역(SBS, 2010)을 만들기 위해 건전한 소통문화를 형성하고 개인, 조직, 계층 사이의 불통을 해소하는 다양한 전략을 구사해야 한다(이성호, 2012).

소통사회로 나아가기 위한 구체적인 실행전략으로 건전한 소통의지 및 역량 키우기와 참여·합의 절차를 중시하는 과정 시스템 구축 등을 꼽을 수 있다. 진정한 소통사회로 거듭나기 위해서는 건전한 소통의지와 역량을 키우는 것이 중요하다. 그리고 이러한 소통의 의지를 시스템화하여 지역사회 전반에서 실현하는 것이 필요하다. 예를 들어 일반 시민과 민간 전문가로 구성된 참여형 공공갈등 조정기구를 만들고 타운미팅과 같이 구성원 간 상호 이해 증진을 위한 프로그램을 도입한다든지 주민참여제, 협력적 계획 등과 같이 구성원의 의사결정 참여 채널을 보다 확대하는 것도 하나의 방법일 수 있다.

(2) 순환전략

순환은 사전적으로 자꾸 되풀이하여 돎 혹은 그런 과정으로, 순환형 사회란 경제활동을 하면서 천연자원의 사용량과, 생산과정에서 발생하는 폐기물을 최소화하면서 동시에 생산과정과 소비과정에서 발생하는 폐기물의 재사용을 통해 자원순환체계를 이루어 내는 사회 · 경제 · 과학시스템의 총체를 의미한다.

순환전략은 주로 도시의 지속가능한 발전을 추구하기 위해 대두된 개념인 생태도시이론과 낙후되고 있는 기존 도시를 경제 · 사회 · 물리적으로 부흥시키기 위한 도시재생이론에서 그 의미를 찾을 수 있다.

전술한 바와 같이 생태도시의 주요 내용은 생물의 다양성 및 자연 순환성을 회복하고, 지속가능한 도시발전을 추구하는 것이다. 이와 유사하게 도시재생이론은 단순히 도시의 물리적 환경의 개선뿐만 아니라 환경, 산업, 경제, 사회, 문화적 측면에서 도시의 모든 분야를 부흥시킨다는 의미를 포함하고 있다.

H_2O 지역개발은 경제적인 양적 성장뿐만 아니라 환경의 질 개선이 지역주민의 주관적 만족도를 향상시킬 수 있다는 이론으로 순환전략을 통해 H_2O를 증진시킬 수 있다고 본다. 일방통행형 사회[1]에서는 천연자원이 고갈되고 지구환경이 오염되는 등 여러 가지 문제가 발생하고 있다. 이러한 문제는 자연과 밀접한 관련을 맺고 사는 인간에게 직접적인 영향을 미친다.

이에 각국에서는 이러한 우려를 극복하기 위한 다양한 노력을 기울이고 있다. 1994년 독일 '순환경제법'의 제도화를 시작으로 2000년 일본의 '순환법', 2009년 중국의 '순환경제촉진법'이 제정되어 실행되고 있다. 우리나라에서도 2009년 '자원재활용촉진법'이 개정되면서 자원순환 개념이 구체적으로 등장하였다. 또한 도시개발과 같은 문제에 있어서도 재건축이나 건설 등 일방향의 물적 개발중심 모델의 한계가 지적되면서 기존 환경을 존중하고 기존 지역의 특징과 문화를 보존하는 방향을 지향하고 있다. 즉 지역 거주민의 의향과 요구에 부합하는 상태에서 일부를 제거하고 새로운 것을 부가하는 도시재생이라

---

1 인간의 경제활동과정에서 천연자원을 자연환경에서 일방적으로 수취하기만 하고 경제활동의 폐기물을 자연환경으로 일방적 배출하기만 하는 사회를 일방통행형사회라고 정의한다(노광욱 외, 2009).

는 새로운 흐름이 나타나고 있는 것이다.

따라서 H_2O 지역개발에서는 환경의 질 개선 차원에서 폐기물의 재활용률을 높이고, 대규모 재개발이나 재건축을 중심으로 한 물리적인 개선은 최소화하면서, 건물 수명을 연장하고 유지하며 동시에 지속적인 거주를 유인하는 공동체 복원을 중요시한다. 순환사회로 나아가기 위해서는 지속적인 환경기술의 개발과 순환형사회를 유도하는 사회경제적 환경 형성이 중요한 선결과제이다. 이를 실현하기 위해 개인, 가정, 직장, 지역사회, 국가, 글로벌 등 다양한 차원에서 어떠한 형태의 순환이 이루어지는가에 대한 파악과 검토가 필요하다. 예를 들어 개인의 차원에서는 물자와 정보의 순환정도로 단순화될 수 있지만, 지역사회의 차원에서는 인재, 정보, 자금, 물자, 도농, 도시재생 등 다양한 차원에서의 순환이 중요한 키워드가 될 수 있다. 또한 지역의 특성과 순환자원의 특성에 따라 최적의 규모에서 순환구조를 형성하는 지역순환권을 설정하는 것도 중요한 한 방법이다.

(3) 생태전략

생태는 사전적으로 유기체가 생존을 유지해 나가는 데 영향을 미치는 환경을 의미하며, 이를 지역개발에 적용할 경우 자연과 인간이 공생적으로 발전해야 한다는 이념의 기초 위에 환경의 질이 담보되어야 한다는 것을 의미한다. 제3장에서 전술한 바와 같이 생태도시이론은 도시의 지속가능한 발전을 추구하기 위해 대두된 개념이며, 그 유형에는 생물다양성 증진, 자연순환성의 회복, 지속가능한 도시발전을 추구한다. 지속가능한 발전이론은 사회·경제·환경적 지속가능성을 추구하는 이론이며 H_2O 지역개발의 생태전략은 이러한 이론에 그 기초를 두고 있다.

우리나라 도시지역은 성장 우선 논리에 따른 양적 팽창으로 공원 및 녹지공간의 부족, 자연생태계 훼손, 아파트 위주의 획일적인 도시경관 등이 도시문제로 대두되고 있다. 이러한 문제를 해결하기 위한 생태도시이론에서는 인간과 환경 또는 사회와 자연과의 관계를 재정립하는 데에 관심을 갖게 되었으며, 에너지 효율성을 강조한 자족도시, 경관을 중요시하는 녹색도시, 도시의 역사성을 중요시하는 외코폴리스 개념이 등장하였다.

지속가능한 발전은 사회발전과 통합, 환경보호, 경제성장이라는 3대 축을 아우르며 이들의 발전전략을 핵심개념으로 설정하고 있다.

이러한 지역개발이론을 토대로 H_2O 지역개발의 생태전략은 환경적 지속성, 경제적 효율성, 사회적 건전성·공정성을 통해 사회·문화·경제의 선순환을 발전시키는 데 필요한 실행전략으로 설정되었다. 생태도시(지역) 혹은 환경이 양호한 지역사회로 나아가기 위해 자원의 지속가능한 이용 및 관리, 녹색 지역화를 위한 그린 인프라 구축, 소비자주도형 녹색생활 및 녹색소비가 확산되어야 하며, 녹색사회 구현을 위한 거버넌스 형성 및 국제 협력방안 등의 추진이 선행되어야 한다.

(4) 평등전략

평등은 개인과 개인 사이, 집단과 집단 사이에 차별이 없는 상태이며, 지역민의 현재 삶이 행복하고, 미래에 지속가능한 발전과 경쟁력을 키울 수 있는 희망을 갖기 위해서는 무엇보다 현재와 미래의 사회정의가 보장되고, 공정성과 형평성을 확보할 수 있는 기회가 충족되어야 한다.

H_2O 지역개발의 평등전략은 지속가능한 발전이론과 제한적이지만 제3장에서 제시된 지역거버넌스이론과 지역네트워크이론에서 그 유사성을 찾을 수 있다. 지속가능한 발전이론에서 환경적이고 경제적인 지속가능성과 함께 사회적 지속가능성이 필요함을 강조하고 이를 위해서는 계층 간, 세대 간, 지역 간의 공평성을 보장하여 사회통합을 실현하는 것이 필수적임을 강조한다.

지역거버넌스이론은 사회서비스 공급부문에서 정부의 중심성을 인정하면서도 다원화된 환경을 인정하며, 관료제와 같은 계층적인 질서에 따른 상하관계로 인식하지 않고 보다 수평적인 동반자 관계로 인식한다는 점에서 H_2O 평등전략과 유사성이 있다.

지역네트워크이론 또한 관료제에서의 수직적 상명하복 구조나 경쟁관계의 한계에서 벗어나 새로운 거버넌스 구조에 맞게 다양한 주체 간의 관계를 구축한다고 볼 때 평등전략과 유사성이 있다. 평등하고 공정한 기회는 행복과 희망을 실현할 기본적인 요건이다. 이에 H_2O 지역개발이론은 평등전략을 실행전략으로 선정하였다.

H_2O 지역개발의 궁극적인 목적은 지역주민의 삶의 질 향상이며 사회적 불평등은 빈곤, 소외, 상대적 박탈과 같은 문제로 이어진다. 이는 궁극적으로 지역주민의 삶의 질에 악영향을 주기 때문에 평등전략을 통해 H_2O를 증진시킬 수 있다고 본다.

평등사회로 나아가기 위해서는 성, 인종, 연령, 계층 등에 의해 차별받지 않도록 대상별로 공평한 기회를 제공하여야 한다. 또한 취약계층의 사회적 배제를 최소화할 수 있도록 정책대상을 분명하게 인식해야 한다. 이를 위해서는 다양한 계층의 사회참여와 역량 강화, 공정한 공공재 배분이 필요하다. 마지막으로 지역 간 격차해소, 취약계층에 대한 정책적 배려 등 서로 다른 것에 대한 특성과 차이를 인정하는 수직적 형평성이 필요하다.

(5) 투명전략

지역민의 H_2O가 실현되는 사회를 꿈꾸기 위해서 지역사회의 투명성이 갖는 중요성과 투명을 통한 실천전략을 점검하는 것은 매우 의미있는 일이다.

투명의 사전적 정의는 물과 같은 물질이 속까지 비치어 환한 상태로, 사람의 성격이나 언행이 분명하고 뚜렷한 상태, 일의 형세나 미래가 명백하고 확실한 상태, 소리나 정신이 또렷하고 분명한 것을 의미한다. 이러한 의미를 지역개발에 적용할 경우에 투명은 좋은 거버넌스(good governance)를 이루는 핵심 개념으로 UNDP(1997)는 좋은 거버넌스를 다른 것보다 참여적이고, 투명하고, 책임성 있는 것이라 밝히고 있다. 투명사회는 정직, 공개, 공정, 공익을 목표로 사회 각 구조에서 부패와 비리를 척결하고 정직과 신뢰가 통하는 사회라고 정의할 수 있다. 우리나라에서 투명개념은 2001년 '부패방지법' 제정, 2002년 부패방지위원회 출범, 2005년 반부패투명사회협약, 2009년 투명신뢰

사회실현을 위한 정책협의회 등으로 확대·발전시키면서 대두된 개념이다. 한국의 청렴도가 OECD 평균 수준으로 개선되면 4% 안팎의 잠재성장률을 회복하게 될 것이라고 보고 있다(현대경제연구원, 2012).

이 연구에서는 한국사회의 부패가 공공투자와 관련된 정책결정과정을 왜곡시키거나 민간투자 활력을 둔화시킴으로써 경제성장을 저해한다고 분석한다. 이러한 이유로 H_2O 지역개발에서는 투명전략을 실천전략으로 선택하였다. 투명전략은 공공의 이해가 걸린 사안에 대한 정보가 자유롭게 접근될 수 있도록 하여, 공공기관의 부패와 부정을 방지하고, 민주적 합의와 신뢰를 촉진한다. 따라서 투명사회로 나아가기 위해 정부의 투명한 공개 정보, 조달 과정의 투명, 양심지역사회의 투명성을 높이는 몇 가지 전략실행이 필요하다.

첫째, 공공의 이해가 걸린 사안에 대해 정보 접근의 자율성을 보장하기 위한 정부의 정보공개가 필요하다. 정보공개는 투명성 제고를 위한 기본적인 환경 조성 전략으로 볼 수 있다.

둘째, 공공재정 운영의 투명성 제고가 필요하다. 공공기구의 조달 과정의 투명성을 높이기 위해 실시, 입찰 평가, 선정과정, 계약 이행과정 등을 투명하게 운영해야 한다.

셋째, 공공 및 민간부문의 부패관행 개선과 책임성을 제고하는 것이 필요하다.

넷째, 국제사회 및 민간부문과의 반부패 네트워크를 구축하고 부패 폐해에 대한 국민교육과 홍보를 강화해야 한다.

(6) 융합전략

융합의 본래 의미는 "여럿이 녹아서 하나로 합침"을 의미하는 것으로 서로 다른 것이 섞여서 새로운 것을 만든다는 뜻을 내포하고 있다. 지역개발에서 융합은 제도적 융합, 문화적 융합, 의식적 융합 등으로 확대될 수 있다.

H_2O 지역개발에서의 융합전략은 지역거버넌스이론에서 그 유사성을 찾을 수 있다. 협력(collaboration)으로서의 융합은 더 이상 지역사회에서 정부조직

이 유일한 주체가 아니며 공공 영역에서도 주체가 다원화되어 있고 다양한 영리, 비영리 민간조직이 공공정책과 연관되거나 그것에 참여한다. 공동생산(co-production)으로서의 융합은 사회서비스 이용자가 공공정책과 서비스의 과정에 직접적으로 참여하고 역량을 강화함으로써 궁극적인 목적을 공동으로 달성하게 하는 접근이다. 이러한 융합전략을 통하여 지역사회의 문제를 해결하거나 공유된 목적을 위해 공동으로 협력함으로써 시너지 효과를 거둘 수 있다. 보다 구체적인 전략은 다음과 같다.

첫째, 협력의 전략이다. 파트너십, 공동 작업, 통합적 접근 등을 통해 다양한 조직이 공유된 목적을 위해 공동으로 협력함으로써 융합의 시너지 효과를 극대화할 수 있어야 한다. 이를 위해서는 목적을 공유하고, 신뢰를 구축하며 다양성을 존중하고 정보와 지식이 공유되는 사회적 분위기를 만들어야 한다.

둘째, 공동생산의 전략이다. 융합사회에서는 공공서비스에 있어 공급자와 소비자가 따로 분리되어 있지 않기 때문에 이용자가 공공정책과 서비스의 과정에 직접적으로 참여하고 역량을 강화함으로써 궁극적인 목적을 공동으로 달성하게 하는 접근이 필요하다.

셋째, 다양한 지역사회를 위한 전략이다. 현대사회는 다문화사회로 다양한 인종뿐 아니라 지역사회의 창조성에 영향을 미치는 다양한 문화가 공존하고 있는 사회로 그들 간의 융합이 필수적이다.

4. 특징과 한계

H_2O 지역개발이론의 특징은 지역주민이 경험하는 주관적 삶의 질 혹은 만족감 향상을 지역개발의 궁극적인 목표로 설정하고 있으며, 규범적 혹은 절차적 이론의 성격을 지닌다(이성근, 2006). 또한 H_2O 지역개발이론은 지역주민의 삶의 질과 관계되는 사회·경제·환경 분야를 포괄하는 다차원적이며 종합적인 성격이 강하다. H_2O 지역개발이론은 한 시점에서의 H_2O(주관적 삶의 질)를 측정할 뿐만 아니라 미래 시점에서도 H_2O를 측정하므로 장기적인 지역개발

추진체계를 지니고 있다. 이를 바탕으로 H_2O 지역개발이론은 기존의 이론과 다른 다음과 같은 특징을 가진다. 첫째, 사회·환경이론을 통합한 이론이다. 둘째 지역개발의 대상을 '주민' 번영에 둔 인간중심의 이론이다. 셋째, 지역개발의 과정을 중시하는 집행전략이론이다. 넷째, 기존 지역개발이론은 효율성(투입-산출)에 기반한 물적 자원 배분을 중시한 실증적 이론이라면 H_2O 지역개발이론은 주민의 사회·심리적 측면과 주관적 가치를 중시하는 규범적 이론이라 할 수 있다.

이러한 특징에도 불구하고 이 이론이 가지는 한계점은 첫째, 주관적 삶의 질 자체의 모호성, 둘째, 규범적 혹은 절차적 이론으로서의 실증적 기초 조사가 부족하다는 점, 셋째, 미래 시점에서는 지역조건의 요소와 H_2O의 의미가 변화할 가능성이 높다는 것이다.

전술했듯이 개인이 주변환경에 대해 느끼는 행복감과 만족감은 개인의 성향에 따라 상이하고 특정지역에 대해 개인이 소유하고 있는 이미지 또한 상이하기 때문에 설정된 8개 차원을 통해 주관적 삶의 질 수준을 계량화하는 데 어려움이 따른다. 다시 말하면 주관적 삶의 질은 어느 지역이 현재 처한 문제점을 파악할 수 있게 하는 지표가 아니라, 경우에 따라서는 개인이 주어진 지역 여건에 얼마만큼 잘 적응하는가를 나타낼 수 있으므로 주관적 삶의 질을 수치화하는 데에 신중을 기해야 한다.

이에 H_2O 지역개발이론은 규범적 혹은 절차적 이론으로 아직까지 실증된 연구가 부족하여, 향후 H_2O 지역개발이론을 적용하여 관련 자료를 축적한 후 이론에 대한 보다 면밀한 검토가 필요하다. 주관적 삶의 질 측정에 있어 어느 한 시점에서의 문제점은 미래 시점에서는 문제시 되지 않을 수 있으며, 그 반대의 경우도 발생할 수 있다. 이에 따라 시간적으로 동일한 자료를 이용하여 H_2O 정도를 측정하는 것은 주민의 삶의 질을 반영하는 데 적절하지 않을 수도 있다. 따라서 H_2O 지역조건 및 H_2O 지표는 주기적인 갱신작업이 필수적이다.

제3절 이론의 적용

1. 실행모델

H_2O 지역개발이 실행되려면 계획, 집행, 평가, 환류의 단계별 계획과정이 필요하다(이성근, 2006).

계획 단계에서는 달성하고자 하는 이상적인 미래상인 목표를 설정하고, 이러한 목표는 광의의 개념인 일반적 목표와 구체적인 목표로 구분 가능한데, 구체적인 목표는 지표로 측정 가능하다. H_2O 지역개발의 경우에 H_2O 이행계획 수립을 계획단계라고 볼 수 있다.

집행은 선택된 대안을 행동화하는 것으로 재원 조달과 거버넌스 즉 추진체계 구축이 필요하다. 이 단계에서는 'H_2O 지역전략실행협의체'[2] 설립을 고려할 수 있다.

평가 단계는 정책 집행의 결과를 평가하는 것으로 일반적으로 모니터링 혹은 형성평가(formative evaluation)와 총괄평가(summative evaluation)로 구분할 수 있다. 전자는 계획한대로 집행되었는가를 평가하는 것이며, 후자는 원하는 구체적인 목표를 달성했는가를 평가하는 것이다.

마지막으로, 환류 단계는 계획이 원래 추구하던 일반적인 목표가 달성되었는가를 판단해보고, 만약에 다른 구체적인 목표가 필요하다거나 다른 행동 과정 혹은 집행절차 변화가 필요한지를 결정하는 단계이다. 보다 세부적인 H_2O 지역개발의 실행 과정은 [그림 4-2]와 같다.

---

2 'H_2O 지역전략실행협의체'와 관련 이행제도는 지자체 조례에 근거를 두고 설치·운영할 수 있으며, 또는 지역의 특성에 맞는 발전과 지역 간의 연계 및 협력 증진을 목적으로 하는 '국가균형발전 특별법' 제28조 및 제29조에 설치 근거를 두고 있는 '지역혁신위원회'에 H_2O 지역발전 내용을 추가한 후 H_2O를 이행할 수 있다.

[그림 4-2] H_2O 지역개발의 실행 절차

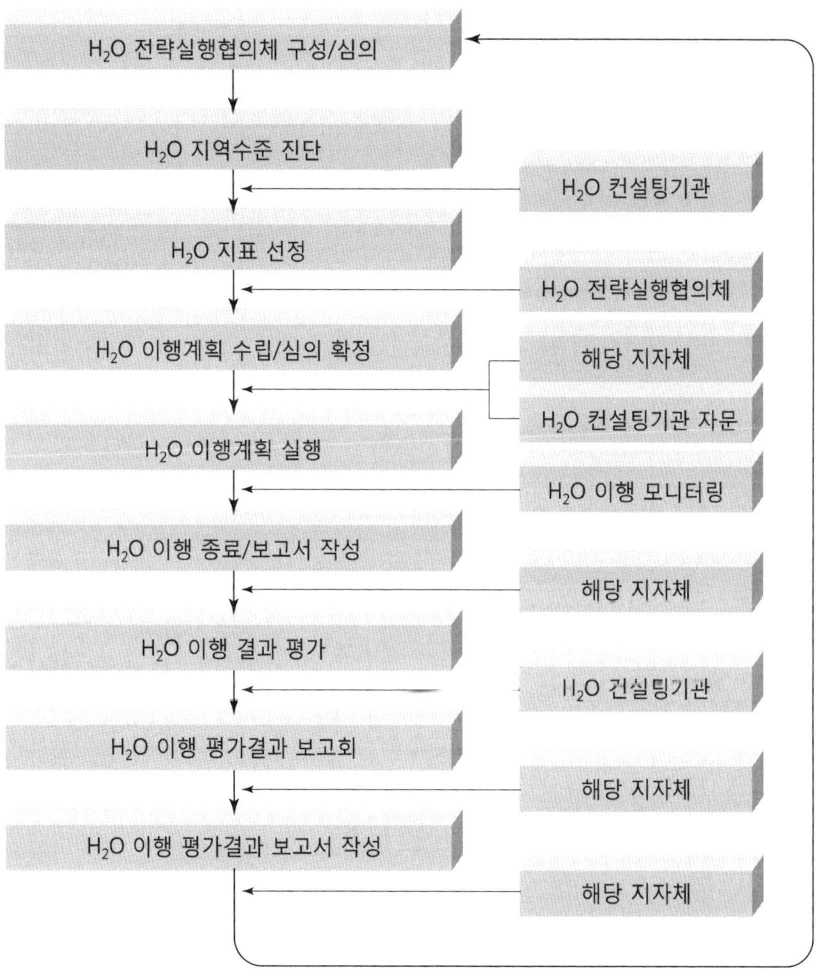

2. 적용단계

H_2O 지역개발이론을 실제로 적용하기 위해서는 H_2O 실행 매뉴얼 작성(H_2O 지표)이 선행되어야 한다. H_2O 실행 매뉴얼은 H_2O 지역개발모델의 개념과 필요성을 소개하고, 광역지자체 혹은 기초지자체에서 실제 H_2O 지역개발모델 적용 시 필요한 사항을 기술한 것이다. 매뉴얼의 구체적인 내용은 지역개발

패러다임의 변화, H_2O 지역개발모델에 대한 이해(H_2O 지표 포함), H_2O 지역개발 전략을 중심으로 설명해야 한다.

H_2O 지역개발이론을 적용하기 위한 첫 번째 단계는 H_2O 전략실행협의체를 구성하는 것이다. H_2O 지역개발이 구체적으로 실천되기 위해서는 이를 체계적으로 운영하고 지원할 전담조직 설치와 운영이 중요하다. 전담조직은 지자체조직, 민간조직, 민관협력조직으로 구분할 수 있으며, 상호협력체계를 구축하고 H_2O의 향상 여부에 대해 지속적으로 모니터링하는 작업이 필요하다. 이에 'H₂O OO지역전략실행협의체'를 구성하여 H_2O 지역개발모델을 각 지자체 단위로 집행하는 추진체계로 설정한다.

두 번째 단계는 H_2O 지역수준을 진단하는 단계로, H_2O 컨설팅기관이 H_2O 지표 선정 및 이행계획 수립에 앞서 이에 필요한 지역의 모든 요소에 대하여 분석하고 검토가 이루어져야 한다.

세 번째 단계는 H_2O 지표를 선정하는 단계이다. H_2O 전략실행협의체에서는 H_2O 실행 매뉴얼에 근거하여 지역 실정에 적합한 H_2O 주관적 지표, H_2O 객관적 지표 등 H_2O 지표를 선별하여 선정한다.

네 번째 단계는 H_2O 이행계획(H_2O 실행프로그램) 수립 및 심의·확정 단계로, H_2O 증진을 위한 구체적인 실천방안을 수립한다. 이 때 필요한 작업은 지역 현황 분석, 지역 비전 및 목표 설정, 대안의 탐색 및 평가, 최종대안의 선택, 집행계획서 작성단계를 포함하는 이행계획서 작성이다. 지역 현황 분석은 지역의 H_2O 주관적 지표, H_2O 객관적 지표, H_2O 전략 지표의 수준을 파악하는 단계이며 지역의 비전 및 목표 설정 단계는 H_2O 구성 요소 중 취약한 부분과 위협요소를 파악하고 주어진 지역의 자원을 활용하여 H_2O 향상과 관련하여 지역의 장점 및 기회요인 등을 찾는 단계이다. 주어진 목표를 달성하기 위해 여러 대안이 도출될 수 있는 데 '대안의 탐색 및 평가단계'에서는 주어진 대안들 간의 장·단점을 비교하고 대안의 예측결과를 분석하며 이러한 평가과정 후 최선의 대안을 선택하게 된다. 선정된 목표를 구체적으로 집행하기 위해서는 집행계획서 작성이 요구되며, 여기에 포함될 내용은 필요한 활동,

활동의 주체, 활동의 시기, 순서와 집행과정이라 할 수 있다.

다섯 번째 단계는 H_2O 이행계획을 실행하는 단계이다. H_2O 이행계획이 효율적으로 집행되고 모니터링되는 것으로, 주요 내용은 H_2O 향상에 필요한 활동, 책임자, 시기와 순서가 적정한지를 검토하는 것이다.

여섯 번째는 해당 지자체가 H_2O 이행계획의 집행을 종료하고 보고서를 작성하는 단계이다.

일곱 번째 단계는 H_2O 이행결과를 평가하는 단계로, H_2O 향상의 이행정도를 평가하기 위해 구성된 전문가 집단인 H_2O 컨설팅기관은 객관적이고 중립적인 평가를 한다. H_2O 컨설팅기관의 평가 자료를 바탕으로 소기의 성과를 달성하였을 경우 인센티브를 부여하고 그렇지 못할 경우에는 향후 H_2O 증진에 필요한 사항을 전반적으로 자문하는 것을 주요 미션으로 한다.

여덟 번째 단계는 해당 지자체가 H_2O 이행 평가결과에 대한 보고회를 개최하고, 마지막으로는 보고회 결과에 의거하여 해당지자체 TFT가 H_2O 이행 평가결과 보고서를 작성하고 다시 H_2O 전략실행협의체에서 심의하는 환류 단계를 거친다. 특히 H_2O 지역개발 적용 단계에서 시민의 의식변화와 자발성이 뒷받침되지 않을 경우에 소기의 성과를 달성하기 어렵기 때문에 지역 H_2O 증진을 위한 지역 주민의 자발적인 참여, 지역에 대한 애착심, 자부심, 소속감 등을 고양할 필요성이 있다. H_2O 관련 지역공동체가 인식하는 현안과제를 공동으로 발굴하고 H_2O 향상을 위해 시민들이 쉽게 실천할 수 있는 있는 활동을 개발하여 시민들의 적극적인 참여를 유도하는 것이 중요하다.

그리고 H_2O 모델에 대한 사회적 지지(합의 형성 및 홍보)가 요구된다. H_2O 지역개발에 대한 사회적 지지를 얻기 위해서는 일방적으로 H_2O 지역개발모델을 정책화하기보다는 기획단계에서 공무원, 지역주민, 시민단체, 전문가, 상공인 등이 참여하는 것이 중요하다. 특히 정책 집행과정에서 이견이 발생하였을 경우, 합리성을 바탕으로 한 합의 형성과 조정에 의한 합의 생성이 효율적이다. 시민의 참여를 보장하고 진정성 있는 대화, 토론, 의미를 공유하는 장을 마련하여 자발적 동의에 근접하는 노력이 중요하다.

제4절 이론의 종합

이 장에서는 기존 지역개발이론의 한계를 살펴보고, 행복, 희망, 기회 증진이 지역개발에 중요한 목표인 H_2O 지역개발이론을 제시하였다. 세부적으로는 H_2O 지역개발의 의의와 H_2O 지역개발의 구조, 전략, 적용에 관해 고찰하였다.

기존 대부분의 지역개발이론은 특정지역 문제를 해결하기 위해 개발된 이론으로 지역이 처한 문제점을 종합적으로 고려하는 데 한계가 있다. 또한 지역주민이 체감하는 주관적 만족감 즉, 삶의 질 수준을 통시적으로 파악할 수 있는 수단이 부족하고 실행전략을 통한 지역조건의 상쇄효과에 대한 고려가 미흡한 것으로 생각된다.

이에 따라 새로운 지역개발이론을 개발할 필요성이 제기되었으며, 이 이론은 기존 지역개발이론을 종합하여 지역이 처한 문제점을 다차원적으로 분석하였다. 지역주민이 느끼는 주관적 만족감을 지역개발의 궁극적 목표로 설정하고 실행전략을 통해 주관적 만족감을 향상시키며 마지막으로 지역민의 만족감 정도를 통시적으로 파악하여 제반 정책의 효율성을 모니터링할 수 있어야 하다.

이러한 배경 하에, 제시된 H_2O 지역개발이론의 중심개념은 지역주민에게 현재의 행복과 미래 시점의 희망을 보장하고, 균등한 기회를 제공하여 지역주민의 주관적·심리적 삶의 질을 제고하고, 이를 통해 지역발전을 도모한다는 것을 의미한다.

보다 구체적으로 H_2O 지역개발이론은 지역개발에 필요한 투입요소를 의미하는 독립변수, H_2O 증진에 필요한 실행전략을 의미하는 전략변수, 지역의 객관적 현황인 산출, 주관적 삶의 질 혹은 만족도(H_2O)를 의미하는 종속변수로 구성되어 이론적 틀로 제시되었다. H_2O 지역개발이론은 지역개발의 목적을 H_2O라는 개념으로 제시하면서 이 수준을 향상시키기 위해서는 객관적 지역조건의 향상도 필요하지만 같은 조건에서라면 소통, 순환, 생태, 평등, 투명, 융합 등의 H_2O 전략을 적용하였을 때에 H_2O 수준을 극대화 할 수 있다고 본다.

목적으로서의 H_2O 지표, 필요조건으로서의 지역조건지표, 전략변수로서의 H_2O 전략지표 등 H_2O 이론의 세 가지 주요 요소별로 측정지표를 개발하여 지역과 정책주체를 진단하고 강점과 취약점을 파악할 수 있으며 전략을 통한 개선의 정도 역시 측정할 수 있도록 하는 것이 중요하다.

마지막으로, H_2O 지역개발이 실천모델이 되기 위해 계획, 집행, 평가, 환류의 단계별 계획과 이 때 필요한 구체적인 실행 절차를 (1) H_2O 지역전략협의체 구성 (2) H_2O 지역수준 진단 (3) H_2O 지표 선정 (4) H_2O 이행계획 수립 및 심의·확정 (5) H_2O 이행계획 실행 (6) H_2O 이행종료 및 보고서 작성 (7) H_2O 이행 결과 평가 (8) H_2O 이행평가결과 보고회 (9) H_2O 이행평가 보고서 작성 순으로 제시하였다.

정리하면 본 장에서는 H_2O 지역개발이론의 의의, 구조, 전략, 적용에 관하여 논의하였으며 이러한 내용 중 H_2O 지역개발전략은 이어지는 제5장에서 보다 심도있게 살펴볼 것이다.

제5장

H_2O 지역개발의 전략

제5장
H_2O 지역개발의 전략

제1절 개 관

앞에서 살펴본 바와 같이 H_2O 지역개발이론은 현재의 '행복', 미래에 대한 '희망', 이것이 형평성 있게 주어지는 '기회'를 측정하는 H_2O 지표와 이를 추진하는 데 있어 주어진 필요조건(또는 지역조건)으로서의 객관적 지표 그리고 주어진 조건에서 효과를 극대화하기 위한 수단으로서의 H_2O 전략 등으로 구성되어 있다.

H_2O 지표는 지역개발 목적으로서의 지역 주민의 삶의 질을 다면적으로 나타내고 있으며, 지역개발을 통해 궁극적으로 성취해야 하는 바를 구체적이고 명료하게 보여주고 있다.

지역조건지표는 주어진 환경을 측정한다. 삶의 질을 향상시키는데 있어 필요조건인 물적 기반 수준을 보여줌과 동시에 그 기반의 취약점들을 파악할 수 있는 진단 도구로서 기능을 한다.

지역조건을 기초로 하여 H_2O 수준을 극대화할 수 있는 방법론인 H_2O 전략은 H_2O 모델의 적용에 있어 핵심을 차지하는 것으로 기존의 지역개발과 가장 실질적인 차이를 보이는 부분이라고 할 수 있다.

소통, 순환, 생태, 평등, 투명, 융합 등 여섯 가지 H_2O 전략은 지역개발의 대안이론에 대한 검토와 분석을 통해 도출된 바 있으며 이는 또한 H_2O가 상징하고 있는 '물'의 속성과 일맥상통하고 있다.

이 장에서는 이러한 각각의 전략이 가지고 있는 의의와 개념을 더욱 명료화하면서 구체적인 전략적 방법론을 제시하고자 한다.

제2절 소통전략

1. 소통의 의미

1) 소통의 개념

'소통'의 사전적 의미는 막히지 아니하고 잘 통함 혹은 뜻이 서로 통하여 오해가 없음을 뜻하고, 소통사회는 사회구성원이 가지고 있는 생각을 서로 나누어 이해하고 공감하는 사회를 의미한다. 좁게는 생각과 느낌을 주고받는 의사소통(communication)과 상호교류(interchange)를, 넓게는 의견의 일치를 이루는 합의(consensus)와 같은 의견과 느낌을 공유하는 공감(empathy)까지 포함한다.

도시는 인간이 누군가와 만나 교류하고 소통하는 장소로 발전된 공간이다. 새로운 소통 매체에 따라 소통 방식이 달라지면 도시의 사회적 관계와 물리적 형태도 달라지는 영향관계를 가진다(강현수, 2007). 소통을 통한 공감의 확장은 복잡한 사회적 교류와 인프라를 가능하게 하는 사회적 접착제인 것이다(Rifkin, 2009).

소통이 잘되는 사회는 서로를 믿을 수 있는 사회적 신뢰가 있고 서로 다른 가치를 인정하고 서로의 장점을 키우는 다양성 존중의 문화적 배경이 있으며 효과적인 갈등 조정 시스템이 작동한다.

소통이 어려운 사회는 사회구성원 간 갈등을 유발하여 엄청난 사회적 비용을 초래한다(SBS, 2010). 같은 맥락에서 정책 소통은 다수의 이해관계자가 상호 의견수렴과 설득 과정을 통해 공감대를 형성하여 정책의 실효성을 높인다. 즉 이해관계자들의 의견 수렴으로 정책의 추진력과 수용도를 높이는 정책성공의 충분조건이다(최숙희 외, 2008). 조직 소통도 개인과 조직의 다양한 벽을 허물고 서로 공감하고 협력함으로써 창조적 혁신을 달성해가는 과정으로 받아들여지고 있다(엄동욱 외, 2011).

2) 소통의 중요성

최근 정보화와 네트워크화로 인한 권력이동(중앙집권형 조직에서 수평적 네트워크 조직으로의 변화), 불확실성이 팽배한 고위험사회, 분야 간 융·복합, IT기술의 획기적인 발전에 기반한 소셜 미디어가 보편화되면서 소통의 중요성이 강조되고 있다(엄동욱 외, 2011). 특히 인터넷과 모바일 기반의 소셜 미디어(블로그, 페이스북, 유튜브, 트위터 등)가 소통의 일대 혁신을 주도하고 있다(Rifkin, 2009; 이동훈 외, 2010). 소통의 방식이 대면접촉에서 전자접속으로 변모한 것이다(강현수, 2007).

이러한 사회적 배경에서 정치, 경제, 사회, 문화 등 다양한 분야에서 소통이 특히 주목받고 있다. 그러나 사회 전반에 소통이 중요하다는 국민적 공감에도 불구하고 조직 내 상하 간 불통, 계층 간 불통이 우리 사회의 가장 큰 문제로 지적되고 있다(이성호, 2012).

건전한 소통문화를 형성하고 개인, 조직, 계층 간의 불통을 해소하는 다양한 전략을 구사할 필요성이 증대되었다. 단순한 정보 전달에서 벗어나 소통 당사자 간의 교감과 상호작용에 기반한 행위를 중시해야 한다는 것을 의미한다. 정책결정은 단일한 조직 내의 상명하복의 과정이 될 수 없으며 점점 더 상호작용하게 되는 정책체계 간의 협상과정으로 변모하였다.

또한 기존의 전통적인 대의민주주의 제도의 유효성에 대한 회의가 광범위하게 제기되면서 공공의 욕구나 필요를 실현하는 참여에 대한 관심과 요구가 증대되었다. 더불어 정책이슈 제기부터 정책 실행, 평가, 환류에 이르는 정책형성과정에서 소통을 기제로 하는 정책디자인 역량이 강조된다. 국제 경쟁 심화와 제품 및 서비스 혁신이 거듭되면서 상향된 공공서비스에 대한 주민의 기대가 반영되어야 한다.

이러한 과제들을 충족하고 효과적으로 지역개발의 과제를 수행하기 위해서는 기본적으로 대중과 공공기관과의 수직적인 소통인 참여와 공공과 민간 등 다양한 정책적 주체 간의 수평적 소통 증진이 필수적이다.

2. 소통의 전략

1) 건전한 소통의지와 역량 제고

지역의 삶의 질을 증진시키는 데 앞장서는 다양한 공동체를 활성화하고 지역의 소프트 파워(Nye, 2004)를 키우는 건전한 소통의지와 역량을 제고하도록 한다. 건전한 소통의지와 역량은 자발성에 기초하며, 발전적 대안과 합의를 이끌어 내는 공동체 활동을 촉진한다. 호감을 사는 능력, 매력적인 개성, 문화·정치적 가치와 제도 등의 무형자산을 형성하는 소프트 파워를 가능하게 하는 주요 수단이다.

건전한 소통의지와 역량에 기반한 정보 공유와 목적 수렴은 지역발전을 위한 네트워크와 거버넌스에서 요구되는 협력과 통합의 순기능을 증폭시킨다. 위계적인 사회보다는 상호 연결된 사회에서 자란 젊은 세대는 분산적이고 협동적인 사회를 지향하면서 대규모 협업으로 특징지워지는 분산네트워크를 채택한다(Rifkin, 2009).

소통은 지역발전에 기여하는 순기능 소셜 네트워크의 형성과 역할을 제고한다. 인터넷과 소셜 미디어 상에서 펼쳐지고 있는 새로운 가치 창출의 움직임은 새로운 미디어를 매개로 한 소통의 순기능 확대와 역기능 최소화에 대한 강력한 요구를 수반하고 있다. 이를 위해 인터넷 상에서 나타나는 스팸, 악성코드, 감시기술, 사생활 침해 등의 부작용을 막고 윤리와 규범을 제도화(가이드라인 마련)해야 한다. 참여와 합의 형성에 대한 자발성과 정보 신뢰성 확보,

조직과 개인, 외부 기관을 잇는 다양한 네트워크 형성과 활용 확대 등도 마찬가지다.

지역의 삶의 질 향상에 나서는 지역공동체와 시민단체를 활성화한다. 지역을 기반으로 한 공동체와 시민단체는 단선적으로 이루어졌던 정책 형성과정에서 양방향 소통을 요구하는 중요한 자원이다. 지역의 문제를 함께 인지하고 노력하는 과정에서 소통은 문제점에 대한 공동 인식과 최적의 공동선을 추구하는 기제로 작동한다. 일정한 지역 및 장소에 근거한 대면적 관계 속에서의 소통을 통해 정체성과 안정성을 확립하는 노력도 필요하다.

지역의 복잡한 문제를 해결하고 선도적인 지역개발을 이끄는 집단지성을 고도화해야 한다(이성호, 2012). 지역주민은 관료·전문가 집단의 폐쇄적인 정책결정보다 주민을 비롯한 다수가 참여하여 종합적으로 발현되는 집단지성에 의한 정책개발을 요구하기 때문이다. 지역 현안과 비전을 폭넓게 아우르는 다양한 영역의 소셜 네트워크 구축을 장려하고 활성화하여 대중의 지혜와 협업적 지혜를 실천한다. 이는 시민 정책아이디어 경연사이트(미 연방정부 시민아이디어 경연대회 범부처 통합사이트 참고), 지방자치단체 메가이벤트 홍보블로그, 지역주민 간 온라인 토론사이트 등으로 시도되고 있다.

2) 참여·합의를 중시하는 과정중심 시스템 구축

기존에 일방적으로 지시하는 권위주의적이고 결과를 중시하는 소통에서 벗어나 참여와 합의, 절차를 중시하는 과정중심형 정책의사결정 시스템을 구축한다. 새로운 지역개발 아이디어의 추진 여부, 다수의 이해관계자가 얽혀있는 지역문제의 진단과 해결에서 요구되는 중요한 의사결정에서 참여와 합의를 도출해야 한다.

이를 위해서는 공공갈등을 예방하고 해결하는 참여형 공공갈등 조정기구와 구성원 간 상호 이해 증진에 기여하는 프로그램, 의사결정 참여 채널을 확대하는 등의 노력이 요구된다. 일반 시민과 민간 전문가 중심으로 구성된 공공

갈등을 예방하고 해결할 수 있는 참여형 공공갈등 조정기구를 구성한다. 타운미팅 같은 구성원 간 상호 이해증진 프로그램을 운영하고 주민참여제, 협력적 계획 등 구성원 의사결정 참여채널을 확대한다.

참여는 일방향으로 대중에게 필요한 정보를 공급하는 정보제공(information)과 양방향의 의견 수렴과 논의가 이루어지는 협의(consultation)가 모두 포함된다. 공공에서 필요한 정보를 정직하고 효과적으로 전달하는 정보제공은 공공기관에 필요한 1차적인 기능을 수행한다(Martin, 2009). 높은 수준의 참여 이전에 올바른 정보를 제공받아 의견을 표명해야 할 사안에 대해서는 충분한 정보제공이 우선되어야 한다. 협의 과정에 있어서는 일반적으로 의사결정이 마무리되는 마지막 단계에서 실행되는 경우가 많으나 아젠다의 설정단계에서부터 충분한 의견 수렴을 통해 진행되도록 해야 한다.

또한 협의 과정을 보통의 다른 대중이 공공에게 의견을 전달하는 일방적인 과정으로만 이해해서는 안된다. 이는 양방향의 과정으로 수렴된 의견에 대한 공공의 응답(feedback)이 중요하다. 공공기관은 제시된 의견이 어떻게 수용될 수 있는지, 어떻게 반영되었는지, 혹은 왜 반영이 되기가 어려운지, 반영되지 않을 경우 향후 어떻게 고려가 될 수 있는지에 대한 답을 제공한다.

참여 전략을 실행하는데 있어서 분명한 목적이나 전략이 없이 무조건 참여만 늘이는 것은 오히려 올바르지 못한 정책결정을 유도하거나 지나치게 오랜 시간이 걸리는 등의 부작용을 드러낼 위험이 있다. 따라서 참여 전략은 이를 통해 성취하고자 하는 분명한 전략적 목적이 있어야 하며, 그 목적에 따라 대중의 자발적이고 책임있는 참여를 이끌어 낼 수 있는 적합한 방법을 사용해야 한다.

일반적으로 사용될 수 있는 참여 전략은 시민 패널, 시민 배심원, 참여 예산제, 청취의 날, 공공 질문시간 등이 있다(Martin, 2009).

시민 패널은 지역주민의 인구구성이나 사회경제적 구성을 대표할 수 있는 1~2천여 명의 표본을 추출하여 논의해야 할 정책 쟁점이나 서비스에 대한 평가 등에 의견을 표명하고 참여할 수 있도록 하는 방법이다.

시민 배심원(citizen juries)은 지역주민의 인구 구성이나 사회경제적 구성을 고려하여 소수의 대표들을 선임하여 해당 정책에 대해 다양한 전문가가 제시하는 증거나 제안을 모두 청취하고 이를 종합적으로 고려하여 집합적인 권고안을 제시하는 방법이다.

참여 예산제(Participatory Budgeting: PB)는 정부의 예산 수립에 있어 시민들을 초청하여 지출 비중이나, 재원, 투자 등에 대한 의견을 묻고 예산에 반영하는 방법이다(Löffler, 2009).[1]

기타 관료나 의원들이 거리에 나가서 시민들의 이야기를 직접 듣는 청취의 날(listening day), 시민들이 자신의 의견을 직접 메시지로 녹화할 수 있는 비디오 부스, 공개적으로 공공 기관의 시민의 질문을 받아 대답하는 공공 질문시간(public question time) 등의 방법이 활용되고 있다.

제3절 순환전략

1. 순환의 의미

1) 순환의 개념적 이해

순환(circulation)의 사전적 의미는 주기적으로 자꾸 되풀이하여 돎 혹은 그런 과정이고 "무엇인가를 중심으로 움직이는 움직임"의 비유어로 "이질적인 것이 비대칭적인 공간 사이로 이동하고 각각의 공간을 구별하면서 결부되어 있는 고리구조"를 의미한다(노광욱 외, 2009).

순환은 가장 기본적으로 자원과 에너지의 순환체계를 구축하는 차원에서 경제·사회·문화 등 전반적인 생활양식을 순환적으로 전환하는 사회전반적인

---

1 영국정부의 사례는 http://www.participatorybudgeting.org.uk를 참조.

변혁 차원, 그리고 인간사회도 생태계의 한 부분으로 보고 취약한 사회생태계를 지원하고 복원하는 복원(resilience)의 차원으로 구분하여 볼 수 있다(노광욱 외, 2009).

나아가 순환형 사회는 경제규모를 생태계의 지속가능한 범위 내로 억제하는 것을 기본으로 하는 사회로 이러한 사회에서는 기계적 생산을 유기적 생산[2]에 접합하여 환경용량 범위 내에서 자원을 소비하는 사회를 의미한다. 즉 경제활동을 하면서 천연자원의 사용량과 생산과정에서 발생하는 폐기물을 최소화하면서 동시에 생산과정과 소비과정에서 발생하는 폐기물의 재사용을 통해 자원순환체계를 이루어 내는 사회·경제·과학적 시스템의 총체이다.

2) 순환의 필요성

성장과 물적 확대를 중심으로 하는 일방통행형 경제와 개발모델은 그 한계를 드러내고 있으며 사회의 지속가능성을 위협하고 있다. 따라서 자원의 사용을 줄이고 폐기물의 발생과 배출을 억제하며 발생한 폐기물을 재활용하여 지속가능성을 높이는 순환적 경제와 개발모델이 주목받고 있다.

순환적 모델은 1994년 독일의 '순환경제법'과 더불어 제도화되기 시작되었다. 이는 국제적으로 빠르게 확산되어 2000년 일본의 '순환법'과 2009년 중국의 '순환경제촉진법'이 제정되어 실행되고 있다. 우리나라에서도 이와 같은 영향으로 '자원재활용촉진법'이 2009년 개정되면서 자원순환이라고 하는 개념이 구체적으로 등장하였다(노광욱 외, 2009). 독일과 일본 등에서 등장한 개념인 '순환형 사회'는 자연자원의 순환적 사용, 자원순환적 생산시스템의 재설계 그리고 순환적 생활스타일의 변혁을 통해 환경부하를 경감하려는 실천적 운동의 지향점으로서 순환구조 사회를 설정한 것이다.

---

2 기계적 생산은 생태계 외부에서 물질을 변형시키는 생산 활동이며, 유기적 생산은 자연을 대상으로 하되, 먹이사슬이 단절되지 않도록 하여 상태순환을 보증하는 생산 활동을 뜻한다(노광욱 외, 2009).

도시개발에 있어서도 재건축이나 건설에 치중한 물적 개발 중심의 모델에 대한 한계가 지적되면서 기존 환경을 존중하고 기존 지역의 특징과 문화를 보존하면서 지역 거주민의 의향과 요구에 부합하여 일부를 제거하고 새로운 것을 부가하는 새로운 개발의 흐름이 등장하고 있다(NPO단지재생연구회, 2006).

순환형 사회의 중요성이 부각되는 가운데 진정한 순환사회로 나아가기 위해서는 지속적인 환경기술의 개발과 순환형 사회를 유도하는 사회경제적 환경 형성이 중요한 선결과제다(이성근, 2012b). 개인 차원에서는 물자와 정보의 순환정도로 단순화할 수 있지만, 지역사회의 차원에서는 인재, 정보, 자금, 물자, 도농, 도시재생 등 다양한 차원에서의 순환이 중요한 키워드가 될 수 있다.

2. 순환의 전략

1) 인재순환

지역의 경직된 사회시스템과 소통문화의 부족을 극복하고 효과적으로 민관 협력시스템을 정착시키기 위해 주민과 지자체 간의 의식적 거리를 좁히고 공동 논의하는 시스템 구축이 필요하다. 지역 내 과제의 도출, 대안 찾기, 정책수립 및 시행, 피드백 과정을 주민과 지자체가 공동 논의하는 구조로서 민관협력시스템을 구축하고 지역 내 다양한 주체들이 참여할 수 있도록 지역의 인재를 양성하고 투입하는 전략이 요구된다.

지역순환형 사회를 형성하기 위해서는 지역에서 필요한 인재나 일꾼들을 지역에 머물 수 있도록 교육하고 지역에서 일해 나가는 소명의식 등을 불어넣어주어 그들이 일할 수 있도록 자리를 만들어 주어야 한다. 지역의 인재들을 지역주민이 스스로 키우고, 키운 인재들을 다시 지역의 인재개발에 투입하는 순환형 구조로의 전환이 필요하다.

2) 물자순환

물자순환의 관점에서 순환형 사회란 인간이 경제활동을 하면서 천연자원의 사용량을 줄이고, 생산과정에서 발생하는 폐기물의 발생을 억제하면서 동시에 생산과정과 소비과정에서 발생하는 폐기물의 재사용·재이용을 통해 자원순환 체계를 이루어 내는 경제적·사회적·과학적 시스템의 총체를 말한다. 자원순환의 실천적 방법으로는 3R(Reduce: 감량, Reuse: 재사용, Recycle: 재생이용)을 제안할 수 있다(엄창옥 외, 2009).

지금까지의 대량생산, 대량소비, 대량폐기의 사회구조에서 벗어나 생산, 유통, 소비, 폐기의 과정에서 재활용을 촉진함으로써 무분별한 자원의 소비를 억제하고 환경에 대한 부하를 줄이는 자원순환형 사회를 구축해야 한다. 생산과정에서 원천적으로 폐기물의 발생을 억제하고 발생된 폐기물을 다시 자원으로 순환, 이용하는 리사이클 구조를 형성함으로써 자연계의 물질순환구조를 닮은 경제활동구조를 구축하자는 것이 순환형 사회의 지향점이다(엄창옥 외, 2009).

3) 정보순환

정보순환이란 정보활동 시 소요되는 정보의 요구를 결정하고 이 요구를 충족시키기 위하여 수집된 자료를 평가, 분석, 통합, 해석하여 정보를 생산하고 생산된 정보의 배포라는 일련의 순환과정을 의미한다(한희원, 2010). 정보순환은 정보생산의 여러 단계가 유기적으로 조직되고 상호보충작용으로 반복 그리고 계속되는 과정으로서 국가 목표를 향해 형성되고 발전되는 총괄적인 정보활동의 과정이라고 볼 수 있다.

정보순환이 원활하게 이루어지기 위해서 지역문제는 지역주민이 함께 해결해야 된다는 인식 하에 자치단체와 지역주민 간의 공동노력이 필요하다. 이에 준해 자치단체는 관련 정보의 공개, 주민참여를 통한 역할분담과 책임공유의 메커니즘 개발이 필요하다. 정보의 인식과 공유가 중앙과 지방 간, 지자체 간,

기관 간에 투명하고 유기적으로 이루어질 수 있는 여건 마련이 중요하다.

4) 지역순환

진정한 순환형 사회로 나아가기 위해서 지역사회의 차원에서는 인재, 정보, 자금, 물자, 도농, 도시재생 등 다양한 차원에서의 순환 뿐만 아니라 지역의 특성과 순환자원의 특성에 따라 최적 규모에서 순환구조를 형성하는 지역순환권을 설정하는 것도 중요하다(이성근, 2012b).

지역순환권은 온난화 대책이나 생물다양성 보전 등과 같은 환경적인 측면, 희소성이나 유용성 등과 같은 자원적인 측면, 나아가서는 수송효율이나 처리비용 등과 같은 경제적인 측면 등을 고려하면서 각 지역이 가지는 순환자원을 적정 처리하기 위해 필요하다(노광욱 외, 2009). 자원의 특성이나 지역의 특성에 따라 마을과 마을을 연계하여 설정할 수 있고 시·도 간의 연계, 국가 전체 혹은 국제적 연계도 가능하다.

5) 정책순환

정책형성과정은 과제설정, 정책입안, 정책결정, 정책집행, 정책평가의 5단계로 진행되고 이러한 일련의 과정을 '정책순환(policy cycle)'이라고 한다. 나카무라와 스몰우드는 정책의 여러 과정들이 단일방향의 순차적 과정이 아니라 각 과정이 상호 영향을 받는 순환적 관계에 있다고 주장한다(최봉기, 2008).

지식기반 학습행정체계의 경우 중앙의 전략기획을 효과적으로 추진하기 위해 현장 실천단계에서 지역 설정에 적합한 세부계획들을 수립·집행하고 의사교류와 환류를 통한 상호 학습의 결과지향적인 정책효과 창출이 중요하다(정은영, 2008).

정책이 소기의 목적을 달성하기 위해서는 정책결정단계에서 정책대상 집단을 비롯한 여러 이해관계자들의 의견을 고려해야 하며 특히 주민 접점의 현장에서 주민들에게 밀접한 영향을 끼치는 지방자치단체의 정책결정에서 매우 중요한 변수로 작용한다(고경훈, 2010).

제4절 생태전략

1. 생태의 의미

1) 생태의 개념적 이해

그동안의 생태에 대한 논의가 자연의 생태를 인간의 생활과 분리된 이원적 존재로 인식하고 이의 오염이나 활용에만 관심을 가졌다면, 최근의 논의는 도시개발이론과 결합되면서 인간과 환경 또는 사회와 자연과의 관계에 대한 통합적 접근으로 발전되었다(한국도시연구소, 1998).

기존의 지역개발과 관련된 생태는 자연 그 자체나 동·식물종에 대한 보호, 또는 자연환경의 구성요소인 물, 공기, 흙의 오염정도에 대한 관심, 또한 어떻게 이러한 자연환경을 개발하고 자원으로 활용할 것인가의 문제에 국한되었다. 하지만 이것이 인간의 일상적 생활과 생산활동에 관련된 다양한 물적 토대나 인공물에 대해 고려하는 도시론과 결합하면서 생태도시론이 등장하였다.

생태도시론은 인간과 환경 또는 사회와 자연과의 관계를 통합적으로 새롭게 구축하거나 재구성하는데 관심이 있으며, 이들 간의 유기적 상호관련성을 보다 치밀하게 분석하고 매개하는 요소들과 과정을 고찰하고 있다.

2) 생태의 필요성

우리나라는 현재 읍인구를 포함하면 도시화율이 90%를 넘는다. 그 동안의 도시화란 자연과 인위적으로 멀어지고자 계획된 공간으로 인간이 생태적 환경의 일부로서 존재하는 것과 도시에서 실제로 생활하는 양식과의 괴리가 '도시멀미현상'을 발생시킨다(이창우, 2001). 현대 도시민은 본능적으로 기후 및 계절의 변화를 감지하지만 항상 같은 건물과 구조물을 보고 생활하므로 이로 인한 인식의 부조화로 '도시멀미현상'을 경험하고 있다.

기존의 성장우선 논리에 따른 양적 팽창 추구의 도시개발로 인해 문화, 환경, 복지 등 질에 대한 인식이 결여된 채 시장수요에만 부응하여 수동적인 개발이 난립해왔고, 결과적으로 전 국토면적의 14.4%라는 좁은 면적에 대다수의 인구가 거주하는 고밀도 개발의 악순환이 반복되어 왔다(김선희, 2001). 이로 인해서 공원 및 녹지공간의 부족, 자연생태계의 훼손, 획일적인 도시문화, 오염과 공해의 심화, 과도한 교통수요의 유발, 시설이용 약자에 대한 배려 부족 등 기존 개발에 대한 물적 접근으로 인한 다양한 부작용이 축적되어 왔다.

19세기 후반에서 1910년까지 현대적인 도시계획이 형성되고, 1910년에서 1945~1946년까지 국토계획, 지역계획 등이 발달되면서 도시계획이 제도화되었지만 2차 세계대전 이후 도시계획이 표준화되면서 오히려 신뢰를 상실해오고 있는 실정이다. 이에 따라 현대에서는 지속가능한 도시를 중심으로 생태계를 회복하고, 자연환경을 보존하는 것과 동시에 정치, 경제, 사회, 문화 전반에 걸쳐 사회적 안정성과 미래세대의 이익을 중시하는 도시를 고려하게 되었다(이창우, 2001).

2. 생태의 전략

1) 녹색성장

저탄소 녹색성장의 패러다임을 실현하기 위해서는 무엇보다 녹색기술 및 산업, 녹색인프라, 녹색생활에 대한 구체적인 세부 전략을 설정하여 실천해 나가는 것이 중요하다.

녹색기술의 확보 및 녹색산업의 육성을 위해서는 기술개발에 대한 투자를 포함한 다양한 분야의 노력과 기존 산업군의 오염물질 배출여부 확인 및 대응전략 수립이 요구된다(이성근 외, 2011). 녹색기술의 확보를 위해서는 민간의 수요 파악, 효율적인 연구개발체계 구축, 에너지·자원·환경기술의 균형 유도, 녹색기술과 관련된 투자 확대 등이 필요하며, 녹색산업의 육성을 위해서는 특정범위에서의 환경오염 총량 및 환경오염 저감시설 설치, 지역차원의 생태에너지 발전전략 구상 등 장기적 발전전략 수립과 탄소시장에 대한 관심과 대응이 요구된다.

녹색인프라의 구축 및 효율적 관리를 위해서는 우선적으로 녹색교통분야와 녹색산업단지 구축이 추진되어야 한다(이성근 외, 2011). 녹색교통을 위해서는 녹색교통시설 공급, 대중교통수단 이용 확대, 세제·금융 등 지원 강화, 녹색기술의 수요기반 확충, 법률 및 조직 정비 등 제도적 기반 개선 등이 필요하다. 녹색산업단지 구축을 위해서는 추진에 필요한 기금 마련, 관련 DB 구축, 범정부적인 추진체계 구성 등 광역적 기반 구축과 법·제도적 정비, 관련기술 개발, 생태적 기반시설 확충 등이 필요하다.

녹색생활의 실천을 위해 국가적 차원에서는 범국민 녹색생활운동의 본격화, 녹색생활 인센티브제 강화, 실천지원시스템 구축으로 전략을 설정하고, 세부적인 추진과제를 제시하였다(녹색성장위원회·환경부, 2009). 추진과제로는 맞춤형 녹색생활 실천운동 전개, 가정의 녹색생활 및 녹색소비 촉진, 녹색직장 만들기, 녹색교통 운동, 가정·직장 내 실천 인센티브 부여, 생산·유통 분야 인센티브 확대, 우수 녹색생활 시상·포상, 녹색생활 핵심인재 육성, 사이버 녹색생활 시스템 구축, 녹색생활 법령·조직·평가체계 정비 등이 있다.

2) 지속가능한 발전

'지속가능한 지역발전(Sustainable Regional Development)'은 단순히 지역격차만 시정하는 것이 아니라 보다 포괄적이고 장기적이며 환경적 요소를 고려하는 의미가 내포되어 있다(최영출, 2012). 포크(Pork, 2010)는 지역발전에 필요한 전반적이면서도 장기적인 관계요인들을 포함시키고, 복수의 목표(경제적 성장, 세대 간 및 세대 내 형평성, 환경보존 등)를 통합시키며, 성장과 환경 사이의 갈등을 조화시키는 정책적 개념으로 정의하였다.

지속가능한 지역발전을 위한 전략으로는 수도권과 비수도권, 대도시와 중소도시, 도시와 농촌의 격차를 해소할 수 있는 경제발전 추동력을 지역 내부로부터 도출하고 문화·환경·경관 등 삶의 질을 지향하며 지역주민·기업인·공무원 등이 거버넌스를 형성하는 참여가 요구된다(이비용, 2007).

3) 기후변화 대응

이제까지 기후변화 문제에 대한 대응은 온실가스를 어떻게 감축할 것인가 즉 온실가스 저감정책(또는 완화정책, mitigation policy)에 초점이 맞추어져 왔으나 최근 온실가스 저감정책만으로는 기후변화문제 해결에 한계가 있다는 인식이 확산되면서 저감정책과 더불어 적응정책(adaptive policy)을 병행할 필요성이 제기되고 있다(고재경·김지현, 2011). 그동안 온실가스 저감정책의 대표적인 예로는 화석연료를 청정에너지원으로의 대체, 에너지 효율성이 높은 기기나 설비사용의 장려, 대중교통과 자전거 이용 확대, 환경친화적인 산업공정의 변화 등을 들 수 있다.

기후변화 적응전략은 온실가스 배출 감축의 기후변화 저감에 비해 다양하고 복잡하다(한화진, 2007). 기후변화 적응은 한두 개의 부문에 집중되지 않고 수자원, 생태, 건강, 농업, 기반시설, 환경 등 모든 사회경제 부문에 걸쳐 있고 수많은 이해자가 관련되어 있기 때문이다.

정부에서 제시한 기후변화 적응대책은 폭염, 대기오염 등으로부터 국민 생명 보호, 방재·사회기반 강화를 통한 피해 최소화, 기후 친화형 농업생산체제로 전환, 산림 건강성 향상 및 산림재해 저감, 안정적 수산식량자원 확보 및 피해 최소화, 기후변화로부터 안전한 물관리체계 구축, 생태계 보호·복원을 통한 생물다양성 확보 등이다(환경부, 2010).

제5절 평등전략

1. 평등의 의미

1) 평등의 개념적 이해

기존 공공행정에서의 평등이란 행정적 정의(administrative justice)를 의미하며 이는 모두가 공평한 권리를 가지고, 원칙과 법률에 따라 공정하게 처리되는 것을 의미한다(Newman & Ashworth, 2009).

행정적 정의란 "모든 시민은 복지서비스에 있어서 평등한 신청의 권리를 가진 것으로 간주되는 것"을 의미하고 이에 따라 공공서비스의 담당자는 일정한 지침과 기준에 따라 비편향성을 보장한다. 사회적 정의가 정책과 실천의 결과에 관한 것이라면 행정적 정의는 과정과 지침에 관한 것이다.

하지만 최근에는 '다양성'에 대한 존중이 제기되고 있으며 이는 다양한 이용자와 시민 집단에 대한 서로 다른 욕구에 대한 대응의 차원에서 제기되고 있다. 이를 위해서는 때로는 공평성에 대한 평등의 개념을 넘어설 수 있으며, 이 때문에 때로는 행정적 정의보다 사회정의가 더 고려될 수도 있다(Newman & Ashworth, 2009).

2) 평등의 중요성

근대 시민혁명 이후에 등장한 자유주의 체제는 개인의 자유와 권리, 평등과 존엄성의 관점에서 불평등을 새롭게 파악하고 그것에 대한 '도덕적 정당성'을 요구하고 있다. 평등개념은 정의, 공정, 형평 등 여러 가지 의미를 함축하고 있다.

하버드대 교수인 마이클 샌델(Michael Sandel)은 정의로운 사회는 우리가 소중히 여기는 것들 이를테면 소득과 부, 의무와 권리, 권력과 기회, 공직과 영광 등을 올바르게 분배하는 사회라고 정의하고, 정의의 기본원칙에 행복한가, 자유로운가, 평등한가(공평한가) 등 세 가지를 덧붙이고 있다.

공정은 많은 경우 정의와 같은 의미로 사용되며, 치우침이 없이 평형을 이루는 상태, 바르고 옳아서 사사로움이 없는 것 등의 의미를 포함한다(김안제, 2011). 공정사회는 불합리와 불공정을 극복함으로써 법과 원칙이 통하는 사회, 약자를 배려하는 사회, 기회가 균등히 보장됨으로써 실력으로 평가받는 사회, 소통과 화합을 통해 차별과 불신을 없애는 사회를 의미한다(공감코리아 공정사회 홈페이지).

평등이 기본적으로 사실 차원의 논의라면, 형평은 개개인의 주관적 평가에 따른 윤리적, 심리적 차원의 논의로 형평의 주요 관심주제는 '상대적 박탈감', '지위 불일치' 또는 '계급 결정화', '배분적 정의' 등이다. 사회적 형평성은 누구나 평등한 정부의 혜택을 받아야 한다는 균등사상에 근간을 둔 개념으로 사회적 불평등을 시정하기 위해서는 공공서비스의 혜택이 사회적 취약계층에 더 많이 돌아가야 한다는 사회적 규범을 의미한다. 사회적 형평성은 크게 공공서비스의 평등성, 의사결정과 사업수행에 있어 행정인의 책임성, 그리고 시민의 요구에 대한 대응성 등으로 요약된다(Frederickson, 1980).

사회가 변화하고 진화해감에 따라 자유롭고 공정한 정의사회로서의 이상적 평등사회의 조건 역시 그 외연이 점차 확장되어가고 있다. 공공기관의 행정이나 정책에 있어서의 불공정성은 기관에 대한 신뢰를 훼손하며 대중과의 관계를 악화시키고 더 나아가 공공기관의 합법성이나 정당성을 약화시킬 수 있는 문제를 가진다. 또한 사회적 불평등은 빈곤, 소외, 박탈과 같은 문제로 이어지고 이는 또한 지역사회 내에 갈등 요소가 되어 지역사회의 안정을 저해하며 궁극적으로는 지역주민의 삶의 질에 결정적으로 영향력을 미친다.

2. 평등의 전략

1) 다양성 존중의 전략

다양성 존중의 전략은 대중을 하나의 전체로 보기보다는 대중의 다양성과 복합성을 인지하는 것으로 이를 위해 소수인종, 노인 등 다양한 집단을 구분, 접근하여 이와 같은 서로 다른 집단에 대한 의견논의를 별도로 진행할 수 있다. 다양성을 존중하는 조직은 필수적으로 역동적인 조직이어야 한다. 이 경우 서로 다른 가치 간의 갈등이 있을 수 있다. 이는 소수의 목소리가 기존의 관행에 대해서 문제를 제기할 수도 있고 권한의 불균형이나 차별적인 행위에 대해서 인식되고 토론될 수 있다는 것을 의미한다. 이를 위해서는 전통적으로 소외되었던 집단의 목소리를 수용하여 의사 결정과정에 반영하는 노력이 필요하다.

2) 사회적 배제의 최소화

사회적 배제의 최소화란 한 사회의 시민으로서 당연히 누려야 할 권리, 예컨대 사회 보장권, 경제적 복지권, 사회적 참여권, 인간으로서의 존엄을 가지고 살아갈 권리 등을 개인이나 지역에 처해진 환경에 따라 차별받지 않고 누리도록 해야 한다는 것이다. 사회구조적으로 다양한 영역에서의 박탈과 결핍, 불이익을 당해 사회·경제·정치 활동에 제대로 참여할 수 없게 됨으로써 인간으로서의 최소한의 기본권마저 침해당하는 상황을 최소화하는 것을 의미한다.

이를 위해 사회 내의 특정 집단이나 개인이 사회, 경제, 정치 활동 및 그 참여 과정에서 사회의 희소자원에 접근할 수 있는 기회나 그 분배가 공정하도록 정책에 반영될 수 있는 노력이 필요하다. 또한 빈곤 및 소득격차에 따른 사회경제적 배제를 극복하고 경제활동에 있어 균등한 기회를 보장하는 포용(inclusion)이 필요하다. 여기서는 단순히 개인이나 사회적 집단 간 격차뿐만 아니라 지역 간 격차 해소도 중요한 과제가 된다.

3) 수직적 형평성 전략

형평성의 유형은 보는 시각과 학자에 따라 매우 다양하다. 예를 들어 수평적 형평성과 수직적 형평성의 개념이 그것으로 수평적 형평성은 같은 것을 같게 취급하는 것이고 수직적 형평성은 서로 다른 것을 서로 다르게 취급하는 것이다(정정길, 1989). 즉 수평적 형평성은 능력과 요구가 비슷한 개인과 집단 사이의 영향배분의 공정성을 의미하고 수직적 형평성은 성, 연령, 건강, 부와 같은 다양한 인적 특성에 따라 자원을 배분히기 위한 기준으로 차등적인 대우를 하는 것을 의미한다.

행정에 있어서 사회적 형평성을 확보할 수 있는 방안으로는 고용차별의 철폐(affirmative action)와 대표관료제(representative bureaucracy)의 확립, 시민참여의 증대, 공정한 가치의 배분, 엄격한 법의 적용, 빈곤대책의 수립, 약자의 이익 보호 등을 들 수 있다.

고용차별의 철폐는 여성할당제나 남녀고용평등법과 같이 고용에 있어서 개인의 인간적인 특성 즉 인종이나 성별, 출신지역, 종교 등에 구애받지 않고 적극적으로 평등하게 고용되고 차별적 대우를 받지 않는 것이다. 특히 여성 또는 장애인을 우선적으로 고려하는 것과 같은 정책을 의미한다. 시민참여의 방법은 개인이나 이익집단이 정책결정을 포함하여 정책과정에 직접 적극적으로 접근하고 개입하도록 하는 것이다. 또한 어려운 처지에 있는 사람들이 상대적인 박탈감을 느끼지 않도록 자원을 공정하게 배분하는 것도 사회적 형평성을 확보하는 중요한 수단이 된다.

4) 평등 전략의 실제

제도적으로 EU법의 영향을 받아 영국 노동당은 다양한 공공기관에 '평등의무(equality duty)'를 부과하여 공공기관으로서 평등을 증진하고 차별을 철폐하도록 하고 있다. 성평등 의무, 장애평등 의무, 인종관계 의무를 부과하여 조직 내의 구성원들의 의견을 수렴하여 일정 기간 내에 합리적인 조치를 통해 차별을 철폐할 계획을 수립하고 실천하도록 하는 것이다.

조직적으로는 그 동안의 공평성(equal treatment)에 초점을 맞춘 접근에서 보다 소외된 집단에 초점을 맞추어서 특별한 적극적인 조치(positive action)를 취하고 체계나 구조적인 측면에서 특정 집단에게 불이익을 주는 제도를 없애고 주류 제도와 구조에 평등을 통합시키는 주류화(mainstreaming)를 진행하는 것을 의미한다(Rees, 2006).

제6절 투명전략

1. 투명의 의미

1) 투명의 개념적 이해

'투명'의 사전적 의미는 속까지 비치어 환한 상태로 (사람의 성격이나 언행이) 분명하고 뚜렷한 상태, (일의 형세나 미래가)명백하고 확실한 상태, (소리나 정신이)또렷하고 분명한 것을 의미한다.

투명은 정보의 자유로운 유통 위에 구축되는 것이며 이를 위해 과정, 기관, 정보에 관련있는 사람들이 직접적으로 접근할 수 있어야 하고 그것을 이해하고 감시하는데 있어 충분한 정보가 주어져야 한다(UNDP, 1997).

국제투명성기구(Transparency International: TI)는 부패를 "사적 이득을 위한 위임된 권력의 오용(the misuse of entrusted power for private gain)"으로 정의한다. 사적 이득은 반드시 폭넓게 해석되어야 하며 경제적 행위자의 가까운 가족, 정당을 포함하여 때로는 행위자가 재정적, 혹은 사회적 이해를 가지고 있는 독립된 조직이나 자선기관의 이익을 증식시키는 것까지 포괄한다(Transparency International, 2006). 부패의 형태는 고위직에 대한 거액의 매수(bribe)에서 일선 공무원에게 주는 소액의 격려금(facilitation payment)까지, 금품을 제공하는 쪽에서 받는 쪽, 카르텔을 형성하거나 이득을 나누기 위한 밀실합의와 같은 공모(collusion) 행위, 사전에 계획된 구조적인(structural) 부패에서 상황에 따라 발생하는 상황적(situational) 부패까지 모두 포괄한다(Transparency International, 2006).

2) 투명의 중요성

투명은 좋은 거버넌스(good governance)를 이루는 핵심 개념으로 UNDP (1997)는 "좋은 거버넌스는 다른 것보다 참여적이며 투명하고 책임성있는 것을 의미한다"고 강조한다.

투명개념은 2001년 청렴한 공직 및 사회풍토의 확립을 위해 '부패방지법'이 제정되고, 2002년 부패방지위원회 출범, 2005년에는 정부, 정치계, 재계, 시민사회가 참여하여 투명사회를 만들기 위해 공동 노력하기로 하는 합의(반부패투명사회협약), 2009년에는 이러한 협약을 투명신뢰사회실현을 위한 정책협의회로 확대·발전시키면서 대두된 개념으로 부패와 부정을 방지하기 위한 핵심 개념이다.

국제투명성기구는 부패인식지수 보고서에서 2011년에도 부패와 경제적 불안정이 세계를 휩쓸고 있으며 작은 항의에서부터 대규모 시위까지 다양한 원인에 의해서 사람들이 저항하고 있지만 메시지는 더욱 투명하고 더욱 책임감있는 지도자를 요구하는 것이었다고 지적한다(Transparency International, 2011).

2011년 부패인식 조사에서도 대중들의 절실함이 나타났으며, 어떠한 지역과 나라도 공공부문 부패의 피해로부터 자유롭지 않았다. 183개 국가 중 절대다수가 매우 부패(very corrupt)와 매우 청렴(very clean)의 0에서 10점까지의 점수에서 5점 이하를 부여 받았다. 한국은 그 중 5.4점으로 50위권 안에 들지만 덴마크와 핀란드(9.4, 공동 2위), 스웨덴(9.3, 4위) 등 북유럽 국가를 비롯한 뉴질랜드(9.5, 1위), 캐나다(8.7 10위), 호주(7.8, 16위), 미국(7.1, 24위), 프랑스(7.0, 25위) 등과 같은 서구 선진국은 물론 싱가포르(9.2, 5위), 홍콩(8.4, 12위), 일본(8.0, 14위), 대만(6.1, 32위) 등 동남아시아 주변국보다도 낮은 것으로 나타났다.

2. 투명의 전략

1) 정부의 공개

투명의 기본적인 전략은 공공의 이해가 걸린 사안에 대한 정보를 대중이 자유롭게 접근할 수 있고 더 나아가 보다 접근하기 쉽도록 적극적으로 제공되도록 하는 것이다. 시민들의 이해가 달린 정보에 대한 접근권을 보장하기 위해 '정보공개청구권'을 적극적으로 인정한다. 또한 공공의 결정 사항이나 재정에 대해 공고와 같은 수동적인 방식 뿐 아니라 주민 소식지, 인터넷, 뉴스레터 등을 통한 보다 적극적인 공개가 필요하다.

투명을 통해서 공공기관의 활동이나 결정이 공개 비판될 수 있도록 함으로써 부패와 부정을 방지하고 민주적 합의와 신뢰를 더욱 촉진할 수 있다. 비판적인 정치세력이나 시민단체 등에게 더욱 적극적으로 정보를 공개하고 과정을 투명하게 함으로써 갈등을 미연에 방지하고 조정한다. 정치적 입장이나 행정적 편의성을 배제한 정보 공개로 지역 주민과 여론의 신뢰를 강화한다.

2) 조달 과정의 투명

물품, 용역이나 기타 서비스의 조달(procurement)은 공공기구에서만 보통 GDP의 15~30%를 차지하며 일부 국가에서는 그보다 더 높은 비율을 차지한다. 그렇기 때문에 공공부문 조달이 가장 부패의 유혹에 직면할 기회가 많다. 부패로 인한 피해는 계약가치에서 보통 10~25%, 많게는 40~50%를 차지하고 있다(Transparency International, 2006).

필요실사 단계에서 외부 자문가를 선정하는 데 있어 계약을 통한 투명성, 가능한 이해관계 검토를 통한 독립성 확보, 시민사회 단체와 같은 공공의 참여 보장, 공청회 및 인터넷 등을 통한 적극적 정보 공개 등이 필요하다.

조달과정 시작 전 단계에서는 부정부패 연루 입찰자 배제, 공개된 경쟁 입찰(비경쟁 입찰의 경우 문서화된 정당성 설명), 이해상충 등록(conflict of interests register)을 통한 입찰자와 공무원 이해관계 관리, 선별, 급여, 훈련, 지도, 통제 등을 담은 공무원규정 확립, 가족과 자신의 수입과 자산 공개, 경보체계 수립(공무원의 호화로운 생활, 이해관계자와의 접촉, 승인되지 않은 겸직, 이의제기 부재, 사유가 없는 과정 지연 등)이 검토되어야 한다.

입찰 평가와 선정 과정에서는 입찰 평가 기준의 명료화, 입찰 평가와 선정 인사의 분리, 집단적 평가와 결정, 과정 공개, 적극적 자료 공개, 정기적인 순환직제 등을 고려해 볼 수 있다.

계약 이행과정에는 독립적인 감독 체계 수립, 비정기적 현장 검사, 분명하게 사전에 설정된 계약 변경 범위 등이 필요하다.

3) 양심선언 보장 및 보호

부정과 부패는 그 속성상 내부에서 은밀하게 이루어지는 과정이므로 법 제도와 함께 내부고발이 활성화되지 않는다면 밝혀내기가 매우 어려운 경우가 많다. 따라서 공공의 이익을 위한 내부고발은 장려되어야 하며 이를 활성화시키는 조치가 필요하다.

하지만 이것이 대부분 조직에 대한 배신으로 인식되고 유무형의 압력과 불이익을 당하게 되는 경우가 많으므로 내부 고발자에 대한 적극적인 법적, 제도적, 정책적 보호가 보장되어야 한다. 조직 문화의 측면에서도 공공기관으로서의 공적 가치들이 내부의 의리나 신의보다 더욱 강조되고 이에 기반을 둔 직업적 자부심이나 긍지를 느낄 수 있도록 지속적인 노력이 중요하다.

제7절 융합전략

1. 융합의 의미

1) 융합의 개념적 이해

융합의 사전적 의미는 '여럿이 녹아서 하나로 합침'을 의미하는 것으로 서로 다른 것이 섞여서 새로운 것을 만들어낸다는 의미이다. 공공 정책과 서비스에 있어서는 협력으로서의 융합과 공동생산으로서의 융합으로 나누어 볼 수 있다.

협력(collaboration)으로서의 융합은 지역사회에서 정부조직이 유일한 주체가 아니며 공공 영역에서도 주체가 다원화되어 있고 다양한 영리, 비영리 민간 조직이 공공정책과 연관되거나 참여하고 있다는 점에서 출발한다. 파트너십, 공동작업(joint-working), 통합적 접근 등을 통해 다양한 조직이 공유된 목적을 위해 공동으로 협력함으로써 시너지 효과를 거둘 수 있도록 하는 것을 의미한다.

공동생산(co-production)으로서의 융합은 공공서비스에 있어서 서비스의 공급자와 소비자가 따로 분리되어 있지 않기 때문에 서비스 목적의 달성은 결국 공급자와 이용자의 공동 생산의 결과라는 인식이다(예: 교육의 성공은 훌륭한 교육과 학생, 건강은 우수한 보건의료서비스와 건강한 생활 습관의 공동생산)(Martin, 2009). 따라서 이용자가 공공 정책과 서비스의 과정에 직접적으로 참여하고 역량을 강화함으로써 궁극적인 목적을 공동으로 달성하게 하는 접근이다.

2) 융합의 필요성

1980년대 이후 공급자 간의 경쟁보다 비용을 아끼고 질적 혜택을 성취할 수 있다는 인식에서 협력이 매우 조심스럽게 고려된다. 반경쟁적인 행위가 될 수 있지만 거래 비용 분석에 대한 주장이 일어나면서 경쟁에 대한 부정적인 시각이 제기되자 관계적 계약(relational contract)이라는 개념이 제기된다. 관계적 계약은 순수하게 경제적 동인이나 계약에만 의존하는 것이 아니라 신뢰를 바탕으로 장기적인 관계의 기초를 구축하는 것이다(Bovaird & Tizard, 2009).

서비스 전달은 전문가나 공공기관의 공직자에 의해서 전달되는 것이 아니라 이용자와 지역사회의 공동생산이다. 공동생산이란 "모든 부문이 상당한 자원을 기여하는 전문적 서비스 공급자와 서비스 이용자 또는 지역사회 구성원 간의 정기적이고 장기적인 관계를 통한 서비스의 공급"으로 정의된다(Bovaird, 2007).

서비스 공급자들이 이용자들로 하여금 스스로 약을 챙겨먹거나 다이어트를 할 수 있도록 돕는 등 직접적인 서비스 공급을 넘어서 스스로 할 수 있도록 만드는 역할을 수행하게 된다. 이미 일상적으로 시민들은 이미 공동생산자로서 스스로 에너지를 아끼고, 재활용에 참여하는 역할을 하고 있다. 또한 많은 경우에 자원봉사에 직접 참여하고 있다.

2. 융합의 전략

1) 협력의 전략

협력적 이익이론은 1989년 이후의 다양한 연구에 의해서 개발되었다. 한편으로는 협력적인 작업을 통해 시너지를 발생시키는 협력적 이익이 발생하지만 반면에 비효과적이거나 비효율적이 되어 갈등이 발생하는 협력적 타성(collaborative inertia)이 발생할 위험도 있다(Vangen & Huxham, 2010). 목표에 대한 합의, 신뢰 구축, 문화적 다양성, 지식 이전에 대한 태도 등이 중요하다.

내부적으로 공급해야 할 것과 외부적으로 공급해야 할 것을 구분한다. 외부의 다른 조직이 더 우수한 것에 대해서는 내부적으로 개선할 지 아니면 외부 조직에 위임하여 '전략적인 서비스 전달 파트너십(strategic service delivery partnership)'을 수립할지를 결정해야 한다(Bovaird, 2009).

2) 공동생산의 전략

공동생산은 서비스 결과는 단지 공급자만의 노력뿐 아니라 이용자의 행위에 의해서 결정된다는 인식에 기초한다. 그에 따라서 서비스 구성이나 생산에 있어서 이용자의 욕구가 정밀하게 반영되고 이용자의 자존감이나 자신감을 증진시킬 수 있는 고려가 필수적이고, 이용자의 역량을 강화하고 통제권을 확대시킴으로써 자신의 삶에 대한 책임감을 증대시킬 수 있다(Martin, 2009). 이용자가 직접 정책결정에 대한 참여하거나 서비스나 수행 평가 및 모니터에 참여하면서 재정 등에 대한 통제권을 증진시킨다.

'리즈 통합적 삶 센터(Leeds Centre for Integrating Living)'의 경우 연간 선출된 장애인 5명 이하의 대표가 센터를 운영하며 지방정부가 재정을 지원하고 장애인에 대한 서비스를 관리해 주고 교육, 대변자의 역할 등을 수행하고 있다.

제8절 전략의 종합

이상 물의 속성에서 착안하고 최근 지역개발의 대안으로부터 도출하여 통합적인 전략적 틀로서 제시된 소통, 순환, 생태, 평등, 투명, 융합 등 여섯 가지 전략의 의미와 수단들을 살펴보았다.

소통은 당사자의 교감과 상호작용에 기반을 두어 이루어지는 정보의 교환이며 나아가 정책과정에 있어 혁신을 위해 지역사회의 다양한 이해관계자의 참여를 촉진하는 전략으로서 시민패널이나 배심원, 참여 예산제 등 다양한 수단으로 이루어질 수 있다.

순환은 일방통행적이고 물적 개발중심의 접근에서 벗어나 자원과 에너지, 그리고 지역 간의 순환체계뿐 아니라 전반적인 생활양식까지도 순환형으로 바꾸어 나가는 전략으로 공공기관의 주도적 역할에 의해 지역순환권을 구축하고 주민과 환경과의 관계를 회복하여 계속 살고 싶은 지역사회를 추구한다.

생태는 고밀도 개발과 그로 인한 생태환경과의 단절을 넘어서 사회와 자연과의 관계를 통합적으로 새롭게 구축하거나 재구성하는 전략으로 인간중심의 환경친화적인 생태도시와 지속가능한 사회 구축을 위해서 녹색공간, 녹색교육, 녹색성장을 촉진한다.

평등은 의무와 권리, 권력과 기회 등이 올바르게 분배되도록 하여 정책과정의 정당성을 확보하는 전략으로 이를 위해 연령, 계층, 인종, 성별 등에 의해 차별될 수 있는 다양한 집단들을 인식하고 이들에 대한 기회의 균등과 형평성 촉진을 위해 평등의무 정책이나 적극적인 조치, 주류화 등을 추진한다.

투명은 정보의 자유로운 유통을 보장함으로써 사적 이득을 위한 위임된 권력의 오용과 부패를 방지하기 위한 전략으로 정보에 대한 이해관계자의 접근권 보장, 조달 과정의 투명성 보장, 양심선언 보장과 보호 등이 필요하다.

융합은 다양한 공공, 영리, 비영리 조직들이 공공정책에 참여하고 협력하여 시너지 효과를 거두고 정책과정에서 이용자의 직접적 참여와 변화를 통해 궁극적인 성과를 보장하는 전략으로 목표 합의, 신뢰 구축, 다양성 인식, 지식 이전 등을 통해 협력적 이익을 추구하고 파트너십을 구축하며 이용자 주도권 보장 등을 통해 추진한다.

이러한 전략의 실현을 위해서는 개발에 대한 접근방식의 변화뿐 아니라 조직의 문화와 사고의 혁신까지도 이루어져야 한다. 이를 위해서는 꾸준한 변화의 시도와 일관된 정책이 보장되어야 한다.

하지만 제시된 전략들은 아직은 이론적이고 개념적인 수준으로 실제 H_2O 이론을 지역개발에 적용하면서 경험의 축적과 사례발굴을 통해 보다 구체적인 전략으로 꾸준히 개발해야 하는 과제를 안고 있다.

제6장

H_2O 지역개발의 지표개발

제6장
H_2O 지역개발의 지표개발

제1절 개 관

1. H_2O 모델과 지표

새로운 지역개발모델을 실질적으로 적용시키기 위해서는 시각적으로 변화를 측정할 수 있는 도구가 필요하며 이를 통해 변화를 구체화, 동기화시키며 성과를 명료화함으로써 실제적인 변화를 추동하고 성취할 수 있다.

근본적으로는 사고와 인식의 변화, 가치의 변화, 조직문화의 변화 등이 필요하고 이를 위해서는 적합한 지도력이 요구되지만 이러한 것은 눈에 보이지 않으며 다소 추상적으로 느껴질 수 있으므로 변화를 만들어 내기가 더욱 어렵다. 하지만 이를 지표화하여 측정 가능하도록 함으로써 목적과 가치, 방향 등을 구체화할 수 있으며 이를 통해 현재를 진단하고, 목표를 설정하고, 변화의 지점을 설정하고, 변화 정도와 목표 달성 정도를 시각적으로 확인할 수 있다.

H_2O 지역개발모델은 목적으로서의 H_2O, 필요조건으로서의 지역조건, 목적달성 수단으로서의 H_2O 전략으로 구성되어 있다. 이에 따라 이 각각의 요소에 대한 측정지표를 개발한다. H_2O 지표를 이용하여 지역주민들이 느끼는 현재의 행복, 미래에 대한 희망, 균등한 기회를 측정할 수 있다. 이를 통

해 지역에서 어떠한 부분에서의 삶의 질이 우수하고 또 어떠한 부분을 개선해야 하는지를 진단할 수 있으며 또 사후 측정을 통해 개선 정도를 파악할 수 있다.

지역조건지표를 통해서는 경제, 사회, 정치, 생활 등 각 분야에서 지역이 갖추고 있는 조건을 진단할 수 있으며 이를 통해 객관적 조건 향상을 위한 계획을 수립할 수도 있다. H_2O 지역개발모델에서는 객관적 지표와 주관적 지표인 H_2O 지표를 비교함으로써 전략을 통해 우수한 부분과 집중적으로 개선해야 할 부분을 진단한다.

전략지표는 지역개발의 주체가 되는 지방정부가 정책과 행정, 지역개발에 있어 새로운 패러다임이 얼마나 적용되고 있는가를 점검할 수 있는 지표로서 같은 지역조건에서 얼마나 H_2O를 극대화할 수 있는 역량을 갖추고 있는가를 진단하고 개선점을 도출한다.

2. 지표의 개발과 구성

H_2O 지표는 행복, 삶의 질, 지속가능한 발전, 사회적 배제, 사회통합 등 현재, 미래, 기회 측면에서 질적인 측정과 관련된 선행연구들을 분석하고 이를 기반으로 지표를 개발하고 개발된 지표를 지역주민에 대한 설문문항으로 구성하여 측정한다.

현재의 만족감 등과 관련된 '행복(Happiness)'지표에 대한 검토를 위해서는 삶의 질, 행복, 만족도, 복리 등과 관련된 연구와 지표들을 비교하고 분석한다. 미래의 기대감 등과 관련된 '희망(Hope)'지표에 대해서는 국가 또는 도시경쟁력, 지속가능한 발전 등의 개념을 사용한 연구와 지표들을 검토한다. 기회균등과 관련된 '기회(Opportunity)'지표와 관련해서는 사회적 배제, 사회통합, 공정, 사회정의와 관련된 선행연구들과 지표들을 분석한다.

이러한 선행연구들과 지표들은 객관적 지표와 주관적 지표가 혼합되어 사용된 경우가 많으며 측정차원도 서로 뒤섞여 있는 경우가 대부분이다. 이를 현재와 미래, 형평성 측면으로 다시 분류하였으며 이를 우리나라 지방행정에 맞도록 경제, 사회·교육, 여가문화, 정치·행정, 건강·복지, 생활편의, 재해·안전, 녹색환경 등 8개 분야로 구성한다.

지역조건지표는 H_2O 지표의 분야에 맞추어 각 세부영역별로 현재 이용가능한 지표들을 묶었으며 여기에는 e-시방지표, 통계청의 사회조사 및 국민여가활동조사, 지방재정통계, 중앙선거관리위원회통계 등 전국지표와 경북사회지표, 대구경북통계연감, 경상북도생활의식조사, 시·군·구 통계연감 등 지역통계 등이 활용된다. 다양한 차원의 지역조건에 대한 진단을 위해서 기존의 이용가능한 통계자료를 활용하였으며, 공간단위가 대구, 경북 등 광역시·도 단위로 가능한 통계자료와 시·군·구 지방자치단체 단위로 가능한 통계자료를 활용하였다.

전략지표는 소통, 순환, 생태, 평등, 투명, 융합 등 여섯 개의 H_2O 전략에 따라 개발되었으며, 앞서 살펴본 각 전략별 방향에 대해서 지역정책과 행정의 주체가 되는 지방정부 정책결정자 및 공직자들에 대한 인식을 묻는 설문으로 구성하여 측정한다.

제2절 H_2O 지표개발

1. 선행연구 분석

1) 행복(Happiness) 지표

(1) 등장 배경

행복지표는 생산성이 저하되고 복지비용은 증가하는 저성장시대에 개인의 '행복'을 매개로 하는 새로운 진단과 처방에 대한 요구가 높아지면서 등장했다(조승헌, 2011). 행복지표와 유사한 의미를 가진 보편화된 용어는 삶의 질

(quality of life), 행복감(happiness), 만족도(satisfaction), 안녕 혹은 복지(well-being) 등이다.[1] 행복지표에 가장 가까운 개념인 삶의 질(quality of life)은 경제적 번영에 치우친 관심에 대한 반성을 계기로 세실 피구(Cecil Pigou)에 의해 1920년대 언급되었고, 삶의 질이 사회목표로 중요성을 갖게 된 것은 1970년대 후반부터이다. 1960년대 사회지표운동(social indicator movement)이 대두되면서 삶의 질이 무엇이며, 어떻게 측정할 것인가의 일반적 논의에 집중하였고, 1970년대로 들어서면서 삶의 질이 어떤 요인에 의해 결정되는가에 대한 논의가 활발해졌다.

또한 연구 초기에는 객관적인 지표 설정과 수집에 초점을 두었지만 1990년대 이후 개개인이 느낄 수 있는 구체적인 삶의 질이 우선되어야 한다는 인식에 따라 주관적인 삶의 질 연구가 상대적으로 중요시되고 있다.

최근 같은 맥락에서 성장을 대신하는 후생지표이자 주관적인 삶의 질을 중시하는 국민행복지수(Gross National Happiness: GNH)가 세계의 관심을 끌고 있다. 국가정책에서 국민의 심리적 복지감(심리적, 정서적, 정신적 평가지표)에 대한 상대적 우위를 강조하고, 환경, 공동체, 문화, 통치 요소를 추가하여 가치관의 변화를 반영하였다.

이러한 흐름을 고려하여 본 연구는 행복지표를 개인의 삶에 대한 주관적 행복감과 만족감을 다루는 삶의 질에 관한 것으로 간주한다.

---

1 사전적으로 행복(happiness)은 생활의 만족, 기쁨, 즐거움을 느끼는 상태를, 만족도(satisfaction)는 욕구에 대한 충족을, 안녕 혹은 복지(well-being)는 정서 · 육체 · 심리적 편안함으로 정의된다. 반면 삶의 질은 단순한 사전적 의미를 넘어서는 복잡한 구성 개념적 특성을 지닌다.

연관 단어	사전적 정의
행복감(happiness)	• 생활의 만족, 즐거움, 기쁨을 느끼는 상태
만족도(satisfaction)	• 욕구에 대한 충족
안녕/복지(well-being)	• 정서 · 육체 · 심리적 편안함

(2) 개념적 정의

개인의 삶의 질은 삶에 대한 총체적인 접근을 바탕으로 하여 다양한 논쟁이 가능하다. 삶의 질이란 용어가 가지는 함축적 의미가 모호할 뿐만 아니라 실용적인 목직에서 연구가 진행되면서 일관된 개념적 정의를 찾기 어렵기 때문이다. 특히 객관적 접근과 주관적 접근, 단일 차원적 접근과 다차원적 접근이 혼재되면서 접근방법에 따라 다른 개념적 정의가 이루어지고 있다.

최근 삶의 양적인 환경이 어느 정도 갖추어져 궁극적으로 삶의 풍요가 개개인의 주관적 인지에 의존하게 되면서 연구대상이 세분화되고 삶의 부분 영역이 전문화되는 추세이다.

〈표 6-1〉 삶의 질의 개념적 정의

출처	개념적 정의
Jigme Singye Wangchuck (1972)	• 자신들이 삶에 대해 느끼는 즐거움
Schneider(1974)	• 개인 또는 사회조직이 경험하는 식섭석인 복시
Cutter(1985)	• 개인의 복지(well-being)를 결정짓는 유무형의 인자에 대해 개인이 느끼는 행복감과 만족감
Myers(1987)	• 지역에서 주민이 공통적으로 경험하는 생활여건에 대해 느끼는 주관적 평가
Rice & Miller(1990)	• 개인의 역할과 활동을 구성하는 생활 경험의 질에 대한 총합
세계보건기구(WHOQOL, 1994)	• 개인이 속한 문화와 가치관 시스템 속에서 형성되는 인식
Glatzer(2006)	• 객관적인 생활여건과 주관적으로 인지된 복지
한표환(1995)	• 개인의 주관적 만족도 또는 행복감
하혜수(1996)	• 지역주민의 전반적인 생활수준
송건섭(2007)	• 한 공동사회의 주민들이 거주하고 있는 장소에 대해 느끼는 주관적 만족감과 행복감
조승헌(2011)	• 소득, 건강, 가족, 사회적 관계와 같은 외부여건에 대하여 유전적 기질이 반응하여 발현되는 삶에 대한 전반적인 주관적 만족감

커터(Cutter, 1985)는 개인의 주관적 인지를 강조하면서 삶의 질은 개인의 복지(well-being)를 결정짓는 유무형의 인자에 대해 개인이 느끼는 행복감과 만족감이라 정의하였다. 그 밖에도 마이어스(Myers, 1987), 세계보건기구(1994), 한표환(1995)의 연구에서도 개개인이 느낄 수 있는 구체적인 삶의 질의 중요성을 강조하였다.

본 연구는 이러한 인식에서 삶의 질을 개인의 삶에 대한 행복감 또는 만족도라 정의한다.

(3) 조작적 정의 및 측정방법

삶의 질을 측정하기 위해 많은 연구가 이루어지고 있으나 보편적인 조작적 정의나 측정을 위한 기준 제시는 여전히 쉽지 않다(Henderson et al., 2000). 삶의 질은 복잡한 경제, 사회, 환경과 개인의 삶이 상호 연결된 물질적·정신적인 관계에 기초하므로 측정방법을 고려한 조작적 정의가 요구된다.

1998년에 있었던 ISQOLS(the International Society for Quality of Life Studies)

〈표 6-2〉 삶의 질의 측정방법

구분		주요 내용 및 측정방법	연구자
주·객관	주관적	• 주관적, 심리적 만족감으로 평가	Withey & Andrews(1976), Myers(1987), 한표환 외(1995)
	객관적	• 객관적·물리적 조건 및 상태 측정	Slottje(1991), 하혜수(1996)
	통합적	• 객관적 조건과 주관적 만족감 평가	Lane(1994), 임희섭(1996), 소진광(1998)
차원	단일 차원적	• 삶의 질을 총체적이며 연속적인 의미에서 접근, 삶의 질 전체를 포괄하는 개념의 대리 변인 도출	Diener(1984), 김애련(2001)
	다차원적	• 삶의 질을 두 개 이상의 영역으로 구분하여 접근, 삶의 질 영역별 영향요인 파악	Rice & Miller(1990), the Centre for Bhutan Studies(2006), Hughes(2006)

회원들이 인터넷 상에서 벌인 뜨거운 논쟁 주제 또한 삶의 질에 관한 객관적 그리고 주관적 측정에 관한 것이었다(Robert A. C, 2000). 또한 특정지역이 제공해 주는 상황과 이를 인식하는 개인욕구 및 기대의 결합을 단일적으로 혹은 다차원적으로 측정할 수 있다.

행복지표 설정은 삶의 질에 영향을 미치는 변수를 어떻게 설정할 것인가라는 문제의식에서 출발한다. 평가지표는 연역적 방법, 귀납적 방법, 연역·귀납 혼합방법, 시민참여 방법 등이 가능하다.

〈표 6-3〉 평가지표 구성 방법

구분	주요 내용
연역적 방법	• 연역적 사고에 의해 사전 분류된 삶의 영역에서 추구하는 삶의 목표나 가치를 설정, 측정 영역에서 구체화할 수 있는 기준을 정하여 실측 가능한 지표를 선정
귀납적 방법	• 삶의 질에 영향을 미칠 것으로 보이는 지표를 취합한 후, 요인분석을 이용하여 통계적으로 최종적인 지표를 추출
연역·귀납 혼합방법	• 연역적 방법에 의해 지표체계 구성한 후, 요인분석에 의해 지표 추출
시민참여 방법	• 시민참여를 통하여 시민에 의한 지표를 설정

삶의 질 지표 설정을 위한 표준화된 방법은 없고, 대개의 지표들은 연구자의 직관에 의해 선택되는 경향이 뚜렷하다. 따라서 본 연구에서는 전문성에 기초한 관련 연구를 검토하여 주관적 평가에 유용할 것으로 판단되는 지표를 도출하였다. 또한 개인의 삶의 질에 대한 주관적이고 다차원적인 평가에 적합한 연역적 방법에 의해 평가지표를 구성하였다.

〈표 6-4〉 삶의 질·행복 지표의 주요 차원 혹은 변수

출처	차원 및 변수
Liu(1976)	① economic domains ② political domains ③ environmental domains ④ social and health domains ⑤ educational domains
Boyer & Savageau (1981)	① climate ② housing ③ health care and environment ④ crime ⑤ transportation ⑥ education ⑦ arts ⑧ recreation ⑨ economics
Cutter(1985)	① social components ② environmental components ③ perceptual components
Randall & Morton (2003)	① health ② housing ③ work/employment ④ education ⑤ consumption/finance ⑥ security ⑦ leisure/spare time activities ⑧ social opportunity/participation ⑨ access/mobility ⑩ environment quality/neighbourhood ⑪ social environment/stability
the Centre for Bhutan Studies (2006)	① psychological well-being ② standard of living and happiness ③ good governance ④ health ⑤ education ⑥ community vitality ⑦ cultural diversity and resilience ⑧ time use and happiness ⑨ ecological diversity and resilience
하혜수(1996)	① 지역경제 ② 생활편익 ③ 사회복지 ④ 환경
김효화(2005)	① 경제 ② 교육환경 ③ 보건안전 ④ 주거환경지표
정선기(2007)	① 경제적 삶 ② 안전한 삶 ③ 편리한 삶 ④ 쾌적한 삶 ⑤ 사회문화적 삶
강창민 외(2010)	① 건강 ② 주거 ③ 환경 ④ 안전 ⑤ 문화와 여가 ⑥ 정부와 사회참여
이승철(2011)	① 환경 ② 경제 ③ 사회 ④ 기타

(4) 종합분석 및 시사점 도출

행복지표는 저성장시대를 맞이하여 양적 성장을 대신하는 새로운 진단과 처방에 대한 요구가 높아지면서 등장하였다. 개인의 행복을 매개로 하는 새로운 평가체제가 필요함을 의미한다.

행복지표와 유사한 삶의 질 지표는 경제적 성장에 치우친 관심에 대한 반성을 계기로 개발되었고, 개인의 삶에 대한 총체적인 질적 향상을 목표로 한다. 같은 맥락에서 경제 성장을 대신하는 후생지표이자 주관적 삶의 질을 중시하는 국민행복지수가 세계적인 관심을 끌고 있다.

삶의 양적인 환경이 어느 정도 갖추어지고 궁극적으로 삶의 풍요가 개개인의 주관적 인지에 의존하게 되면서 최근 많은 연구에서 연구 대상의 세분화와 삶의 영역별 전문화를 반영한 주관적 개념 정의가 이루어지고 있다. 또한 삶의 질은 복잡한 경제, 사회, 환경과 개인의 삶이 상호 연결된 물질적·정신적인 관계에 기초하므로 접근방법을 고려한 조작적 정의가 요구된다. 객관적 접근과 주관적 접근, 단일차원적 접근과 다차원적 접근이 혼재되어 접근방법에 따라 상이하게 정의되기 때문이다. 또 최근 많은 연구에서 개인의 주관적인 인지에 대한 중요성을 강조하고 삶의 영역을 다차원적으로 구성하여 측정하다. 평가지표는 관련 선행연구에 근거한 연역적 방법으로 도출하는 경향이 뚜렷하다.

종합하여 시사점을 살펴보면 행복지표는 개개인의 주관적인 인지에 의한 평가가 중요하다. 행복지표 관련 연구의 상당수가 연구 목적을 반영하여 삶의 영역을 다차원적으로 구분하고 연역적으로 지표를 도출한다. 선행연구와 연구자 직관에 따른 연역적 지표개발의 단점을 보완하는 과정이 필요하다.

2) 희망(Hope) 지표

(1) 등장 배경

희망(Hope)은 사전적으로 앞으로 잘될 수 있는 가능성을 의미하며(네이버 백과사전, 2012), 이와 유사한 용어로는 도시경쟁력(urban competitiveness) 및 지속가능한 발전(sustainable development) 등을 들 수 있다. 이 두 용어는 모두 미래지향적 의미를 내포하고 있을 뿐 아니라 상호 연관성을 가지고 있어 H_2O 지역개발의 희망지표를 개발하는데 주요한 키워드가 될 수 있다.

희망과 유사한 용어들의 등장 배경을 보면 도시경쟁력은 시기적으로 국가경쟁력에 비해 뒤에 등장하였으나, 개방화 · 지방화 시대를 맞이하여 도시경쟁력의 개념과 필요성이 점점 더 확대되고 있다. 국가경쟁력에 대한 기존 이론은 국가 간의 경쟁력 또는 국제경쟁력(international competitiveness)의 차원에서 주로 무역측면의 관점이 강하다. 포터(Poter)는 국가 내 집적에 따른 클러스터 효과로 인하여 도시경쟁력이 발생하고 이것이 국가경쟁력으로 연결된다고 주장하였다(조상필 · 정철, 2010). 최근에는 경제활동의 주역이 국가에서 도시와 지역으로 바뀌어 가고, 국가경쟁력을 지탱하는데 도시 역할의 비중이 점차 증대되고 있다.

지속가능한 발전은 국제적 합의를 통해 세계적인 정책 이념으로 등장하였다. 1980년 국제자연보전연맹회의(IUCN)에서 국제사회의 정책적 관심 대상으로 지속가능한 발전이 대두되어, 1987년 환경과 개발에 관한 세계위원회(WCED)가 발표한 '우리 공동의 미래(our common future)'라는 보고서에서 체계적으로 정립되었다. 이후 1992년 6월 리우에서 열린 유엔환경개발회의(UNCED)에서는 지속가능한 발전의 중요성을 인식하고 이를 실천하기 위한 각국 차원의 전략 수립과 이행을 촉구하는 '의제 21(Agenda 21)'을 채택하였다. 2002년 지속가능발전 세계정상회의(WSSD)에서는 지속가능한 발전에 필요한 우선과제를 공동이행계획으로 제시하여 각국은 2005년까지 이행계획 수립 및 국제사회 공표를 합의하였다.

(2) 개념적 정의

도시경쟁력의 개념은 연구자마다 다양한 정의를 내리고 있으나 대부분은 경제적인 관점과 삶의 질 관점까지 포괄하고 있다. 지속가능한 발전의 개념은

〈표 6-5〉 도시경쟁력과 지속가능한 발전의 개념적 정의

구분	출처	개념적 정의
도시 경쟁력	Lever(1993)	• 기업과 주민을 끌어들이는 힘
	Cox(1995)	• 창업을 일으키는 기업가 정신, 중추관리기능, 연구개발기능, 정밀가공기능, 통상적 제조·교육·서비스 기능 중 어느 한 기능에서 다른 도시보다 특화되어 있어, 특정산업에서 기능적 고도화를 이루어 내는 것
	Kanter(1996)	• 지적 창조자(thinkers), 생산자(makers), 무역가(traders)로서의 기능이 세계적 수준이 되는 것
	윤재윤·조판기(1996)	• 도시를 구성하는 다양한 부문을 포괄하는 개념으로 절대적 수준을 평가하는 것이 아니라 다른 지역과의 상대적인 평가를 수행
	김현주 외(1997)	• 도시의 경제여건을 개선시키고 주민의 삶의 질을 지속적으로 향상시키며, 인간개발로 연계될 수 있는 능력이 비교우위에 있는 정도
지속 가능한 발전	환경과 개발에 관한 세계위원회(WCED, 1987)	• 미래세대의 필요를 충족시킬 수 있는 능력을 저해하지 않으면서 현재세대의 필요를 충족시키는 발전
	환경과 개발에 관한 유엔회의(UNCED, 1992)	• 환경적으로 건전하고 지속가능한 발전(Environmentally Sound and Sustainable Development. ESSD)이라는 개념을 통해 환경과 경제를 통합
	지속가능발전 세계정상회의(WSSD, 2002)	• 환경＋경제＋사회의 조화와 균형을 이루는 개념으로 정착

자료: 변점출, 2009; 조상필·정철, 2010.

주로 국제적·국가적 수준에서 논의되고 있다. 선행연구에서 정의한 도시경쟁력과 지속가능한 발전의 개념은 〈표 6-5〉와 같다.

(3) 조작적 정의 및 측정방법

도시경쟁력은 연구자에 따라 광의의 개념과 협의의 개념으로 구분하여 정의하고 있다. 광의의 개념은 한 지역이 보유하고 있으면서 동원 가능한 인적·물적 자원과 이를 바탕으로 지방정부, 기업, 도시주민이 개별적으로 혹은 삼위일체가 되어 만들어내는 창출요소이며, 협의의 개념은 도시의 내부효율과

외연능력이 다른 도시보다 우월한 상태를 뜻한다.

그동안 도시경쟁력의 평가지표는 주로 경제수준 및 기반환경부문에 집중되었으며, 측정방법은 대부분 표준화 점수 및 전문가 설문을 통한 가중치 부여로 평점을 계산하고 있다.

〈표 6-6〉 도시경쟁력 지표 선행연구의 주요 차원 및 측정방법

선행연구	차원 및 변수	측정방법
윤재윤·조판기(1996)	• 사회문화기반(교육, 문화, 보건복지) • 경제기반(시장규모, 주요경제지표, 기타 경제여건) • 물리적 기반(도시 내 교통, 접근성, 통신 및 에너지, 상하수도) • 도시주체역량(시민역량, 기업역량, 도시 행·재정) • 자연환경(지리적 특성, 환경)	• 표준화(standardization) • 요인분석(factor analysis)
국토해양부(2007)	• 삶터(편안한 도시, 안전한 도시, 상생의 도시) • 일터(기업하기 좋은 도시, 일하기 좋은 도시, 성장가능성이 있는 도시) • 놀터(문화도시, 여가도시, 관광도시) • 숨터(숨쉬는 도시, 깨끗한 도시)	• 정량적 통계자료에 기초한 지표별 평가 • Z-score, 가중치 적용 평가
이상대 외(2008)	• 기본지표(생산성, 경제성장, 고용, 토지자원, 시장규모, 지식수준) • 도시경제(생산성, 경제성장, 거버넌스, 경쟁력) • 도시기반(정주환경, 교통, 수자원, 도시환경, 도시방재, 에너지 및 신재생에너지) • 도시 삶의 질(녹지, 의료복지, 교육, 문화역사, 관광, 치안)	• 정량적 통계자료에 기초한 지표별 평가 • Z-score, AHP가중치 적용 평가
김중표(2009)	• 교육복지기반(교육, 보건복지) • 문화관광기반 (문화/관광) • 경제기반 (시장규모, 경제지표, 경제여건) • 물리적 기반 (교통, 가스, 상하수도) • 도시주체역량(시민역량, 도시 행·재정)	• 정량적 통계자료에 기초한 지표별 평가

조상필 · 정철 (2010)	• 경제기반(시장규모, 경제성장, 생산성, 고용, 토지기반자원, 공공투자기반) • 물리기반(정주여건, 수자원, 도시환경, 교통인프라, 에너지) • 사회문화적 기반(녹지, 의료 및 복지, 교육, 문화 및 역사, 안전성, 행정효율성)	• 정량적 통계자료에 기초한 지표별 평가 • Z-score
중국 사회과학원 (2004)	• 기업구조, 산업구조, 인력자원, 기반여건, 소프트웨어환경, 생활환경, 세계와의 연계 등	• 정량적 통계자료에 기초한 지표별 평가
A. T. Keaney (2010)	• 글로벌 도시지수: 경제활동, 인적자원, 정보교환, 문화경험, 정치적 영향력 등	• 정량적 통계자료에 기초한 지표별 평가

지속가능한 발전은 일반적으로 현재 세대의 필요를 충족시키기 위하여 미래 세대가 사용할 경제, 사회, 환경 등의 자원 낭비 및 여건을 저하시키지 아니하고, 경제성장, 사회안정 및 환경보전이 조화와 균형을 이루는 발전으로 정의할 수 있다.

지속가능한 발전지표의 내용 및 측정 방법은 국가 및 지역의 여건, 개발목적에 따라 상이하며, 대표적으로 사용되고 있는 유엔환경개발회의(UNCED)의 지속가능한 발전지표는 환경지표와 사회 · 경제지표로 구분하여 측정하고 있다. 환경지표는 CO_2 배출수준, 온실가스 밀도, 대기오염물질 배출수준, 도시대기질, 폐기물 발생, 폐기물 재활용, 강의 수질, 폐수처리, 수자원 이용수준, 수도 공급 및 공급가격 등이며, 사회 · 경제지표는 GDP, 인구성장 및 밀도, 개인 · 정부 소비, 에너지 소비수준, 에너지 공급구조 및 변화, 에너지 가격, 도로교통 및 자동차 보유수준, 도로밀도, 연료가격 및 세금, 가축밀도, 농약 사용수준 등이다.

〈표 6-7〉 지속가능한 발전지표 선행연구의 주요 차원 및 측정방법

선행연구	차원 및 변수	측정방법
유엔 지속개발 위원회(UNCSD, 2001)	• 사회(형평성, 건강, 교육, 주택, 재해안전, 인구) • 환경(대기, 토지, 해양 · 연안, 담수, 생물다양성) • 경제(경제구조, 소비생산, 정보화)	• 정량적 통계자료에 기초한 지표별 평가
경상북도 지방의제21추진협의회(2007)	• 사회(빈곤, 남녀평등, 사망률, 공중위생, 교육, 생활환경, 인구변화) • 경제(경제규모, 재정상태, 에너지 사용, 폐기물 관리, 운송) • 환경(대기오염, 토지이용, 해양 및 연안, 담수, 생물다양성) • 제도(과학기술, 재해대비, 제도형태, 환경보호)	• 정량적 통계자료에 기초한 지표별 및 총괄 평가
국가지속가능발전위원회 (2008)	• 사회(형평성, 건강 · 안전, 교육문화, 주택도시, 인구+특성변수) • 경제(경제여건, 경제영역, 자원순환기반, 교통, 정보화, 산업구조+특성변수) • 환경(오염저감, 생태보전, 토지이용, 환경행정+특성변수)	• 정량적 통계자료에 기초한 지표별 및 총괄 평가
변점출(2009)	• 사회(정주기반, 건강복지, 교육문화, 안전사회) • 경제(소득, 생산, 에너지소비, 교통통신) • 환경(토지이용, 대기 · 수질, 폐기물, 자연환경) • 제도(조례, 예산, 조직, 인력)	• 지표 평균값 • 종합가중치
유엔개발계획(UNDP, 2009)	• 경제(국제협력, 소비와 생산 패턴, 자산, 통신기술) • 사회(가난, 인구 특성, 교육, 건강, 소득, 과학, 의사결정 구조, 전통 지식 혹은 자료의 보전, 지속가능한 발전을 위한 조직의 유무) • 환경(수자원, 해양보전, 토지이용, 농업, 자연자원, 생물의 다양성, 바이오기술, 대기, 폐기물, 독성물질 관리)	• 정량적 통계자료에 기초한 지표별 평가
영국 Department for Environment, Food and Rural Affairs(2010)	• 온실 가스 배출, 신재생에너지 사용, 전력 발생, 가구 에너지 사용, 교통, 승용차, 도로교통, 제조업, 서비스업, 공공부분, 에너지 공급, 폐기물, 조류, 농업부문, 토지이용, 하천 수질, 경제성장, 생산성, 투자, 인구, 주택, 범죄, 고용, 아동 비만, 흡연율, 복지 등	• 정량적 통계자료에 기초한 지표별 평가

(4) 종합분석 및 시사점

앞서 희망과 관련된 선행연구지표를 살펴본 결과, 희망지표는 도시경쟁력 지표 및 지속가능한 발전지표와 개념상 유사하다고 볼 수 있다. 두 지표의 공통점은 미래지향성을 내포하고 있다는 점이다. 해당지역의 속성을 잘 나타내는 경제, 사회, 환경, 제도 요소들 가운데 대표성이 있는 일부를 개관하여 현재뿐만 아니라 미래에 영향을 미치는 정보까지도 확보가 가능하다.

두 지표의 차이점은 도시경쟁력 지표는 경제와 생활기반 영역에, 지속가능한 발전지표는 환경영역에 주안점을 두고 지표가 설정되어 있다는 것이다. 도시경쟁력 지표는 기본적으로 경제, 정주환경, 교육, 문화와 관련한 지표들을 공통적으로 사용하고 있으나, 건강, 사회환경 변화 등 최근 관심이 증대되고 있는 평가는 저조하다. 지속가능한 발전지표는 환경정책과 부문별 정책 통합, 경제에 환경을 반영하기 위한 지구환경 즉, 온실가스, 생물다양성 등의 지표가 공통적으로 포함되어 있다.

선행연구에서 제시한 도시경쟁력 지표와 지속가능한 발전지표는 그 속성상 객관적 지표가 주를 이루고 있으며 개인들이 느끼는 주관적인 기대감과는 거리가 있어 희망지표에 직접적으로 적용하는 데에는 다소 무리가 있다고 본다. 따라서 희망지표 개발은 오히려 '행복'에서 나타난 주관적인 만족감, 행복감이 얼마나 미래에 지속될 수 있다고 생각하는 지에 대한 주관적 설문으로 개발하는 것이 더욱 개념에 적합하다고 본다.

3) 기회(Opportunity) 지표

(1) 등장 배경

최근 경제위기 극복과정에서 배분보다 성장위주의 정책을 펼친 탓에 갈수록 중산층이 붕괴되고 양극화가 심화되고 있다. 특히 소득의 양극화는 교육의 양극화와 그에 따른 기회의 양극화로 연결되고, 기회의 양극화로 미래 세대의 소득이 대물림 되어 결국 양극화의 대물림, 또는 계층 고착이라는 또 다른 심각한 사회문제를 야기하고 있다. 이러한 사회문제는 상대적 박탈감 확대, 근로 빈곤층 증가, 교육기회 불균등, 사회계층 간 이동성 감소, 대자본과 중소자본 간 양극화 등 다양한 형태로 나타나고 있다. 이에 성, 지역, 계층, 세대 등에 의한 불평등을 감소시키고, 사회구성원들의 다양성을 인정하여 갈등과 격차, 사회적 혼란을 최소화함과 동시에 구성원 상호간, 그리고 사회 전반에 신뢰와 협력을 증진시킬 수 있는 기회요인에 대한 관심이 증가하고 있다. 이러한 기회와 관련된 유사용어로는 사회적 배제, 사회통합, 공정, 사회정의 등이 있다.

(2) 개념적 정의

기회지표는 별도로 개념정의한 선행연구가 없으며 사회적 배제, 사회통합, 공정사회 등의 개념으로 논의되어 왔다.

우선 사회적 배제(social exclusion)의 사전적 의미는 어떤 대상으로의 진입을 막거나 그 대상과의 교류를 막는 일로, 사회경제적 활동에서 그 대상은 소득이나 자산, 주거, 교육, 기술, 고용 등 구체적인 범주가 될 수도 있고 시민권, 법이 보호하는 평등, 인간적 대우 등 추상적 범주일 수도 있으며(박능후, 1999) 특정 제도나 사회체계, 국가 그 자체가 될 수도 있다.

터너(Turner, 1986)에 따르면 사회적 배제란 사회 내 특정 집단이나 개인이 사회, 경제, 정치 활동 및 그 참여과정에서 사회의 희소자원에 접근할 수 없거나 그 분배가 공정하게 이루어지지 않는 경우를 의미한다(심창학 외, 2004).

이와 유사하게 피어슨(Pierson, 2002)은 사회적 배제란 개인, 가족, 집단, 이웃으로부터 사회에 대한 사회·경제·정치적 참여에 필요한 자원을 박탈하는 과정을 의미한다고 하면서, 이 과정은 주로 빈곤과 저소득에서 비롯되지만 다른 한편으로는 차별, 낮은 교육수준, 척박한 생활환경 등에서도 비롯된다고 하였다. 사회적으로 배제된 사람은 이러한 과정을 통해 일생의 상당한 기간을 사회의 다수가 향유하는 제도, 서비스, 사회적 네트워크, 개발의 기회를 누리지 못하게 된다고 하였다.

유럽연합의 공식적 문헌에서도 사회적 배제란 인간이 현대사회의 정상적인 교환, 관행, 권리로부터 배제되는 결과를 초래하는 복합적이고 변화하는 요인들을 말한다. 사회적 배제는 또한 주거, 교육, 건강 및 서비스에 대한 접근 등의 권리가 부적절하게 주어져 있는 상태를 의미하기도 한다. 이를 그대로 내버려두면 사회적 기본구소의 취약싱이 드리니고, 이중구조 사회가 나타날 위험성이 있음을 강조하고 있다(윤진호, 2004).

이처럼 사회적 배제에 대해 학계에서 수용되는 통일된 정의는 존재하지 않지만 일반적으로 빈곤개념과는 달리 다음과 같은 요소를 포함하고 있는 것으로 이해되고 있다. 경제적 결핍을 의미하는 빈곤과는 달리, 주거, 교육, 건강 등의 영역과 더 나아가 사회적, 정치적 활동에서의 사회적 참여를 제약당하는 상태(대상영역의 확대), 정태적 상태뿐만 아니라 (빈곤에 이르는)동태적 과정까지를 포함하는 개념(동태적 인식), 사회적 참여에 대한 사회 구성원의 권리와 이를 보호해야 할 사회의 임무(규범적 측면) 등이 그것이다(강신욱 외, 2005).

둘째, 사회통합(social cohesion)은 명확하고 협의된 정의는 없으나 많은 연구자들에 의해 수용되고 있는 개념을 정리하여 제시하면 다음과 같다.

유럽사회통합위원회는 사회통합이란 격차를 최소화하고 양극화를 예방함으로써 사회구성원 모두의 복지를 보장할 사회적 역량이다. 통합적 사회란 민주적 수단을 통해 공통의 목표를 추구하는 자유로운 개인들로 구성된 상조적 공동체를 지칭한다(강신욱 외, 2011). 이 개념은 사회구성원들의 자유로운 선택을 강조하며 사회통합이 다양성과 관용의 정신을 함축하고 있으며 사회구성원의 사회권 보장이라는 관점에서 접근한 것이다.

최근의 사회통합 문제는 정치적 통합이나 복지차원의 편입의 문제가 아닌, 사회적 응집력 문제에 중점을 둔다. 이는 사회통합이 국가가 개혁 수행에 필요한 전제조건으로 인식되고 연대, 기능적 분화, 독점의 패러다임 등 모든 측면을 종합하고 실증적으로 분석하려는 경향 때문이다. 이는 응집력의 정도와 이에 영향을 미치는 제반 요인에 대한 중립적 분석을 지향함을 의미한다.

각국의 사회통합에 대한 관심도를 살펴보면, 영국과 캐나다는 지역사회 단위의 사회통합 및 지역공동체 형성에 관심을 가지고 있다. 특히 영국은 중앙정부차원에서 지역사회통합에 관심을 가지고 지역별로 사회통합수준을 측정·모니터링하고 있다. 프랑스는 사회적 배제 현상에 관심이 많은 편이며, 미국과 호주는 사회적 자본에 대한 접근을 통해 사회통합 측정 및 정책적 활용방안에 관심을 가지는 편이다.

우리나라의 경우 최근 계층 간, 집단 간, 세대 간, 지역 간 대립과 격차가 커지고 취약계층에 대한 사회적 배제가 현안과제로 대두되면서 2009년 대통령직속사회통합위원회를 설치(계층, 이념, 세대, 지역 간 격차해소를 사회통합의 중요한 정책 아젠다로 설정)하고 2009년 이후 지역 차원의 여건과 현안과제를 반영한 지역사회통합지수 개발을 모색 중이다.

셋째, 공정(fairness)[2]과 사회정의(social justice)에 대한 개념은 1997년 외환위기를 경험하고 세계화, 개방화가 가속화되면서 이전과는 다른 성격의 불공정한 상황을 다수 경험하면서 대두된 개념이라 볼 수 있다. 소득양극화, 자산양극화로 인한 상대적 박탈감의 확대, 근로 빈곤층의 증가, 교육 기회의 불균등, 사회 계층 간 이동성의 감소, 대자본과 중소자본 간 양극화 등의 문제가 갈수록 고착화되어 가는 등 다양한 사회 문제들의 등장은 가치 갈등, 소통 갈등, 이해 갈등 등 다양한 사회적 갈등을 야기하고 사회적 불신을 심화시켰다. 이에 법·제도적인 측면뿐만 아니라 경제, 사회, 행정, 정치 등 전 부문에 걸친 불공정성의 문제점을 개선할 필요성이 대두되었다. 공정사회는 다양한 가치를 지닌 사회 구성원들의 의견을 반영하여 이들과 함께 어우러지는 공동체적 삶의 질서를 만들어감으로써 사회적 자본을 확충하게 만든다. 뿐만 아니라

2 공정(fairness)관련 이론

구분	평가기준	주요 이론	학자	핵심주장
자유지상주의	역사적 과정	소유권적 정의론	노직(R. Nozick)	자유의 극대화
자유주의	현재 분배 상황	공정으로서의 정의론	롤즈(J. Rawls)	자유와 평등의 조화
결과주의	미래의 복지	공리주의적 정의론	벤담(J. Bentham)	복지의 극대화
공동체주의	다양한 가치	복합평등론	월쩌(M. Walzer)	다원주의적 정의

지속가능한 발전을 위해 필요한 성장과 분배의 선순환 구조를 통해 소득 재분배를 실현함으로써 소득 격차로부터 야기되는 상대적 빈곤감 등의 문제를 해결하여 궁극적으로 국민들의 총체적인 삶의 질을 향상시킨다(장용석 외, 2011).

〈표 6-8〉 기회지표 관련 개념적 정의

출처		개념적 정의
사회적 배제 (강신욱 외, 2005)		• 한 개인이 그가 속한 사회의 정상적인 경제, 사회적 활동에 참여하지 못함으로써 권리를 제약당하고 있는 상태
사회 통합	사전적 의미	• social cohesion, social integration, social inclusion 등과 유사한 개념으로 사용 • 사람들이 사회 속에서 서로 결속 또는 붙어있는 상태
	강신욱 외 (2011)	• 모든 구성원이 밀접하게 통일된 집단의 특성 • 생명유기체와 같이 사회 내 개인과 집단들 간의 연결로 이루어지는 사회현상
	영국	• (소속감)공동의 비전과 커뮤니티에 대한 소속감 보유 • (다양성 인정)상이한 배경과 환경에 있는 사람들이 다양성이 인정되고 가치있게 여겨짐 • (균등한 기회)상이한 배경을 가진 사람들에게 균등하게 기회가 주어짐 • (긍정적인 관계)일터, 학교, 이웃에서 다양한 사람들로부터 강하고 긍정적인 관계 형성
	프랑스	• 지역의 다양성과 지역주민간의 불평등 감소를 적절히 조화시키는 역량 • 개인들에게 동일 공동체에 대한 소속감과 해당 공동체의 구성원으로서 인정을 제공하는 일련의 사회적 과정
	노대명 외 (2009)	• 사회구성원이 공동체에 소속감을 가지고 공동 비전을 공유하며, 다양한 배경의 구성원이 동등한 기회를 누리도록 하고, 긍정적인 관계를 발전시켜 나가는 것
	차미숙 외 (2011)	• 지역사회통합: 지역사회구성원 모두의 복지증진 및 지역전체의 지속적인 발전을 촉진하기 위하여 지역 내 갈등과 대립, 사회적 혼란을 최소화 하는 한편, 지역 구성원 상호간의 신뢰와 협력을 바탕으로 상생관계를 확대하는 지역사회역량과 상태
공정 사회	김안제(2011) 김주성(2010)	• 공평하고 정의로운 사회로써 구성원 모두가 공평한 대우를 받는 것

공감코리아 공정사회 홈페이지	• 불합리와 불공정을 극복함으로써 법과 원칙이 통하는 사회, 약자를 배려하는 사회, 기회가 균등히 보장됨으로써 실력으로 평가받는 사회, 소통과 화합을 통해 차별과 불신을 없애는 사회
김주성(2010)	• 절차적 공정성과 실질적 공정성이 확보된 사회
김세원 외 (2011)	• 공정의 핵심 가치는 법치, 기회균등, 사회적 유대
장동진(2011)	• 공정사회는 기본적 자유권, 시장주의적 배분구조, 최저생계선 보장, 공정한 기회평등이 보장(자유에 기반한 평등사회)
장용석 외 (2011)	• 공정사회를 절차적 공정성, 호혜의 원칙, 사전적 기회의 균등, 공동체적 사회통합 등 4가지 축으로 설명
장용석 외 (2010)	• 권력과 의무, 기회와 재화, 이익과 부담, 지위와 특권 등 여러 사회적·경제적 가치들이 사회 구성원들 사이에 올바르게 분배된 상태

(3) 조작적 정의 및 측정방법

기회와 관련된 조작적 정의는 크게 경제적, 사회적, 분배적 측면으로 나눌 수 있다. 경제적 정의는 경제활동의 기회나 경제제도의 형평성, 사회적 정의는 사회적 보호나 신뢰 및 협력의 정도, 분배적 정의는 소득이나 공공재 배분으로 정의할 수 있다. 이러한 각 부분의 기회에 대한 영역은 현재의 상태와 대응으로 나누어 볼 수 있는데 현재의 상태는 얼마나 공평성에 대해서 인식하고 있는지를, 대응 영역에서는 얼마나 공정한 기회가 주어지고 접근이 이루어지고 있는가를 중심으로 조작적 정의가 가능하다. 따라서 기회는 경제적으로 소득, 직업에 대한 공정한 기회와 배려, 사회적으로는 다양성과 차별에 대한 인식과 기회의 배분, 분배에 있어서는 소득과 공공재에 대한 공정성 인식이나 형평성 있는 분배가 측정요소가 된다.

사회적 배제, 사회통합, 공정사회 등 기회와 관련된 선행 지표들을 보면 주로 객관적 지표를 중심으로 측정하거나 객관적 지표와 주관적 지표를 혼합하는 경우가 대부분이다. 객관적 지표는 주로 빈곤율, 실업률, 교육참여율, 기대수명, 공공서비스 접근성 등 소득수준과 직업유무 및 고용형태, 보건의료 관련 통계 등으로 객관적 수치로서 상대적 격차 등을 확인할 수 있는 항목들이 포함되어 있다. 주관적 지표로는 주로 사회적 통합이나 공평성에 대한 다양한 측면에서의 사람들의 인식이나 평가 정도를 질문하는 항목들이 포함되어 있다.

〈표 6-9〉 기회지표의 조작적 정의

차원	영역	세부영역	지표
경제적 정의	사회적 상태	• 경제활동 기회	• 빈곤 지속성(상대적 빈곤 격차) • 고용 안정성
	사회적 상태	• 경제 제도	• 교육 참여(직업훈련, 직무연수) 기회 • 고용 기회
	사회적 대응	• 경제활동 기회	• 다양한 고용형태 제시
	사회적 대응	• 경제 제도	• 최저생계선 보장 정책 • 비정규직의 정규직으로의 전환 정책
사회적 정의	사회적 상태	• 사회적 보호 －다문화 수용 －사회적 약자 배려	• 다문화가정 및 국제결혼에 대한 인식 • 성 평등 인식 • 장애인 고용에 대한 인식
	사회적 상태	신뢰 및 협력	• 공동체 내 신뢰 협력 정도 • 행정기관(정당 및 정부)에 대한 신뢰
	사회적 대응	• 사회적 보호 －다문화 수용 －사회적 약자 배려	• 이민자 정책 적정성 • 양성평등 정책 적정성 • 장애인 의무고용제도(장애인 차별(채용) 수행
	사회적 대응	• 신뢰 및 협력	• 사회참여 시 의견 반영 정도 • 권력기관 공정성
분배적 정의	사회적 상태	• 소득 분배	• 과세부담 인식 • 임금수준 인식
	사회적 상태	• 공공재 배분	• 문화복지의료시설 접근성 • 지역격차 인지도
	사회적 대응	• 소득 분배	• 세금제도 형평성 • 임금체계 공정성
	사회적 대응	• 공공재 배분	• 문화 · 복지 · 의료시설 및 서비스 지역 분배 정책 • 지역간 낙후 격차 해소 추진 정책

〈표 6-10〉 기회지표 관련지표들의 주요 차원 혹은 변수

출처		차원 및 변수
사회적 배제	보건사회연구원 (강신욱 외, 2011)	• 1차적 지표: 6개 영역 10개 지표 – 소득(빈곤율, 소득분포, 빈곤지속성, 상대적 빈곤격차) – 지역적 결속(지역차원의 고용률) – 실직(장기실직, 무직 가구원 수) – 교육(조기 교육기회 상실) – 수명(평균 기대수명) – 건강(소득수준별 자각 건강상태) • 2차적 지표: 4개 영역 8개 지표 – 빈곤(빈곤산포, 특정시점 빈곤율 변화, 소득이전 전의 빈곤율, 지속빈곤율) – 실직(장기 실직자 비율, 초장기 실직자 비율) – 교육(저학력 비율)
	보건사회연구원 (강신욱 외, 2005)	• 2계층: 8개 영역, 52개 지표 • 영역: 경제, 실업, 근로, 주거, 교육, 가족 및 사회적 관계망, 사회적 참여
사회 통합	영국 지역사회통합지표 (2003)	• 5개 영역 10개 지표 – 핵심 결과(해당지역에 다양한 배경 지닌 사람들과 지낼 수 있다는데 동의하는 비율) – 공통비전 및 소속감(근린지역 소속감, 지역 증진 위한 핵심 우선순위, 개인의 결정에 대한 영향력) – 인적배경의 다양성(인종 간 차이 존중감, 인종 관련 범죄건수, 지역 내 배제의 집중도) – 생활기회의 다양성(학생 성취도 비율, 비구직자 비율) – 다양한 배경을 가진 집단 간 긍정적 관계(다양한 배경을 가진 집단이 함께 생활하는 비율)
	프랑스 DATAR[3] 지역사회 통합지표(2011)	• 4개 영역 51개 지표 – 공공서비스 접근성(17개)

3 DATAR(국토계획 및 지역개발기획단): 1963년 중앙정부차원에서 지역균형발전 차원에서 지역균형발전 전략을 추진할 목적으로 설립, 2005년 국토와 지역경쟁력 부처 간 기

<table>
<tr><td></td><td colspan="2"></td><td>－사회불평등(14개)
－시민참여(7개)
－기관 역량(조직화 역량)(13개)</td></tr>
<tr><td rowspan="5">사회
통합</td><td colspan="2">미국 사회적 자본 지역사회조사(1999)</td><td>• 5개 영역 11개 지표
－신뢰(2개)
－비공식 네트워크(2개)
－공식적 네트워크(4개)
－정치적 참여(2개)
－시민참여의 평등성(1개)</td></tr>
<tr><td colspan="2">캐나다 사회발전위원회 사회통합지표(2007)</td><td>• 6개 영역 24개 세부 영역
－경제적 조건(소득분배, 소득격차, 빈곤, 고용, 이동성)
－삶의 변화(보건/건강, 교육, 주거환경)
－삶의 질(주민건강상태, 개인과 가족안전, 경제적 안정성, 가족상태, 여가시간 활용, 사회시설환경, 자연환경)
－협력의지(신뢰인지수준, 제도에 대한 신뢰, 다양성의 존중, 상호관계의 인정, 소속감)
－참여(사회적소비/사회연결망, 연결망과 집단에의 참여, 정치적 참여)
－문맹률</td></tr>
<tr><td rowspan="3">한국</td><td>사회통합위원회
(2009~2011)</td><td>• 상태지표: 의식지표＋행위지표
－시민사회 내 주관적 통합(3) / 객관적 통합(3)
－정부에 대한 주관적 통합(3) / 객관적 통합(3)
• 조건지표: 삶의 영역별 실태
－소득, 고용, 교육, 건강, 주거, 가족, 금융, 정보</td></tr>
<tr><td>보건사회연구원
(노대명 외, 2009)</td><td>• 2계층(총괄지수, 핵심지수 구분): 영역(7개)－지표(21개)</td></tr>
<tr><td>보건사회연구원
(이태진 외, 2008)</td><td>• 영역(4개: 사회경제적 안정성, 사회적 응집성, 사회적 포용성, 사회적 역능성)
• 관심영역(18개)
－사회현황지표(59개)－사회정책지표(37개)</td></tr>
</table>

획단(DIACT)으로 기능이 확대 개편, 이후 2009 DIACT는 DATAR로 명칭 변경, 현재는 지역균형 및 지속가능한 개발, 그리고 결속에 정책목표를 두고 중앙정부의 부문별 정책조정, 유럽연합과의 지역정책조정, 외국자본 유치기능을 중점적으로 추진한다.

		※ 대상별 사회통합 측정: 이민자 사회통합 지표(2008), 장애인 사회통합지수(1999), 지역사회 빈곤과 배제(2009), 외래인에 대한 사회적 배제 지표(2010), 소수자의 사회적 배제: 북한이주민(2006)	
		대구경북연구원 지역사회통합지수 (박은희, 2009)	• 3계층: 영역(4개), 세부영역(8개), 개별지표(24개) – 영역: 사회경제적 안정성, 사회적 응집성, 사회적 포용성, 사회적 역동성
		국토연구원 지역사회통합지수 (차미숙 외, 2011)	• 4개 영역: 지역사회안정, 지역사회형평, 지역사회참여, 지역사회제도역량 • 7개 세부영역: 해체, 갈등, 격차, 배제, 신뢰(협력), 참여, 제도적 지원 • 25개 핵심지표: 개관지표(18개), 주관지표(7개)
공정사회			• 4계층 – 대분류(2): 제도(절차적 공정성), 상태(결과적 공정성) – 중분류(5): 법질서, 기회균등, 자유보장, 형평, 사회안전망구축 – 소분류(13개): 법치, 정부역량, 반부패, 사회, 근로, 경제 등 – 개별지표(20개): 사법시스템수준, 법치지수 등

자료: 차미숙 외, 2011; 장용석 외, 2011.

기회지표 관련 지표, 즉 사회적 배제, 사회통합, 공정사회지수의 통합방법 및 특성, 지표 적용 결과를 종합하면 〈표 6-11〉과 같다.

〈표 6-11〉 기회지표 관련지표들의 통합방법 및 최종 결과

출처		통합방법	지수의 주요 특징 및 결론
사회적 배제		• 객관적 자료	• 빈곤에 대한 새로운 접근 시도
사회통합	영국 지역사회 통합지표	• 객관적 자료 + 주관적 의식조사 (영역별 지수화)	• 지역통합성 증진을 위한 중앙정부차원에서 가이드라인 및 지역사회통합기금 제공 • 지방정부는 지역사회통합계획 수립 • 지역사회통합이 삶의 질을 증진하는 요소로 작용 • 최근 사회서비스의 공정 배분이 새로운 정책 현안으로 등장

	프랑스 지역사회 통합지표	• 객관적 자료 (시간, 비율 등)	• 낙후지역 지원정책 수립 및 지역유형 구분에 활용 • 중앙정부의 사회통합 및 취약계층 밀집지역 도출에 활용 및 지원
	국토연구원	• 객관지표(18개) +주관지표(7개)	• 주관지표는 주민의식조사 수행(서천군 대상) • 지역사회통합지수의 시범적 적도(충남도내 16개 시 · 군)통해 정책적 활용가능성 탐색 • 지역정책과 사회정책간의 융합 모색
공정 사회	경제 · 인문 사회연구회	• 객관적 지표	• 사전적 공정성, 사후적 공정성 측면으로 구분하여 분석 • 국제비교 결과를 가지고 한국 위상 파악 • 국가 간 격차 파악위해 변동계수 분석(한국은 개선 중)

(4) 종합분석 및 시사점 도출

기회지표와 유사한 지표는 사회적 배제지표, 사회통합지표, 공정사회지표 등이며 각 측정 요소에 있어 서로 유사하거나 중복되는 경우가 많다. 지표에 있어서는 소득, 직업, 건강, 공공서비스 접근성 등에 있어 형평성을 측정할 수 있는 객관적 수치를 사용한 경우가 많았으며 많은 경우 이러한 객관적 지표만을 사용하거나 공평성이나 사회정의에 대한 사람들의 인식, 사회에 대한 평가를 포함한 주관적 지표를 혼합하여 사용하는 경우가 많았다. 하지만 H_2O 지역개발모델에서 주관적 인식을 중심으로 H_2O 지표를 구성하는 것을 원칙으로 하므로 주로 공평성이나 사회정의에 대한 현재 사람들의 인식과 평가를 중심으로 지표를 구성하였다. 이러한 주관적 지표를 사용하면 설문에서 성별, 연령별, 계층별 인식의 차이를 분석함으로써 또 다른 '기회' 수준에 대한 분석이 가능하다. 객관적 지표에 있어서도 지역조건지표 등에서 성별, 연령별, 계층별 비교가 가능한 자료는 이러한 분석을 통해 객관적인 불평등 정도 역시 분석할 수 있는 여지가 있다.

2. H_2O 결과지표

1) H_2O 결과지표의 개발

H_2O 결과지표는 주민의 삶의 질이라는 궁극적인 정책과 개발의 목적으로 측정하기 위한 것으로 결국 이러한 목적의 성취는 삶의 향상이 개개인에게 경험되고 인식되는 문제라고 보고 주관적 지표로 구성한다. 테일러와 보그단(Taylor & Bogdan, 1990)은 삶의 질을 주관적인 경험의 문제이므로 개인의 주관적인 관점에서 평가되어야 한다고 주장한다. 최근 유엔 '세계행복보고서'에서는 이러한 주관적 지표가 그동안 다양한 학문분야에서의 연구를 통해 높은 수준의 신뢰도와 타당도가 입증해 왔다며 매우 유용한 정책적 지표로 적합하게 사용될 수 있음을 강조했다.

기존의 삶의 질 관련 지표들이 행복, 만족도, 복지, 도시경쟁력, 지속가능한 발전, 사회적 배제, 사회통합, 공정성, 사회정의 등 다양한 개념으로 연구되고 지표화되었지만 상호 중복적인 측면이 많아 현재의 만족감(행복), 미래의 기대감(희망), 공평성(기회)으로 명료화시킨다.

행복은 다양한 삶의 측면과 요소에서 얼마나 현재 만족감을 느끼고 있는가에 대한 설문으로 구성하고, 희망은 같은 요소에서 미래에 대한 기대감을 가지고 있는가에 대한 설문으로 구성한다. 기회는 또한 같은 요소에서 얼마나 공평성이 있다고 느끼고 있으며 접근성이 보장된다고 생각하는지에 대한 설문으로 구성된다.

H_2O 결과지표는 또한 지방행정이 포괄하는 지역주민의 삶의 다양한 측면을 포괄적으로 구성하기 위하여 그에 맞게 경제, 사회·교육, 여가문화, 정치·행정, 건강·복지, 생활편의, 재해·안전, 녹색환경 등 8개 영역으로 일관되게 구성한다.

첫째, 경제영역에는 개인의 소득과 재산을 중심으로 하여 구체적으로 고용, 소득, 자산, 세금(조세)으로 구성한다.

둘째, 사회·교육 영역에서 사회는 개인에게 가장 작은 단위의 사회인 가족과 직장, 이웃, 지역사회로 차원을 구성하고 가족은 자녀, 부부, 세대로 세분화하였으며, 교육은 의무교육과 대학교육, 그리고 평생교육으로 세부영역을 구분하였다.

셋째, 여가문화 영역은 우선 여가의 시간, 공간, 활동으로 구분하고, 또한 문화예술을 별도로 활동, 공간, 프로그램으로 구분하였다.

넷째, 정치·행정 영역은 지역적 범위로 구분하여 정치는 기초의회, 광역의회, 국회로, 행정서비스는 읍·면·동, 시·군·구, 시·도, 중앙정부 단위로 구분하였다.

다섯째, 건강·복지는 현재의 건강상태, 보건서비스와 의료서비스, 복지서비스로 각각 구분하였다.

여섯째, 생활편의 영역은 현재 살고 있는 주거, 그리고 그 주변환경에 해당하는 근린생활시설, 다른 지역과 연결되는 교통과 정보영역으로 구분하였으며, 교통은 대중교통과 자가(주차), 정보는 인터넷과 이동통신으로 세부영역을 구분하였다.

일곱째, 재해·안전은 크게 치안과 방재로 구분하였으며, 방재에 있어서는 인적재해(소방)과 자연재해로 세부영역을 구분하였다.

[그림 6-1] H_2O 결과지표의 구조

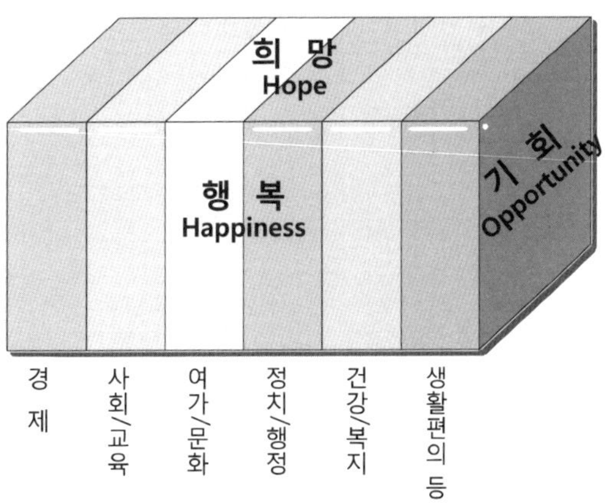

여덟째, 녹색환경 영역은 경관과 환경으로 구분하였으며 환경은 다시 상수, 소금, 대기, 쓰레기(폐기물)로 세부 영역을 구분하였다.

상기 영역 구분으로 총 8개 차원, 22개 영역, 45개 세부영역으로 구성되었으며, 각 세부영역별로 현재에 대한 만족(행복), 미래에 대한 기대감(희망), 형평성 및 접근성(기회)의 세 가지 측면을 질문하는 것으로 전체 지표를 구성하였다. 측정은 기본적으로 리커트 5점 척도로 설정하여 매우 그렇다, 그렇다, 보통이다, 그렇지 않다, 전혀 그렇지 않다로 응답지를 구성하였다. 지수 산출방식과 그에 따른 영역별, 지표별 가중치 부여 여부는 추후 전문가 조사와 사전 설문조사 실시와 관련하여 결정하도록 한다.

2) 행복(Happiness) 지표

행복은 삶의 질에서 개인의 삶에 대한 행복감 또는 만족도라 정의하고 개인 삶의 영역별 질을 개인적인 관점에서 주관적으로 측정한다. 행복지수를 개인이 거주하는 지역에서 누리는 삶의 영역별 만족도의 총합으로 정의하고, 행복지표를 〈표 6-12〉와 같이 구성한다.

〈표 6-12〉 H_2O 행복지표

차원	영역	세부 영역	행복지표
경제	고용	일자리(취업)	• 현재 직업 만족도
		종사상 지위	• 현재 직장직위 만족도
	소득	임금	• 현재 임금 만족도
	자산	(부)동산	• 현재 보유자산 만족도
	세금(조세)	조세	• 현재 세금 수준 만족도
사회·교육	가족	자녀	• 현재 자녀와의 관계 만족도
		부부	• 현재 부부 친밀성에 대한 만족도
		세대	• 현재 세대 간 관계의 만족도
	사회	직장	• 현재 직장동료와의 관계 만족도
		이웃	• 현재 이웃과의 친밀도에 대한 만족도

		지역사회	• 현재 공동체 활동(자원봉사, 자율방범 등)에 대한 만족도
사회 · 교육	교육	평생교육	• 현재 평생교육(노인대학, 직업훈련, 도서관 프로그램, 주민자치센터 등)에 대한 만족도
		의무교육	• 현재 공교육에 대한 만족도
			• 현재 교육환경(무상급식, 학교폭력 감소)에 대한 만족도
		대학교육	• 현재 대학교육에 대한 만족도
여가 문화	여가	시간	• 현재 여가 시간의 만족도
		공간	• 현재 여가 공간(시설)의 만족도
		활동	• 현재 여가 활동의 만족도
	문화예술	활동	• 현재 문화예술 활동의 만족도
		공간	• 현재 문화예술 공간(시설)의 만족도
		프로그램	• 현재 문화예술 행사 만족도
정치 · 행정	정치	기초의회	• 현재 구·군의원 활동 만족도
		광역의회	• 현재 시·도의원 활동 만족도
		국회	• 현재 국회 활동 만족도
	행정서비스	읍·면·동	• 현재 읍·면·동 행정서비스 만족도
		시·군·구	• 현재 시·군·구 행정서비스 만족도
		시·도	• 현재 시·도 행정서비스 만족도
		중앙정부	• 현재 중앙정부 행정서비스 만족도(고용센터, 고용보험 등)
건강 · 복지	건강상태	건강상태	• 현재 건강수준 만족도
	보건의료	보건	• 현재 보건서비스(보건소 등) 만족도
		의료	• 현재 병·의원 의료서비스 만족도
	복지	복지서비스	• 현재 복지서비스 만족도
생활 편의	주거	주택	• 현재 주택에 대한 만족도
	근린생활 시설	근린생활시설	• 현재 근린생활시설의 만족도(슈퍼마켓, 일용품점, 미용원, 목욕장 등)
	교통	대중교통	• 현재 대중교통서비스에 대한 만족도
		주차 공간	• 현재 주차 공간에 대한 만족도

	정보	인터넷	• 현재 인터넷 활용에 대한 만족도
		이동통신	• 현재 이동통신망(wi-fi 등) 서비스에 대한 만족도
재해·안전	치안	치안서비스	• 현재 시점에서 범죄(강도, 폭력 등)로부터 안전성
	방재	인적재해(소방)	• 현재 소방서비스에 대한 만족도
		자연재해	• 현재 자연재해(홍수, 가뭄, 태풍, 지진 등)에 대한 대비 만족도
녹색환경	경관	공원녹지	• 현재 공원녹지에 대한 만족도
	환경	상수	• 현재 수돗물에 대한 만족도
		소음	• 현재 조용한 환경에 대한 만족도
		대기	• 현재 대기의 질에 대한 만족도
		쓰레기(폐기물) 처리	• 현재 쓰레기처리(청소상태, 공공시설의 청결)에 대한 만족도

3) 희망(Hope) 지표

희망은 지역의 지속가능한 미래 발전가능성으로서, 미래 세대가 그들의 필요를 충족시킬 능력을 저해하지 않으면서 현재 세대의 필요를 충족시키는 발전으로 보았다. 희망지표는 각 차원과 영역별로 개인들이 느끼는 기대감의 총합으로 보고 〈표 6-13〉과 같이 지표를 구성한다.

〈표 6-13〉 H_2O 희망지표

차원	영역	세부 영역	지표
경제	고용	일자리(취업)	• 미래 구직 용이성
		종사상 지위	• 고용보장 안정성
	소득	임금	• 미래 임금 기대감
	자산	(부)동산	• 미래 자산 기대감
	세금(조세)	조세	• 미래 세금 부담 정도

사회·교육	가족	자녀	• 미래 자녀와의 대화 정도
		부부	• 미래 부부 친밀도 향상에 대한 기대감
		세대	• 미래 세대 간의 관계 기대감
	사회	직장	• 미래 직장동료 관계 기대감
		이웃	• 미래 이웃과의 친밀도에 대한 기대감
		지역사회	• 미래 공동체 활동(자원봉사, 자율방범 등)에 대한 기대감
	교육	평생교육	• 미래 평생교육(노인대학, 직업훈련, 도서관 프로그램, 주민자치센터 등)에 대한 기대감
		의무교육	• 미래 공교육에 대한 기대감
			• 미래 교육환경(무상급식, 학교폭력 감소) 개선에 대한 기대감
		대학교육	• 미래 대학교육(반값 등록금 등)에 대한 기대감
여가문화	여가	시간	• 미래 여가 시간의 기대감
		공간	• 미래 여가 공간(시설)의 기대감
		활동	• 미래 여가 활동의 기대감(가족 중심)
	문화예술	활동	• 미래 문화예술 활동의 기대감
		공간	• 미래 문화예술 공간(시설)의 기대감
		프로그램	• 미래 문화예술 행사의 기대감
정치·행정	정치	기초의회	• 미래 구·군의원 활동의 기대감
		광역의회	• 미래 시·도의원 활동의 기대감
		국회	• 미래 국회 활동 기대감
	행정서비스	읍·면·동	• 미래 읍·면·동 행정서비스 기대감
		시·군·구	• 미래 시·군·구 행정서비스 기대감
		시·도	• 미래 시·도 행정서비스 기대감
		중앙정부	• 미래 중앙정부 행정서비스 기대감(고용센터, 고용보험 등)
건강·복지	건강상태	건강상태	• 미래 건강수준 기대감
	보건의료	보건	• 미래 보건서비스(보건소 등) 기대감
		의료	• 미래 병·의원 의료서비스 기대감
	복지	복지서비스	• 미래 복지서비스 기대감

생활 편의	주거	주택	• 미래 주택 수준 향상(재개발, 재건축 등)에 기대감
			• 미래 주택 다양성에 대한 기대감
	근린생활시설	근린생활시설	• 미래 양호한 근린생활시설의 기대감(슈퍼마켓, 일용품점, 미용원, 목욕장 등)
	교통	대중교통	• 미래 대중교통서비스 개선에 대한 기대감
		주차 공간	• 미래 양호한 주차 공간에 대한 기대감
	정보	인터넷	• 미래 양호한 인터넷 활용에 대한 기대감
		이동통신	• 미래 양호한 이동통신망(wi-fi 등) 서비스에 대한 기대감
재해·안전	치안	치안서비스	• 미래 시점에서 범죄(강도, 폭력 등)로부터 안전한 정도
	방재	인적재해(소방)	• 미래 소방서비스에 대한 기대감
		자연재해	• 미래 자연재해(홍수, 가뭄, 태풍, 지진 등)에 대한 대비 정도
녹색 환경	경관	공원녹지	• 미래 공원·녹지 수준에 대한 기대감
	환경	상수	• 미래 양호한 수돗물에 대한 기대감
		소음	• 미래 소음 저감에 대한 기대감
		대기	• 미래 건강한 대기에 대한 기대감
		쓰레기(폐기물) 처리	• 미래 쓰레기 처리(청소상태, 공공시설의 청결)에 대한 기대감

4) 기회(Opportunity) 지표

기회는 지역사회 구성원들이 성, 지역, 세대, 계층 등에 의해 차별받지 않고, 지역 내 갈등과 격차, 사회적 혼란이 최소화하는 한편, 구성원 상호 간, 사회 전반에 신뢰와 협력을 기반으로 상생관계를 확대하는 지역사회 역량과 상태를 의미한다. 따라서 기회지표는 각 차원과 영역별로 개인이 느끼는 공평성, 가능성, 소외감, 접근성 등의 총합으로 정의하고 〈표 6-14〉와 같이 구성한다.

〈표 6-14〉 H_2O 기회지표

차원	영역	세부 영역	지표
경제	고용	일자리(취업)	• 일자리 기회 공평성
		종사상 지위	• 정규직 전환 가능성
	소득	임금	• 임금체계 공정성
	자산	(부)동산	• (부)동산 소유 기회 공평성
	세금(조세)	조세	• 세금제도의 형평성
사회·교육	가족	자녀	• 소외가정(다문화가정 등)이 일반가정과 동등하게 대우받는 정도
		부부	• 부부간 가사분담의 형평성
		세대	• 노년기 소외감
	사회	직장	• 직장내 의견 개진시 반영 정도
		이웃	• 이웃과 동등한 대우 정도
		지역사회	• 공동체 활동 참여기회(자원봉사, 자율방범 등)의 동등성
	교육	평생교육	• 평생교육(노인대학, 직업훈련, 도서관 프로그램, 주민자치센터 등) 기회의 공평성
		의무교육	• 사교육비 지출 격차 정도
			• 무상급식에 대한 지역적 형평성
		대학교육	• 대학교(원) 진학 기회 공평성
			• 지역간 대학 격차 정도
여가문화	여가	시간	• 여가 시간의 공평성
		공간	• 여가 시설의 접근성
		활동	• 여가 활동의 용이성
	문화예술	활동	• 문화예술 활동기회(향유기회)의 공평성
		공간	• 문화예술 시설에 대한 접근성
		프로그램	• 문화예술 행사 참여의 용이성
정치·행정	정치	기초의회	• 기초의회의 민원 제기 시 해소수준의 차이
		광역의회	• 광역의회의 민원 제기 시 해소수준의 차이
		국회	• 국회의 민원 제기 시 해소수준의 차이

	행정서비스	읍 · 면 · 동	• 읍 · 면 · 동 행정서비스 전달의 공평성
		시 · 군 · 구	• 시 · 군 · 구 행정서비스 전달의 공평성
		시 · 도	• 시 · 도 행정서비스 전달의 공평성
		중앙정부	• 중앙정부 행정서비스 전달의 공평성
건강 · 복지	건강상태	건강상태	• 소득수준 등에 따른 건강 불평등 정도
	보건의료	보건	• 보건서비스(보건소 등) 형평성
		의료	• 병 · 의원 의료서비스 형평성
	복지	복지서비스	• 복지서비스 공평성
생활 편의	주거	주택	• 공공임대주택 공급 공평성
			• 사회적 약자에 대한 주택개량 사업 추진의 공평성
	근린생활 시설	근린생활시설	• 근린생활시설 접근성에 대한 형평성(슈퍼마켓, 일용품점, 미용원, 목욕장 등 생활밀접시설)
	교통	대중교통	• 교통약자를 위한 교통수단(저상버스, 나드리 콜 등)의 접근성
		주차 공간	• 교통약자를 위한 편의시설(barrier free) 설치 정도
	정보	인터넷	• 인터넷 접근성에 대한 박탈감 정도
		이동통신	• 이동통신 기지국 설치에 대한 형평성
재해 · 안전	치안	치안서비스	• 양호한 치안서비스에 대한 박탈감 정도
	방재	인적재해(소방)	• 소방서비스에 대한 박탈감 정도
		자연재해	• 자연재해 대처에 대한 공평성(홍수, 가뭄, 태풍, 지진 등)
녹색 환경	경관	공원녹지	• 공원녹지 이용에 대한 박탈감 정도
	환경	상수	• 양호한 수돗물에 대한 박탈감 정도
		소음	• 조용한 환경에 대한 박탈감 정도
		대기	• 건강한 대기에 대한 박탈감 정도
		쓰레기(폐기물) 처리	• 쓰레기 처리(청소상태, 공공시설의 청결)에 대한 지역 격차 정도

3. H_2O 산출지표

1) 자료 수집

현재 지표개발의 가장 큰 제약은 지표 선정에 필요한 자료가 매우 부족하다는 점이며, 특히 기초자치단체를 대상으로 한 지표인 경우 관련 자료가 매우 부족하다(변점출, 2009). 즉 기초자치단체를 대상으로 하는 경우는 지표 선정에 포함되어야 하는 기초자료가 구축되어 있지 않아 체계적이고 신뢰성 있는 지표개발이 매우 어려운 것이 현실이다.

H_2O 산출지표 적용을 위한 자료의 출처는 크게 e-지방지표와 통계연감 자료로 구분해 볼 수 있다. e-지방지표는 통계청이 16개 광역자치단체와 230개 기초자치단체의 생활환경 및 경영상황을 알아볼 수 있는 주요 통계들을 선정하여 DB로 제공하는 지표로, 이들 지표는 인구, 기반시설, 소득, 고용, 산업, 물가 및 주택가격, 재정 및 행정서비스, 여가 및 문화, 사회보장, 보건 및 의료, 공공안전, 가족과 청소년, 교육여건, 국제화 및 정보화, 환경 등 15개 부문 41개 개별지표로 구성되어 있다. 통계연감은 대구시와 경상북도, 기초자치단체에서 발행되는 통계연보, 사회지표조사보고서 등이 있다.

이들 자료는 H_2O 산출지표의 45개 세부영역에 대해 시·군·구 단위로 측정할 수 있는 지표는 극히 제한적이며, 일부 세부영역인 경우는 광역지자체 및 전국 단위만을 측정할 수 있는 지표만 있는 현실적 한계가 있다. 사회지표조사인 경우는 경상북도만 발간하고 있다.

e-지방지표 및 개별 기초자치단체 등에서 발행되는 기존의 자료를 통해 측정할 수 없는 세부영역의 해당지표에 대해서는 통계청 등의 전국단위의 자료 및 경상북도에서만 발간된 자료를 활용한다.

2) H_2O 산출지표

앞서 자료 수집을 통해 선정된 H_2O 산출지표는 8개 차원, 22개 영역, 69개

지표로 구성된다. 차원별로는 경제지표 7개, 사회 · 교육지표 14개, 여가문화지표 6개, 정치 · 행정지표 8개, 건강 · 복지지표 12개, 생활편의지표 9개, 재해 · 안전지표 6개, 녹색환경지표 6개가 해당된다.

H_2O 산출지표 중 대구경북의 시 · 군 · 구 모두 파악할 수 있는 지표는 39개이며, 그 외 지표는 광역자치단체 및 경상북도의 시 · 군 영역만 측정 가능하다.

〈표 6-15〉 H_2O 산출지표

차원	영역	세부 영역	지표	통계자료 출처	공간단위
경제	고용	일자리(취업)	• 경제활동 참가율	• e-지방지표	대구경북 시 · 군 · 구
		종사상 지위	• 종사자 지위별 취업자 (상용, 임시, 일용, 자영, 무급)	• 경북사회지표	경북 시 · 군
	소득	임금	• 지역내 총생산 • 연간 가구소득	• 경북사회지표 • 경북사회지표	경북 시 · 군 경북 시 · 군
	자산	(부)동산	• 부채가 있는 가구 • 1인당 자동차 등록대수	• 경북사회지표 • e-지방지표	경북 시 · 군 대구경북 시 · 군 · 구
	세금	조세	• 지방세 부담액	• 시 · 군 · 구 통계연감	대구경북 시 · 군 · 구
사회 · 교육	가족	자녀	• 소년 천명당 소년범죄 발생건수	• e-지방지표	대구경북 시 · 군 · 구
		부부	• 인구 천명당 이혼율(조이혼율)	• e-지방지표	대구경북 시 · 군 · 구
		세대	• 인구 십만명당 자살률	• e-지방지표	대구경북 시 · 군 · 구
사회 · 교육	사회	직장	• 일과 가정의 우선도 • 고용안정성(만족도) • 일과 가정 양립제도 인지도	• 통계청(사회조사) • 통계청(사회조사) • 통계청(사회조사)	대구경북 대구경북 대구경북
		이웃	• 자원봉사자 수	• 대구경북통계연감	대구경북 시 · 군 · 구

		지역사회	• 다문화가정 비율	• 통계청(인구동향조사)	대구경북
			• 사회적 관계망	• 통계청(사회조사)	대구경북
			• 단체 참여율	• 통계청(사회조사)	대구경북
	교육	평생교육	• 문해율	• 경북사회지표	경북 시 · 군
		의무교육	• 진학률(초 · 중 · 고등학교)	• 경북사회지표	경북 시 · 군
			• 교수당 · 학급당 학생수(초 · 중 · 고등학교)	• 대구경북통계연감	대구경북 시 · 군 · 구
		대학교육	• 대학교 진학률	• 경북사회지표	경북 시 · 군
여가 문화	여가	시간	• 여가시간 충분도	• 통계청(국민여가활동조사)	전국
		공간	• 인구 십만명당 체육시설수	• e-지방지표	대구경북 시 · 군 · 구
		활동	• 10대 여가활동 참여 비율	• 통계청(국민여가활동조사)	전국
			• 60대 여가활동 참여 비율	• 통계청(국민여가활동조사)	전국
	문화 예술	활동	• 문화예술 관람인구 비율	• 경북사회지표	경북 시 · 군
		공간	• 천명당 문화관련 시설수	• 대구경북통계연감	대구경북 시 · 군 · 구
		프로그램	• 지역 문화예술행사 만족도	• 경상북도 생활의식조사	경북 시 · 군
정치 · 행정	정치	기초의회	• 기초의회비 비중	• 지방재정통계	대구경북 시 · 군 · 구
		광역의회	• 광역의회비 비중	• 지방재정통계	대구경북
		국회	• 투표율	• 중앙선거관리위원회	선거구
	행정 서비스	읍 · 면 · 동	• 읍 · 면 · 동 공무원수/전체 공무원수	• 행정조사	대구경북 시 · 군 · 구
		시 · 군 · 구	• 지방자치단체 공무원 정원	• e-지방지표	대구경북 시 · 군 · 구
			• 민원서류처리(건)	• 대구경북통계연감	대구경북 시 · 군 · 구

		시·도	• 민원서비스 만족도	• 경상북도 생활의식조사	경북 시·군
		중앙정부	• 행정정보 공개율	• e-지방지표	전국
건강·복지	건강상태	건강상태	• 흡연율, 음주율	• e-지방지표	대구경북 시·군·구
			• 공공체육시설	• 대구경북통계연감	대구경북 시·군·구
			• 하루평균 수면시간	• 경북사회지표	경북 시·군
	보건의료	보건	• 건강보험 적용 인구	• 경북사회지표	경북 시·군
			• 보건소 인력	• 대구경북통계연감	대구경북 시·군·구
		의료	• 인구 천명당 의료기관 종사 의사수	• e-지방지표	대구경북 시·군·구
			• 병원수 및 병상수	• 대구경북통계연감	대구경북 시·군·구
	복지	복지서비스	• 사회복지예산 비율	• e-지방지표	대구경북 시·군·구
			• 사회복지시설	• 대구경북통계연감	대구경북 시·군·구
			• 국민기초생활보장 수급자	• 대구경북통계연감	대구경북 시·군·구
			• 소년소녀 가정, 장애인 등록현황, 저소득 한부모 가정	• 대구경북통계연감	대구경북 시·군·구
			• 유아 천명당 보육시설수	• e-지방지표	대구경북 시·군·구
생활편의	주거	주택	• 주택의 종류	• 시·군·구 통계연감	대구경북 시·군·구
			• 전월세가구 현황	• 경북사회지표	경북 시·군
			• 전세가구의 월세·전세금	• 경북사회지표	경북 시·군
	근린생활시설	근린생활시설	• 거주지 만족도	• 경상북도 생활의식조사	경북 시·군

	교통	대중교통	• 자동차대수/총도로연장	• 행정조사	대구경북 시 · 군 · 구
		주차 공간	• 자동차등록 대수	• 대구경북통계연감	대구경북 시 · 군 · 구
	정보	인터넷	• 인터넷 이용횟수	• 경북사회지표	경북 시 · 군
			• 개인 이메일 주소 및 홈페이지 보유	• 경북사회지표	경북 시 · 군
		이동통신	• 휴대전화 보유	• 경상북도 생활의식 조사	경북 시 · 군
재해 · 안전	치안	치안서비스	• 경찰관 1인당 주민수	• 경북사회지표	경북 시 · 군
			• 범죄발생(건) 및 범죄 검거율	• 대구경북통계연감	대구경북 시 · 군 · 구
	방재	인적재해 (소방)	• 소방인력 및 장비(소방차, 구조차 등) 수	• 경북사회지표	경북 시 · 군
			• 화재 및 풍수해(건)	• 대구경북통계연감	대구경북 시 · 군 · 구
			• 산림피해 면적 및 피해액	• 시 · 군 · 구 통계 연감	대구경북 시 · 군 · 구
		자연재해	• 풍수해 피해액	• 대구경북통계연감	대구경북 시 · 군 · 구
녹색 환경	경관	공원녹지	• 인구 천명당 도시공원 조성면적	• e-지방지표	대구경북 시 · 군 · 구
	환경	상수	• 환경오염 배출사업장수 (수질)	• 대구경북통계연감	대구경북 시 · 군 · 구
			• 상하수도 보급	• 시 · 군 · 구 통계 연감	대구경북 시 · 군 · 구
		소음	• 환경오염 배출사업장수 (소음 및 진동)	• 대구경북통계연감	대구경북 시 · 군 · 구
		대기	• 환경오염 배출사업장수 (대기)	• 대구경북통계연감	대구경북 시 · 군 · 구
		쓰레기(폐기물)처리	• 생활폐기물 발생량	• 대구경북통계연감	대구경북 시 · 군 · 구

4. H_2O 투입지표

H_2O 지역개발이론에서는 투입요소(Input)를 해당 지자체의 수준을 쉽게 파악할 수 있도록 계획수립-실행-점검이라는 단계 및 과정에 따라 조직, 인력, 주민참여, 사업계획, 예산, 제도, 리더십 등 7개 차원으로 구분하였다.

각 차원별 투입수준의 측정은 주·객관적 방법을 동시에 활용한다. 투입수준이 단순한 양적 측정에 그치지 않고 기획력, 전문성, 활동, 성과 등과 같은 질적 개념이 포함되기 때문이다.

〈표 6-16〉 H_2O 투입지표

차원	지표
조직	• 중점사업 추진을 위한 TFT 구성 횟수
	• 일하는(생산적) 조직문화 구축 노력
	• 동기 수준을 높이기 위한 포상 및 인센티브 부여
인력	• 인구 천 명 당 지자체 공무원 수
	• 직무분석에 의해 적정인력이 적재적소에 배치되었는지 여부
	• 능력 향상을 위한 제도 도입 및 교육(신규, 보수) 실적
주민참여	• 주민참여 제고를 위한 사업 발굴 및 업무관행(제도) 개선
	• 주민 의견 및 요구사항 파악을 위한 조사 활동
사업계획	• 비전과 중장기계획의 구체성과 현실성
	• 계획 달성을 위한 세부계획의 수립
	• 비전 실현을 위한 연도별 구체적인 계획 수립
예산	• 경상경비 증감률
	• 정부 국비사업 수주 실적
	• 재정자립도(재정자주도) 제고 노력
제도	• 사업추진의 효율성 제고를 위한 제도(규칙, 업무관행 등) 개선
	• 사업과 관련된 조례 제정 건수
리더십	• 단체장의 주요 대외활동(제도 개선, 예산확보 노력 등)
	• 주요 사업지표와 문제점이 있는 사업 등에 대한 확고한 대응 방안 모색

H_2O 지역개발의 투입으로 고려할 수 있는 세부 사항은 〈표 6-16〉과 같다.

제3절 H_2O 전략지표 개발

1. 소통전략지표

1) 질문의 구성

소통은 개인의 소통 역량, 조직 내 소통, 조직 외 소통, 이해관계 조정과 합의형성 등에 관한 질문으로 구성하였다.

개인의 소통 역량은 건전한 소통이익에 대한 인식, 정보의 공유, 정보 이해력, 정보 청취력 등을 측정하고, 조직 내 소통은 조직 내 구성원 간의 의사소통과 신뢰 수준을, 조직 외 소통은 외부 기관 및 단체(구성원)와의 우호적 관계와 네트워크에 주목하였다. 이해관계 조정과 합의 형성은 이해당사자 상호 조정과 중요 의사결정에서의 합의 형성 등에 관한 질문으로 구체화하였다.

2) 지표 설문

소통전략지표의 설문 문항은 〈표 6-17〉과 같다.

〈표 6-17〉 소통전략지표 설문 문항

Keywords	설문 문항
개인 소통역량	• 나는 업무 추진 상에 발생된 문제를 해결하는 데 관련된 당사자가 전체 내용을 상세하게 아는 것이 중요하다고 생각한다
	• 나는 내가 추진하는 업무에 대한 정보를 당사자가 아니더라도 지역사회주민 모두에게 공개하고 공감대를 형성하는 것이 중요하다고 생각한다
	• 나는 다른 사람의 의견을 이해하는 데 어려움이 없다
	• 나는 다른 사람의 의견을 충분히 듣는다

조직 내 소통	• 나는 내가 속한 조직의 구성원(동료, 부하직원, 상사 등)과 평상시 의사소통이 원활하다
	• 나는 내가 추진하는 업무와 관련된 정보를 내가 속한 조직 내 관계자와 충분히 공유한다
	• 나는 내가 추진하는 업무와 관련된 조직 내 관계자의 전문성과 역량에 매우 만족한다
조직 외 소통	• 나는 내가 추진하는 업무와 관련된 정보를 유관기관 혹은 단체와 충분히 공유한다
	• 나는 내가 추진하는 업무와 관련된 유관기관 혹은 단체(담당자)와 정보 공유를 위해 정기적으로 교류한다
	• 나는 내가 추진하는 업무와 관련하여 활동하는 유관기관 혹은 단체의 역할과 역량을 신뢰한다
	• 나는 내가 추진하는 업무와 관련하여 활동하는 유관기관 혹은 단체와의 네트워크가 풍부하다
이해관계 조정과 합의 형성	• 나는 내가 추진하는 업무(정책) 대상자와의 합의과정을 반드시 거친다
	• 나는 나의 업무와 관련해서 문제가 발생하거나 의사결정이 필요한 경우 조직 내 관계자와 충분히 상의한 후 결정한다
	• 나는 나의 업무와 관련해서 문제가 발생하거나 의사결정이 필요한 경우 유관기관 혹은 단체와 충분히 상의한 후 결정한다
	• 나는 우리 지역사회문제에 대해 다른 사람과 함께 집단학습(집단지성 제고)을 기꺼이 할 의향이 있다
	• 나는 우리 지역사회에서 발생한 구성원 간 지역 갈등을 해결하기 위해 갈등조정기구를 활용할 의향이 있다

2. 순환전략지표

1) 질문의 구성

순환은 앞서 5장에서 살펴본 바와 같이 인재순환, 자원순환, 지속가능한 지역발전, 환경의 질 개선을 통해 한 주민의 주관적 만족도를 향상시키는 것이므로 이에 대한 질문으로 구성한다.

2) 지표 설문

순환전략지표의 설문 문항은 〈표 6-18〉과 같다.

〈표 6-18〉 순환전략지표 설문 문항

Keywords	설문 문항
인재순환	• 나는 평소 우수한 중·고등학생들이 타 지역으로 전학가는 것이 지역발전을 위해 바람직하지 않다고 생각한다
	• 나는 평소 대학교 이상의 학력을 가진 구직자가 타 지역으로 이동하는 것이 지역발전을 위해 바람직하지 않다고 생각한다
	• 나는 평소 여성 및 퇴직 전문인력을 적극적으로 활용하는 것이 중요하다고 생각한다
정보순환	• 나는 평소 지역사회 내 효율적으로 정보를 순환시키는 시스템이 구비되었다고 생각한다
자금순환	• 나는 평소 지역사회 내 자금이 원활하게 순환하고 있다고 생각한다
	• 나는 평소 지역사회 내 비공식 경제활동이 많지 않다고 생각한다
물자순환	• 나는 평소 효율적인 폐기물 재활용을 위한 통합수거체계가 적절하게 구축되었다고 생각한다
	• 나는 평소 불법 폐기물 매립으로 지역사회가 심각한 위해를 받고 있다고 생각한다
지역순환	• 나는 평소 농촌 소재의 전통산업(농산물의 가공 특산품화, 농촌문화 관광산업화 등)을 토대로 도농 간의 기능적 연계가 적절하게 이루어지고 있다고 생각한다
정책순환	• 나는 조직의 내외적인 상황 변화와 시민, 단체, 정부 등 다양한 이해관계자에 의하여 문제를 인식하고 정책을 발굴하고 있다
	• 나는 최적의 정책계획 수립을 위해서 전문가들과 시민들의 의견을 충분히 수렴하고 있다
	• 나는 특정집단이 아닌 지역 전체에게 긍정적인 영향을 미치는 쪽으로 정책을 집행하고 있다
	• 나는 정책이 집행되고 나면 목표달성도, 제기된 문제 해결정도 등을 종합적으로 평가하여 향후 유사한 정책을 추진하는 데 반영한다

3. 생태전략지표

1) 질문의 구성

생태는 앞서 생태전략에서 살펴본 바와 같이 국가정책방향인 녹색성장의 근간이 됨으로써, 생태전략지표는 이와 연관성이 높은 녹색성장, 지속가능한 발전, 기후변화 대응 등에 대한 질문으로 구성한다.

세부적으로 녹색성장은 녹색산업과 기술, 녹색인프라, 녹색생활 등, 지속가능한 발전은 효율과 형평, 환경과 경제의 조화 등, 기후변화 대응은 저감과 적응 등으로 세분류하여 설문문항을 작성한다.

2) 지표 설문

생태전략지표의 설문 문항은 〈표 6-19〉와 같다.

〈표 6-19〉 생태전략지표 설문 문항

Keywords	설문 문항
녹색성장	• 나는 우리지역이 신재생에너지 보급·확산에 적극적이라고 생각한다
	• 나는 우리지역이 지속적으로 녹색인증기업을 늘이는 데 노력하고 있다고 생각한다
	• 우리 지역에서 평상(출퇴근)시 대중교통 및 자전거를 이용하고 있다
	• 나는 우리지역이 기존 산업단지를 친환경 녹색산업단지로 전환하는 데 적극적이라고 생각한다
	• 나는 업무상 필요한 물품의 경우 친환경적으로 생산된 상품을 우선적으로 고려한다
	• 나는 우리지역이 재활용 쓰레기 분리 배출하는 데 어려움이 없다고 생각한다
지속가능한 발전	• 나는 업무를 추진하는 데 있어 지역의 생태보전 및 복원, 환경친화적 개발을 우선적으로 고려하고 있다
	• 나는 우리지역이 인구 증가를 위해 효과적이고 지속적인 정책을 추진하고 있다고 생각한다

	• 나는 우리지역이 환경문제 해결을 위해 하수 및 폐기물 처리시설 등에 대한 투자가 잘 이루어지고 있다고 생각한다
	• 나는 우리지역이 지역 내(동, 면지역) 생활환경 격차가 더욱 더 좁혀지고 있다고 생각한다
	• 나는 지금이 좋아서 다른 지역으로 이사하지 않을 생각이다
	• 나는 우리지역이 지역발전을 위해 다른 지역과 연계와 협력에 적극적이라고 생각한다
기후변화 대응	• 나는 기후변화에 대한 심각성을 염두에 두고 저감, 적응 정책 모두를 계획하여 추진하고 있다
	• 우리 직장에서는 계절별(여름·겨울) 적정 실내온도를 유지하고 있다
	• 우리지역에서 자동차 요일제나 대중교통 이용 활성화 등 탄소 배출량 줄이기가 효과적으로 이루어지고 있다

4. 평등전략지표

1) 질문의 구성

평등은 앞서 5장에서 살펴본 바와 같이 다양성 존중(다문화가정 및 외국인, 장애인, 여성, 노인 등 취약계층)에 의한 대상별 공평한 기회, 사회적 배제를 최소화한다는 원칙 하에서의 정책대상에 대한 인식, 수직적 형평성 원칙에 맞는 지원 및 서비스 등과 같은 조치가 필요하므로 이에 대한 질문으로 구성하였다. 질문은 크게 대상별 공평한 기회, 정책대상에 대한 인식, 수직적 형평성 등 세 가지 분야에 대해서 관계 공무원들이 어떻게 인식하고 있는지를 진술문으로 질문한다.

2) 지표 설문

평등전략지표의 설문 문항은 〈표 6-20〉과 같다.

〈표 6-20〉 평등전략지표 설문 문항

Keywords	설문 문항
대상별 공평한 기회	• 관리직/고위직(여성위원 등) 내 여성과 남성의 고용의 몫이 동등하게 할당되어야 한다
	• 똑같은 일을 하더라도 우리나라 근로자와 외국인 근로자 간 임금격차를 두어야 한다
	• 직무수행 결과에 차이가 없다면 장애인을 고용해도 상관없다
	• 직무수행 결과에 차이가 없다면 노인을 고용해도 상관없다
정책대상에 대한 인식	• 정책입안 시 사회적 약자(소외 계층)에 대한 정책적 배려를 계획이나 프로그램에 반영해야 한다
	• 정책을 추진할 때 다양한 정책대상(계층)의 의견을 수렴하여야 한다
	• 정책추진 시 발생하는 이익은 누구에게나 공평하게 배분되어져야 한다
수직적 형평성	• 지방보다 수도권에 좀 더 많은 개발과 투자가 필요하다
	• 일반시민보다 취약계층에게 좀 더 많은 보건의료복지 서비스를 지원해야 한다
	• 직무수행 결과에 차이가 없더라도 비정규직과 정규직은 임금과 처우가 달라야 한다

5. 투명전략지표

1) 질문의 구성

투명은 앞서 살펴본 바와 같이 정보의 공개(유통), 조달을 비롯한 공공기금 사용, 내부 고발자 보호 등과 같은 조치가 필요하므로 이에 대한 질문으로 구성한다. 각기 분야에 대해서 관계 공무원들이 어떻게 인식하고 있는지를 진술문으로 질문한다.

2) 지표 설문

투명전략지표의 설문 문항은 〈표 6-21〉과 같다.

〈표 6-21〉 투명전략지표 설문 문항

Keywords	설문 문항
정보의 공개와 유통	• 공공기관의 정보라고 하더라도 모든 정보가 투명하게 공개될 필요는 없다
	• 지역사회 주민의 이해관계와 관련된 정보라면 모든 주민은 공개를 요구할 권리를 가진다
	• 모든 공공기관의 결정과정과 정보를 공개하는 것은 때때로 효과적인 역할 수행에 장애가 된다
조달 등 공공재정의 사용	• 공적인 물품의 구매와 계약은 가능한 한 최대로 공개된 경쟁 입찰에 의해서 이루어져야 한다
	• 공적 예산을 사용하는 계약이나 구매 결정에 있어서 사적 이해관계가 조금이라도 있을 수 있는 공무원은 배제되어야 한다
	• 공적 재정이 사용되는 모든 과정에는 정치적이나 사적 이해관계와 자유로운 위원회와 같은 독립적인 기구에서 감시할 수 있도록 해야 한다
	• 공무원이 모든 사적인 이해관계나 인간적인 관계를 완벽하게 배제하고 공적 결정을 한다는 것은 불가능 하다
양심선언에 대한 조치	• 작은 부정이나 부패가 발견되더라도 어떠한 인간적이나 조직 내 관계를 배제하고 지체 없이 신고하여야 한다
	• 내부 고발한 경우 다른 조직 내 사람들로부터 배척당하고 불이익을 받는 것은 현실적으로 어쩔 수 없는 일이다
	• 내부 고발은 부정과 부패를 막을 수 있는 매우 중요한 수단이므로 적극적으로 장려되고 적절한 포상이 주어져야 한다

6. 융합전략지표

1) 질문의 구성

융합전략은 앞서 살펴본 대로 협력을 증진시키는 것과 공동생산을 촉진하는 것으로 구성될 수 있으며 이에 따라 협력의 필요성에 대한 인식, 실제 업무에서의 적용, 공동생산에 대한 인식으로 질문을 구성한다.

2) 지표 설문

융합전략지표의 설문 문항은 〈표 6-22〉와 같다.

〈표 6-22〉 융합전략지표 설문 문항

Keywords	설문 문항
협력적 이익에 대한 인식	• 지역사회의 문제를 해결하는 데 있어서 하나의 기관이 나서는 것 보다 이와 관련된 유관기관들이 협력하는 것이 필수적이다
	• 자신의 기관이 모든 중요한 일을 다 하려고 하는 것보다 더 적합한 다른 기관에서 할 수 있도록 하는 것이 더욱 바람직하다
	• 유관기관들이 협력적으로 일하는 것이 이상적이지만 현실적으로 어렵거나 오히려 비효율적인 문제점이 더 많을 수 있다
협력전략의 적용	• 나는 어떤 일을 처리할 때 도움을 받을 수 있는 유관기관이 있다면 지체 없이 협조를 구하거나 방법을 모색한다
	• 나는 다른 기관에서 내 담당분야와 관련된 도움을 요청한다면 이해관계를 따지기보다 공공의 이익을 위해서 적극적으로 응할 것이다
	• 나는 필요한 도움을 얻고 협력을 얻어내기 위해 평소에도 관련된 공공기관이나 민간기관과 좋은 관계를 쌓으려고 노력한다
	• 공적 사안에 대해서 유관기관이 지식이나 정보를 요청할 경우 규정과 절차를 따지기보다는 일단 적극적으로 검토한다
공동생산에 대한 인식	• 지역사회의 발전을 위해서는 주민들의 적극적인 참여가 필수적이며 이는 주요 의사결정에 대한 보다 직접적인 참여를 포함한다
	• 주민들은 자신이 받는 서비스와 관련해서 보다 많은 결정권한을 부여받을 때 더 높은 효과를 얻을 수 있다
	• 공적 서비스가 제공될 때에는 서비스를 받는 주민이 자존심에 상처를 입기보다는 자신감을 더 얻을 수 있도록 신중해야 한다

제4절 지표의 종합

이상 H_2O 지역개발모델을 적용한다고 할 때 핵심 구성요소인 목적으로서의 H_2O, 필요조건으로서의 지역조건, 수단으로서의 H_2O 전략을 각각 측정할 수 있는 지표로서 H_2O 지표, 지역조건지표, 전략지표를 개발하고 구성한다.

H_2O 지표개발을 위해서 행복과 연관된 삶의 질, 행복감, 만족도, 안녕 또는 복지관련 지표, 희망과 관련된 도시경쟁력, 지속가능한 발전관련 지표, 기회와 관련된 사회적 배제, 사회통합, 사회정의관련 지표 등을 검토한다.

하지만 궁극적 목적(Outcome)을 일관되게 측정하기 위해서 객관적 지표를 배제하고 주관적 지표로만 H_2O를 구성하였으며, 지방행정의 영역에 맞게 경제, 사회·교육, 여가문화, 정치·행정, 건강·복지, 생활편의, 재해·안전, 녹색환경 8개 차원으로 지표를 구성한다.

지역조건지표를 구성하는데 있어서는 e-지방지표와 통계연감 자료를 주로 활용하여 H_2O 지표와 마찬가지로 8개 차원 22개 영역으로 구성하였으며 45개 세부영역의 69개 지표로 구성하였으나 이 중 대구경북지역 시·군·구 단위로 파악 가능한 지표는 39개이다.

H_2O 전략지표는 앞서 살펴본 전략의 개념과 수단을 중심으로 하여 이를 얼마나 정책 담당자들이 인식하고 수행하고 있는가에 대한 설문을 중심으로 지표를 구성하였으며 바람직성의 편향을 방지하기 위해서 긍정적 진술문과 부정적 진술문을 혼합하여 구성하였다.

하지만 이러한 지표들은 지속적으로 신뢰도, 타당도 등이 예비조사 등을 통해 지속적으로 검증되어야 하므로 앞으로 지속적인 토론과 논의, 실증적 연구를 통하여 보완되어 나가야 한다.

특히 전략지표 설문은 일종의 예시적 성격이 강하며 실제 전략에 대한 적용과 사례 연구 등을 통하여 전략이 구체화되는 만큼 전략지표 설문 역시 지속적으로 보완되어야 한다.

제7장

요약 및 결론

제7장
요약 및 결론

제1절 신지역개발이론에 대한 시대적 요구와 H_2O

1. 지역개발 패러다임의 변화

본 연구는 최근 '행복'과 같은 주관적인 만족감을 실질적인 정책의 목표 또는 가치로 설정하고 추구하려는 움직임에 주목하고 이것이 최근 국제적으로 변화하고 있는 지역개발의 패러다임과 맞닿아 있다고 판단하여 이를 우리나라 지역사회에 적용시키기 위한 새로운 지역개발이론을 제시하고자 이루어졌다.

우리나라의 지역개발이나 정책에서 '행복'이 강조되고 있으나 대부분 구호에 그치는 경우가 많았고 여전히 과거의 중앙정부 중심, 물적 성장 중심의 개발' 패러다임이 지배하고 있다. 새로운 대안적 논의는 다양한 배경과 접근을 가지고 제기되고 있으나 우리나라 현실에 맞는 통합적인 지역개발의 틀에 대한 논의는 부족하여 이를 촉진시키고자 한다.

그동안 지역개발은 세계적으로 산업화와 함께 출현하여 2차 세계대전 이후 전후복구와 맞물려 국가 중심의 양적 성장에 초점을 맞추어 왔으나 경제위기 등으로 인한 1970~1980년대 침체기를 거쳤다. 그 후 1990년대부터는 분권적이며 양보다는 질적인 발전을 우선시하고 주민참여가 중심이 되면서 환경을 고려한 새로운 지역개발이 부상하고 있다.

학문적으로도 다양한 지역사회 주체의 수평적 협력과 참여를 강조하는 거버넌스이론, 지역네트워크이론, 사회적 자본이론과 같은 사회이론들과 지역사회와 환경과의 관계에 초점을 맞춘 생태도시이론, 도시재생이론, 지속가능한 발전이론 등 환경이론 등 대안이론들이 주목 받고 있다.

이러한 대안이론들에서는 지역사회의 다양한 주체의 역량 강화와 주체적 참여, 협력 등의 요소들이 공통적으로 나타나고 있으며 다른 한편으로는 인간과 생태환경과의 공생발전으로 삶의 질 향상과 생태환경의 복원을 주창하고 있다.

우리나라에서는 최근 분권과 균형발전 등을 강조하고 있지만 여전히 중앙정부 중심의 물적 개발정책에서 벗어나지 못하고 있으며 지방분권은 선언적 수준에 머무르고 있는 실정이다.

2. H_2O 지역개발이론

H_2O 지역개발이론은 이러한 패러다임의 변화를 체계적인 이론적 틀로써 통합하고 실질적으로 적용하기 위한 것으로 지역개발의 가치와 목적을 행복(Happiness), 희망(Hope), 기회(Opportunity)라는 세 가지 차원으로 구성하였다.

행복은 현재 시점에서 개인과 주변 환경에 대한 주관적 만족감을 의미하며, 희망은 이것의 미래에 대한 기대감을 나타내고, 기회는 이것이 얼마나 공평하게 배분되고 있는가를 의미하는 것이다.

H_2O 지역개발모델은 지역개발의 목적을 H_2O라는 개념으로 제시하면서 이 수준을 향상시키기 위해서는 객관적 지역조건의 향상도 필요하지만 같은 조건에서라면 소통, 순환, 생태, 평등, 투명, 융합 등 H_2O 전략을 적용하였을 때 H_2O 수준을 극대화할 수 있다.

목적으로서의 H_2O, 필요조건으로서의 지역조건, H_2O 전략 등 H_2O 이론의 세 가지 주요 요소별로 측정지표를 개발하여 지역과 정책주체를 진단하고 강점과 취약점을 파악할 수 있으며 전략을 통한 개선의 정도 역시 측정할 수 있도록 한다.

H_2O 지표와 지역조건지표는 모두 지방행정이 포괄하는 지역민의 주요 삶의 영역을 포괄하는 경제, 사회·교육, 여가·문화, 정치·행정, 건강·복지, 생활편의, 재해·안전, 녹색환경 등 8개 차원으로 구성하여 해당 차원의 지역조건에 비하여 H_2O 지표가 낮을 경우에 H_2O 전략을 통해 집중적 개선이 필요하다고 진단할 수 있다.

H_2O 지역개발의 적용에 있어서는 H_2O 지역전략협의체를 민관협력조직으로 구축하고 이를 중심으로 지역진단, 비전과 목표 설정, 대안 프로그램을 담은 이행계획서를 작성하고 추진하도록 한다.

제2절 향후 연구과제

이 연구는 지역개발에 있어서 새롭게 제기되고 있는 시대적 요구에 맞추어 패러다임 변화를 촉발하기 위한 탐색적 연구로서 앞으로 이를 중심으로 한 다양한 논의와 검증, 적용을 통한 사례의 축적을 필요로 하고 있다.

H_2O 지표와 H_2O 전략지표 등은 추가적인 이론적 검증과 예비조사 등을 통한 신뢰도, 타당도 검증을 하여 엄밀한 지표로서 더욱 정교하게 발전시키기 위한 연구가 필요하다.

특히 H_2O 전략에 있어서는 실제 지역에서 다양하게 나타나고 있는 혁신사례에 대한 연구를 통하여 실제 사례에 기반을 둔 전략프로그램을 구체화함으로써 좀 더 실용적인 전략모델로 발전시킬 수 있다.

또한 H_2O 이론을 지역에 시범적으로 적용하여 실제 진단과 개선 컨설팅을 겸한 참여 사례연구를 하여 시행과정에서 나타날 수 있는 문제들과 해소방안, 혁신방법, 지도력의 문제 등을 점검하면서 이론의 실증적 토대를 구축할 수 있다.

참고문헌

강승호(2009), 「인천의 글로벌 도시경쟁력에 관한 연구」, 인천발전연구원.

강신욱 · 김안나 · 박능후 · 김은희 · 유진영(2005), 「사회적 배제 지표개발 및 적용방안 연구」, 한국보건사회연구원.

강신욱 · 노대명 · 전지현 · 박수진(2011), 「한국 사회통합지표 연구(Ⅱ)」, 사회통합위원회.

강창민 · 양기근(2010), 「제주특별자치도민의 삶의 질(행복지수) 평가연구」, 제주발전연구원.

강현수(2007), 「도시, 소통과 교류의 장 - 디지털시대 도시의 역할과 형태」, 삼성경제연구소.

강현수(2008), "주요국 지역정책의 최근 동향과 시사점: 영국, 프랑스, 일본의 지역정책," 「한국산업진흥원 심포지엄 발표자료」.

강현수(2010), "장소의 번영과 사람의 번영: 두 접근방식의 차이에 대한 이론과 사례," 「지방행정연구」 24(3).

고경훈(2010), "지방자치단체 정책형성 요인에 관한 연구," 「한국정책연구」 10(1).

고병호(1994), "지역개발이론의 체계적 접근과 새로운 패러다임의 형성에 관한 연구," 「한국지역개발학회지」 6(2).

고재경 · 김지현(2011), "지방공무원들은 기후변화 적응정책의 필요성을 인식하고 있는가?," 「도시행정학보」 24(3).

곽결호 · 이정식 · 양병이 · 박양호 · 최영국 · 변병설(2011), 「지속가능한 국토와 환경」, 법문사.

국가지속가능발전위원회(2008), 「시 · 도 공무원을 위한 지방지속가능발전 업무매뉴얼」.

국토해양부(2007), 「도시평가시스템 구축방안 연구」.

기획재정부(2012), "행복지수의 세계적 중요성과 시사점," 「보도자료」 5월 11일자.

김귀영(2011), 「서울시 인재상 및 역량체계 재설계 방안」, 서울연구원.

김병국 · 최철호(2012), "지방자치와 주민주권 - 지방자치제도 하의 주민주권 확보방안: 시론적 연구," 「지방행정연구」 26(1).

김보영(2011), "1980/90년대 영국 보수당정부 사회서비스 개혁에 대한 재조명: 정치사상과의 관계를 중심으로," 「사회복지정책」 38(1).

김선희(2001), "지속가능한 도시개발전략," 시민환경연구소 편, 「생태도시로 가는 길」, 도요새.

김세원 · 박길성 · 이승훈 · 이우진 · 김주성(2011), 「페어소사이어티: 기회가 균등한 사회」, 한국경제신문.

김순은(2012), "지방자치와 주민주권 - 주민주권론과 지방자치의 발전," 「지방행정연구」 26(1).

김안제(2011), "공정사회의 논리와 지방자치의 발전 방향," 「지방행정연구」 25(1).

김애련(2000), "노인의 삶의 질에 관한 연구," 원광대학교 박사학위논문.

김용웅(2009), "사회자본과 지역발전," 「충남공무원교육원 특강 자료」.

김용웅 · 차미숙 · 강현수(2003), 「지역발전론」, 한울아카데미.

김용웅 · 차미숙 · 강현수(2009), 「신지역발전론」, 한울아카데미.

김정광 · 송병주(2011), "서번트 리더십이 조직시민행동에 미치는 영향에 관한 연구: 임파워먼트의 매개효과를 중심으로," 「지방정부연구」 15(2).

김정후(2008), "영국의 지역균형발전을 위한 도시정책," 「도시문제」 43(478).

김종식(2012), "정몽준 의원 '문화민주주의로 국민의 행복지수를 높여야'," 「아시아뉴스통신」 6월 25일자.

김주성(2010), "공정사회의 조건과 정책과제," 경기개발연구원, 「CEO Report」 35.

김중표(2009), 「경상북도 도시경쟁력 평가 기초연구」, 대구경북연구원.

김현주 · 박재룡 · 김범식 · 박용규 · 송영필 · 이상권(1997), "세계 도시경쟁력 비교," 「삼성경제연구소」.

김효화(2005), "서울시 삶의 질 변화에 관한 사회지리학적 연구," 「지리교육논집」 49.

노광욱 · 박상우 · 엄창옥(2009), 「순환형사회 형성의 정책과 제도」, 시그마프레스.

노대명 · 이현주 · 강신욱 · 강은정 · 전지현 · 이은혜(2009), 「사회통합을 위한 과제 및 추진전략」, 경제인문사회연구회 · 한국보건사회연구원.

녹색성장위원회 · 환경부(2009), "저탄소 녹색생활 실천 확산방안," 2009년 8월 24일 보도자료.

뉴시스(2012), “손학규 “저녁이 있는 삶, ‘행복’ 기준 사회 만들자는 것”,” 「뉴시스」 6월 30일자.

대한국토 · 도시계획학회(2011), “도시정비를 넘어 지역자력형 도시재생으로,” 「도시정보」 351.

도시재생사업단(2012a), 「도시재생사업단: 도시재생이란」.

도시재생사업단(2012b), 「새로운 도시재생의 구상」, 한울.

동아 economy(2011), “국민 10명 중 9명 도시에 산다,” 「동아 economy」 7월 26일자.

동정민(2012), “아버지의 국가주의를 넘어… “국민 한명 한명 행복한 시대로,” 「동아일보」 7월 11일자.

류중석 · 송미령 · 이성은 · 이왕건 · 이재준(2007), 「살기좋은 지역만들기」, 국가균형발전위원회.

마이클 샌델(Michael Sandel)(2010), 「정의란 무엇인가」, 이창신 옮김, 김영사(2009, Justice: What's the Right Thing to Do?).

미래기획위원회(2009), 「녹색성장의 길」, 중앙 Books.

바능후(1999), “사회적 배제 극복을 위한 근로연계복지정책의 효과성,” 「한국사회보장학회 추계 학술발표회 자료집」.

박은희(2009), 「지역 사회통합지수 개발과 적용」, 대구경북연구원.

박천보 · 김정연(2007), “대전 · 충남의 도시재생 방향과 전략,” 「충청권의 도시재생 국제 심포지엄」.

배준구(2003), “프랑스의 지역발전 추진기구,” 「지방정부연구」 7(4).

배준구(2010), “프랑스 광역권의 계획체계와 특징,” 「지방정부연구」 14(4).

변점출(2009), “지방지속가능발전지표 개발 및 적용에 관한 연구,” 영남대학교 박사학위논문.

변필성 · 이동우(2008), “영국 지역정책 변화 동향과 우리나라에의 시사점,” 「한국경제지리학회지」 11(1).

서재호 · 김혜정 · 이승종(2012), “지방정부의 가치지향으로서 커뮤니티 웰빙에 대한 연구,” 「한국행정학보」 46(1).

서종국(2011), “자율시장에 의한 효율적 도시재생 방안에 관한 연구,” 「한국위기관리논집」 7(2).

소진광(1998), “삶의 질 개념과 도시정책적 함의,” 「지역개발연구」 23(1).

소진광(1999), “사회적 자본형성을 위한 지역개발논리,” 「지역사회개발학회지」 24(1).

소진광(2004), “사회적 자본형성을 통한 지방자치와 지역발전의 연계화 방안,” 「지방행정연구」 18(2).

송건섭(2007), “지역수준별 주민복지와 삶의 질 영향요인분석,” 「정경문화」 5월호.

심창학(2004), “유럽연합(EU)의 사회적 배제 극복정책 - 변천과정을 중심으로,” 「행정논집」 30.

안건혁(2007), “삶의 질 향상을 위한 도시재생 전략,” 「충청권의 도시재생 국제 심포지엄 자료집」.

양재섭(2010), 「세계 대도시의 도시기본계획 운영방식 비교연구 - 런던, 베를린, 뉴욕, 도쿄」, 서울연구원.

엄동욱 · 예지은 · 권수한 · 위종범(2011), “조직 내 소통 활성화를 위한 제언,” 「CEO Information」 795.

원광희(2000), “변화시대 지역정책 패러다임의 전환,” 「뉴밀레니엄시대의 지역경제 경쟁력강화 전략 발표논문」.

유동상(2010), “도시정책결정의 주민참여확대 방안에 관한 연구 - 플로리다 도시정부의 도시구조, 정치체제, 주민참여,” 한국행정학회, 「한국행정학회 하계 학술발표논문집」.

유재윤 · 조판기(1996), 「도시경쟁력 비교분석에 관한 연구」, 국토개발연구원.

유현종 · 최연태(2010), “지방선거 매니페스토 제도 도입의 실효성 평가: 지방정부 예산구조 변화 여부를 중심으로,” 「지방정부연구」 14(4).

윤강재 · 이지현(2012), “ ‘Your Better Life Index’를 이용한 OECD 국가의 삶의 질 측정,” 「보건복지포럼」 186.

윤상용 · 권기일 · 이동관 · 윤기석(2012), 「프랑스 지방분권 조사 연구」, 대구경북연구원.

윤진호 외 편역(2004), 「선진국의 빈부격차와 차별시정을 위한 국가행동계획 사례연구」, 국회환경노동위원회.

이경호 · 김정욱(2012), “지방자치단체 책임운영기관 제도의 성과와 과제 - 서울특별시 사례의 진단 · 평가를 중심으로,” 「지방행정연구」 26(1).

이내찬(2012), “OECD 국가의 삶의 질의 구조에 관한 연구,” 「보건사회연구」 32(2).

이동원 · 박준 · 강민형 · 채승병 · 최홍(2009), “사회적 자본 확충을 위한 정책과제,” 「CEO Information」 722.

이동훈 · 이민훈 · 박성민 · 이준환(2010), “확산되는 소셜 미디어와 기업의 新소통 전략,” 「CEO Information」 764.

이미홍(2007), “지속가능한 지역발전의 조건과 과제,” 「민주사회와 정책연구」 12.

이성대 · 김갑성 · 황금회 · 우영신(2008), 「경기도 도시경쟁력 평가 및 문제점 진단」, 경기개발연구원.

이성근(2006), 「정책계획론」, 법문사.

이성근 외(2011), 「녹색성장과 지역경영」, 열린시선.

이성근(2012a) “H_2O가 실현되는 사회,” 「대구일보」 2012년 4월 25일자.

이성근(2012b), “순환이 잘되는 지역사회 만들기,” 「대구일보」 2012년 5월 9일자.

이성근 외(2012), 「지역개발론: 7급 지방직 공무원 수험서」, 집현재.

이성호(2012), “SNS의 정보 홍수에서 집단지성을 꽃피우는 소셜컴퓨팅,” 「SERI 경영 노트」 135.

이승철(2011), “도시유형별 삶의 질 수준과 영향요인: 대구 · 경북지역을 중심으로,” 「지방정부연구」 15(2).

이일희 · 이주형(2011), “지속가능성을 위한 도시재생 계획요소에 관한 연구,” 「도시설계」 12(6).

이정전(1995), 「토지경제론」, 박영사.

이주형(2009), 「21세기 도시재생의 패러다임」, 보성각.

이진경(2012), “세계서 가장 행복한 나라는? 호주,” 「세계일보」 5월 23일자.

이창우(2001), “도시계획 패러다임 변화와 지속가능도시,” 시민환경연구소 편, 「생태도시로 가는 길」, 도요새.

이창우(2004), “생태도시란 무엇인가?,” 환경운동연합 · 한겨레신문사, 「2004년 생태도시만들기 캠페인 2차 워크숍 발표자료」.

이태진 · 김태완 · 권소현 · 김성철 · 김문길 · 우선희 · 박은영(2008), 「사회현황 및 사회정책 지표개발에 관한 연구」, 한국보건사회연구원 · 보건복지가족부.

이희창 · 박희봉(2005), “사회자본과 지역발전,” 「한국행정논집」 17(4).

임희섭(1996), “삶의 질의 개념적 논의,” 「한국행정연구」 5(1).

장동진(2011), “정치철학적 관점에서 본 한국의 공정한 사회 담론,” 「경제 · 인문사회연구회 공동학술행사 발표자료집」.

장용석 · 박명호 · 강상인 · 오완근 · 이영섭 · 한상범 · 박찬열 · 정명은 · 박나라(2010), 「한국경제 사회 선진화의 조건(Ⅱ): 통합사회지표」, 경제 · 인문사회연구회.

장용석 · 이영섭 · 박명호 · 오완근 · 한상근(2011), 「한국 경제 · 사회 선진화의 조건(Ⅲ): 공정사회지표」, 경제 · 인문사회연구회.

전경구(1999), 「지역개발의 이해」, 대구대학교출판부.

전훈(2007), "지역경쟁력과 지역발전: 프랑스의 지역개발정책의 시사점," 「한국법정책학회」 7(1).

정광호(2007), "사회자본과 지방정부 역량의 연관성 탐색: 재정역량을 중심으로," 「정책분석평가학회보」 20(4).

정근영 · 장민수(2007), "지속가능발전의 논의와 발전방향," 「질서경제저널」 10(1).

정선기(2007), 「2007 대전시민의 삶의 질 연구」, 대전발전연구원.

정은영(2008), "언론보도가 지방정부의 정책형성과정에 미치는 영향에 관한 연구," 계명대학교 박사학위논문.

정정길(1989), 「정책학원론」, 대명출판사.

조권중(2010), "서울의 사회적 자본," 「SDI정책 리포트」 70.

조명래(2007), "생태적 지역발전 패러다임의 모색: 지역공간의 피폐와 생태문화적 회생전략," 「한국지역개발학회지」 19(3).

조명래(2009), "녹색성장과 녹색사회 구현," 「국토」 327.

조상필 · 정철(2010), 「전라남도 도시경쟁력 평가 및 강화방안」, 전남발전연구원.

조승헌(2001), 「행복정책연구」, 인천발전연구원.

조지 S. 나이(Nye, Joseph S)(2004), 「소프트 파워」, 홍수원 역, 세종연구원, (2004, Soft Power, Perseus Books).

지속가능발전위원회(2008), 「국가지속가능발전지표」.

차경은(2012), "지역공동체 형성을 위한 주민의 행정참여 개선방안," 「정책과학연구」 21(2).

차미숙 · 임은선 · 김혜승 · 윤윤정 · 이현주 · 강신욱 · 전지현 · 박수진(2011), 「사회통합을 위한 지역적 대응과제: 지역사회통합지수 개발 및 활용방안」, 경제 · 인문사회연구회 협동연구총서.

찰스 리드비터(Leadbeater, Charles)(2009), 「집단지성이란 무엇인가」 이순희 역,

(주)북이십일, (2008, We-Think: Mass Innovation, not Mass Production, Aitken Alexander Associate).

최봉기(2008), 「정책학개론」, 박영사.

최숙희·최순화·박성민·박용규·김선빈·강성원·박준(2008), "정부정책 성공의 충분조건: 소통," 「CEO Information」 683.

최영출(2012), "지속가능한 지역발전의 정책적 관점," 「The KAPS」 28.

최진혁(2012), "정책결정과정에서의 주민주권의 강화," 「지방행정연구」 26 (1).

통계청(2009), 「한국의 사회동향」.

하성규(2011), "지역개발학의 정체성과 발전방향," 「한국지역개발학회지」 23 (4).

하성규·김재익·전명진·문태훈(1999), 「지속가능한 도시개발론」, 보성각.

하혜수(1996), "지방정부의 정책산출평가모형에 관한 연구," 서울대학교 박사학위논문.

한겨레신문(2010), "서울 인구 6년째 '고공행진," 「한겨레신문」 2010년 1월 17일자.

한국도시연구소(1998), 「생태도시론 – 한국 도시 환경문제 분석과 대안」, 박영사.

한세억(2012), "행정조직에서 창조성 담론의 필요성과 한계," 「한국지방정부학회 학술대회자료집」.

한표환(1995), 「도시지표의 개발 및 적용에 관한 연구」, 한국지방행정연구.

한표환(2012), "녹색희망 공동체 소성: 새로운 지역발전 전략," 「한국지역개발학회지」 24(1).

한표환·정순오·김선재(1995), "도시진단을 위한 도시지표의 개발 및 적용에 관한 연구," 「한국지역개발학회지」 7(1).

한화진(2011), "기후변화 영향, 취약성, 적응 평가," 국가기후변화적응센터.

한희원(2010), 「국가정보 – 법의 지배와 국가정보」, 법률출판사.

현대경제연구원(2012), "부패와 경제성장," 「Weekly Economic Review」 489.

환경부(2002), 「지속가능한 지역개발전략 수립을 위한 연구」.

환경부(2010), "저탄소 녹색성장 기본법 시행에 따른 국가 기후변화 적응대책," 2010년 10월 21일자 발표자료.

황희연·백기영·변병설(2002), 「도시생태학과 도시공간구조」, 보성각.

NPO단지재생연구회(2006), 「단지재생 마을만들기」, 구자훈·하우드도시재생연구소 역, 기문당.

SBS(2010), 「제8차 미래한국리포트: 소통」.

Bourdieu. P.(1986), "Forms of Capital," in J. Richardson (ed.), *Handbook of Theory and Research for the Sociology of Education*, Westport, CT: Greenwood Press.

Bovaird, T.(2007), "Beyond Engagement and Participation: User and Community Coproduction of Public Services," *Public Administration Review* 67(5).

Bovaird, T.(2009), "Strategic Management in Public Sector Organizations," in T. Bovaird & E. Löffler(eds.), *Public Management and Governance,* Oxon: Routledge.

Bovaird, T. & E. Löffler(eds.)(2009), *Public Management and Governance* (2nd ed.), Oxon: Routledge.

Bovaird, T. & J. Tizard(2009), "Partnership Working in the Public Domain," in T. Bovaird & E. Löffler (eds.), *Public Management and Governance*, Oxon: Routledge.

Boyer, R. & D. Savageau(1981), *Places Rated Almanac*, Chicago: Rand McNally.

Brint(2001), "Gemeinschaft Revisited: A Critique and Reconstruction of the Community Concept," *Sociological Theory* 19(1).

Bullen, P. and J. Onyx(1998), *Measuring Social Capital in Five Communities in NSW*, Center for Australian Community Organization and Management(CACOM), University of Technology, Sydney.

Capello, R.(2000), "The City Network Paradigm: Measuring Urban Network Externalities," *Urban Studies* 37(11).

Coleman, J.(1990), *The Foundations of Social Theory*, Cambridge, Massachusetts: Harvard University Press.

Cutter, S. L.(1985), *Rating Places: A Geographer's View on Quality of Life*, Washington, DC: Association of American Geographers.

Department for Environment, Food and Rural Affairs(2009), Measuring Progress: Sustainable Development Indicators 2010.

Diener, E.(1984), "Subjective Well-being," *Psychological Bulletin* 95.

Edgington, D. W. and A. L. Fernandez(2001), *New Regional Development Paradigms: New Regions - Concepts, Issues and Practices*, edited by Asfaw Kumssa and Terry G. McGee, Westport, Connecticut · London: Greenwood Press.

Frahm, K. A. & L. L. Martin(2009), "From Government to Governance: Implications for Social Work Administration," *Administration in Social Work* 33.

Frederickson, H. G.(1980), *New Public Administration*, Alabama: The University of Alabama Press.

Friedman, T.(2008), *Hot, Flat and Crowded: Why We Need a Green Revolution - and How It Can Renew America*, New York: Farrar, Straus and Giroux.

Friedmann, J.(1965), *Regional Development Policy*, Cambridge, Massachusetts: The M.I.T. Press.

Friedmann, J.(1972), *Urban and Regional Development Advisory Program in Chile, A General Theory of Polarized Development*, Ford Foundation, Urban and Regional Advisory Program in Chile.

Fukuyama, F.(1995), *Trust: The Social Virtues and The Creation of Prosperity*, N.Y.: Free Press.

Glasson, J.(1975), *An Introduction to Regional Planning*, London: Hutchinson.

Glasson, J. and T. Marshall(2007), *Regional Planning*, New York: Routledge.

Glatzer, W.(2006), "Quality of Life in the European Union and United States of America: Evidence from Comprehensive Indices," *Applied Research in Quality of Life* 1.

Hall, P. and M. Tewdwr-Jones(2011), *Urban and Regional Planning*, New York: Routledge.

Hays, S. P.(1987), *Beauty, Health, and Permanence: Environmental Politics in the United States, 1955-1985*, Cambridge: Cambridge University Press.

Helliwell, J., R. Layard, and J. Sachs(eds.)(2012), *World Happiness Report*, UN.

Henderson, H., J. Lickerman, & P. Flynn(2000), *Calvert-Henderson Quality of Life Indicators*, Bethesda: Calvert Group.

Hill, M. & P. Hupe(2009), *Implementing Public Policy* (2nd ed.), London: Sage.

Hughes, M. L.(2006), "Affect, Meaning and Quality of Life," *Social Forces* 85(2).

Inglehart, R.(1977), *The Silent Revolution: Changing Values and Political Styles Among Western Publics*, Princeton: Princeton University Press.

Isard, W.(1960), *Methods of Regional Analysis: An Introduction to Regional Science*, Cambridge and New York: The Technology Press of the Massachusetts Institute of Technology and Wiley.

Keaney, A. T.(2008), "The 2008 Global Cities Index," *Foreign Policy*.

Keating, M.(1998), *The New Regionalism in Western Europe: Territorial Restructuring and Political Change*, Northampton: Edward Elgar Publishing.

Klaasen, L.(1963), *Area Social and Economic Development*, OECD.

Klijn, E., B. Steijn, & J. Edelenbos(2010), The Impact of Network Management on Outcomes in Governance Networks, *Public Administration* 88(4).

Kooiman, J.(1993), "Social-political Governance: Introduction," in J. Kooiman (ed.), *Modern Governance: New Government - Society Interactions*, London: Sage.

Kuhn, T. S.(1970), *The Structure of Scientific Revolution*, Chicago, Illinois: The Univ. of Chicago Press.

Landry, C.(2008), *The Creative City: A Toolkit for Urban Innovators*, London: Earthscan.

Lane, R. E.(1994), "Quality of Life and Quality of Person's New Role for Well-being Measure," *Political Theory* 22.

Liu, B. C.(1976), *Quality of Life Indicators in U. S. Metropolitan Areas, 1970*, Midwest Research Institute, Kansas City, MO, USA.

Löffler, E.(2009), "Public Governance in a Network Society," in T. Bovaird & E. Löffler (eds.), *Public Management and Governance* (2nd ed.), Oxon: Routledge.

Lynn, L. E., C. J. Heinrich, & C. J. Hill(2000), "Studying Governance and Public Management: Challenges and Perspects," *Journal of Public Administration and Theory* 10(2).

Martin, S.(2009), "Engaging with Citizens and Other Stakeholders," in T. Bovaird & E. Löffler (eds.), *Public Management and Governance*, Oxon: Routledge.

Moore, M. & J. Hartely(2010), "Innovations in Governance," in S. P. Osborne (ed.), *The New Public Governance?: Emerging Perspectives on the Theory and Practice of Public Governance*, London: Routledge.

Myers, D.(1987), "Community-Relevant Measurement of Quality of Life: A Focus on Local Trends," *Urban Affairs Quarterly* 23.

Newman, J. & R. E. Ashworth(2008), "Changing Equalities: Politics, Policies and Practice," in T. Bovaird and E. Löffler(eds.), *Public Management and Governance*, London: Routledge.

Northouse, P. G.(2003), *Leadership: Theory and Practice*, Sage Publication.

O'Neil, J.(1993), *Ecology, Policy and Politics: Human Well-Being and the Natural World*, London: Routledge.

O'Toole, L. J.(2000), "Research on Policy Implementation: Assessment and Prospects," *Journal of Public Administration and Theory* 10(2).

Peters, B. G. & J. Pierre(1998), "Governance without Government? Rethinking Public Administration," *Journal of Public Administration and Theory* 8(2).

Pierson, J.(2002), *Tackling Social Exclusion*, Routledge.

Pork, M.(2010), "Sustainability in Practice: The Interpretation of Sustainable Development in Regional Planning Arena for Dialogue and Learning in Western Sweden," *Planning Theory & Practice*.

Portes, A.(1998), "Social Capital: Its Origins and Applications in Modern Sociology," *Annual Review of Sociology* 22.

Putnam, R. D., R. Leonardi, & R. Nanetti(1993), *Making Democracy Work: Civic Traditions in Modern Italy*, Princeton: Princeton University Press.

Randall, J. E. & P. H. Morton(2003), "Quality of Life in Saskatoon 1991 and 1996: A Geographical Perspective," *Urban Geography* 24(8).

Randall, J. E. & A. M. Williams(2001), "Urban Quality of Life: An Overview," *Canadian Journal of Urban Research* 10(2).

Rees, T.(2006), "Reflection on the Uneven Development of Gender Maintreaming," *International Feminist Journal of Politics* 7(4).

Reynolds. P. D.(1971), *A Primer in Theory Construction*, Indianapolis: The Bobbs Merrill Co., Inc.

Rhodes, R.(1997), *Understanding Governance, Policy Networks, Governance, Reflexivity and Accountability*, Buckingham: Open University Press.

Rhodes, R. A. W.(1996), "The New Governance: Governing without Government," *Political Studies* 44(4).

Rice, S. & M. D. Miller(1990), *Developing a Model for the Study of Quality of Life in Elderly Patients with Chronic Diseaser: Use of Hypertension as an Example*, Department of Familly Medicine.

Rice, T. W.(2001), "Social Capital and Government Performance in Iowa Communities," *Journal of Urban Affairs* 23.

Richardson, H. W.(1973), *Regional Growth Theory*, London: Macmillan Press.

Richardson. J. M., Jr. & R. T. Holt(1970), "Competing Paradigms in Comparative Politics," R. T. Holt and J. E. Turner, eds., *The Methodology of Comparative Research*, New York: The Free Press.

Rifkin, J.(2009), *The Empathic Civilization: The Race to Global Consciousness in a World in Crisis*, Cambridge: Polity Press.

Robert, A. C.(2000), "Objective and Subjective Quality of Life: An Interactive Model," *Social Indicator Research* 52.

Roberts, P. & H. Sykes(2000), *Urban Regeneration: A Handbook*, SAGE Publications, Ltd.

Schedler, K. and Helmuth, U.(2009) "Process Management in Public Sector Organisations," in T. Bovaird & E. Löffler(eds.), *Public Management and Governance*(2nd ed.), Oxon: Routledge.

Schneider, M.(1974), "The Quality of Life in Large American Gities: Objective and Subjective Indicatiors," *Social Indicator Research* 1.

Seers, D.(1977), "The Meaning of Development," *International Development Review* 11(4).

Slottje, D. J.(1991), "Measuring the Quality of Life Across Countries," *The Review of Economics and Statistics* 73(4).

Stimson, R. J., R. R. Stough, and Brian H. Roberts(2006), *Regional Economic Development*, Berlin · Heidelberg · New York: Springer Press.

Taylor, S. J. & R. Bogdan(1990), "Quality of Life and the Individual's Perspective," in R. L. Schalock(ed.), *Quality of Life: Perspective and Issues*, American Association on Mental Retardation: Special Publication.

Todaro, M. P.(1989), *Economic Development in the Third World*, London: Longman.

Transparency International(2006), *Handbook for Curbing Corruption in Public Procurement*, Berlin: Transparency International.

Transparency International(2011), *Corruption Perceptions Index 2011*, Berlin: Transparency International Secretariat.

UN(2001), Indicators of Sustainable Development: Guidelines and Methodologies.

UNDP(1997), Governance for Sustainable Human Development: A UNDP Policy Document, Retrieved 20. April, 2010, from http://mirror.undp.org/magnet/policy.

UNDP(2009), Monitoring Progress on Sustainable Development: Sustainable Development Indicators.

Vangen, S. & C. Huxham(2010), "Introducing the Theory of Collaborative Advantage," in S. P. Osborne (ed.), *The New Public Governance?: Emerging Perspectives on the Theory and Practice of Public Governance*, London: Routledge.

Veenhoven, R.(1984), *Condition of Happiness*, Kluwer Academic, Boston: Dordrecht.

Weber, M.(1947), *The Theory of Social Economic Organization* (A. M. Henderson & T. Parsons, Trans.), New York: Free Press.

Weizsäcker, E. U. von(1998), *Factor Four: Doubling Wealth, Halving Resource Use*, London: Earthscan Publications, Ltd.

WHOQOL(1994), "The Development of the World Health Organization Quality of Life Assessment Instrument (the WHOQOL)," in *Quality of Life Assessment: International Perspectives*, Edited by J. Orley & W. Kuyken, Heidelberg, Springer-Verlag.

Withey, S. B. & F. W. Andrews(1976), *Social Indicators of Well-Being*, N.Y. and London: Plenum Press.

World Bank(2000), Social Capital for Development(www.worldbank. org).

中國社會科學院(2004),「中國城市競爭力報告 No. 2」, 社會科學文獻出版社.

小泉秀樹(2006),「主ちづくりと都市の計畫システム」, 국토연구원 살기좋은 도시만들기 국제세미나 발표자료.

福井県(2012),「ふるさと希望指数(LHI: Local Hope Index) 研究報告書」.

공감코리아공정사회(http://fair.korea.kr)

네이버 백과사전(http://dic.naver.com)

the Centre for Bhutan Studies(http://www.bhutanstudies.org.pt)

부록

Ⅰ. H_2O 지표

◆ H_2O 지표 구성
- H_2O 결과지표: 8개 차원, 22개 영역, 45개 세부영역 / 140개 지표
  (행복 46, 희망 47, 기회 48)
- H_2O 산출지표: 8개 차원, 22개 영역, 45개 세부영역 / 69개 지표
- H_2O 투입지표: 7개 차원 / 18개 지표

1. H_2O 결과지표

차원	영역	세부영역	행복지표	희망지표	기회지표
경제	고용	일자리(취업)	• 현재 직업 만족도	• 미래 구직 용이성	• 일자리 기회 공평성
		종사상 지위	• 현재 직장직위 만족도	• 고용 보장 안정성	• 정규직 전환 가능성
	소득	임금	• 현재 임금 만족도	• 미래 임금 기대감	• 임금체계 공정성
	자산	(부)동산	• 현재 보유자산 만족도	• 미래 자산 기대감	• (부)동산 소유 기회 공평성
	세금(조세)	조세	• 현재 세금 수준 만족도	• 미래 세금 부담 정도	• 세금제도의 형평성
사회·교육	가족	자녀	• 현재 자녀와의 관계 만족도	• 미래 자녀와의 대화 정도	• 소외가정(다문화가정 등)이 일반가정과 동등하게 대우받는 정도
		부부	• 현재 부부 친밀성에 대한 만족도	• 미래 부부 친밀도 향상에 대한 기대감	• 부부간 가사분담의 형평성
		세대	• 현재 세대간 관계의 만족도	• 미래 세대간의 관계 기대감	• 노년기 소외감
	사회	직장	• 현재 직장동료와의 관계 만족도	• 미래 직장동료 관계 기대감	• 직장내 의견 개진시 반영 정도
		이웃	• 현재 이웃과의 친밀도에 대한 만족도	• 미래 이웃과의 친밀도에 대한 기대감	• 이웃과 동등한 대우 정도

		지역사회	• 현재 공동체 활동(자원봉사, 자율방범 등)에 대한 만족도	• 미래 공동체 활동(자원봉사, 자율방범 등)에 대한 기대감	• 공동체 활동 참여기회(자원봉사, 자율방범 등)의 동등성
	교육	평생교육	• 현재 평생교육(노인대학, 직업훈련, 도서관 프로그램, 주민자치센터 등)에 대한 만족도	• 미래 평생교육(노인대학, 직업훈련, 도서관 프로그램, 주민자치센터 등)에 대한 기대감	• 평생교육(노인대학, 직업훈련, 도서관 프로그램, 주민자치센터 등) 기회의 공평성
		의무교육	• 현재 공교육에 대한 만족도	• 미래 공교육에 대한 기대감	• 사교육비 지출 격차 정도
			• 현재 교육환경(무상급식, 학교폭력 감소)에 대한 만족도	• 미래 교육환경(무상급식, 학교폭력 감소) 개선에 대한 기대감	• 무상급식에 대한 지역적 형평성
		대학교육	• 현재 대학교육에 대한 만족도	• 미래 대학교육(반값 등록금 등)에 대한 기대감	• 대학교(원) 진학 기회 공평성 • 지역 간 대학 격차 정도
여가 문화	여가	시간	• 현재 여가 시간의 만족도	• 미래 여가 시간의 기대감	• 여가 시간의 공평성
		공간	• 현재 여가 공간(시설)의 만족도	• 미래 여가 공간(시설)의 기대감	• 여가 시설의 접근성
		활동	• 현재 여가 활동의 만족도	• 미래 여가 활동의 기대감(가족 중심)	• 여가 활동의 용이성
	문화 예술	활동	• 현재 문화예술 활동의 만족도	• 미래 문화예술 활동의 기대감	• 문화예술 활동기회의 공평성
		공간	• 현재 문화예술 공간(시설)의 만족도	• 미래 문화예술 공간(시설)의 기대감	• 문화예술 시설에 대한 접근성
		프로그램	• 현재 문화예술 행사 만족도	• 미래 문화예술 행사의 기대감	• 문화예술 행사 참여의 용이성
정치 · 행정	정치	기초의회	• 현재 구·군의원 활동의 만족도	• 미래 구·군의원 활동의 기대감	• 기초의회의 민원 제기 시 해소수준의 차이
		광역의회	• 현재 시·도의원 활동의 만족도	• 미래 시·도의원 활동의 기대감	• 광역의회의 민원 제기 시 해소수준의 차이

		국회	• 현재 국회 활동 만족도	• 미래 국회 활동 기대감	• 국회의 민원 제기 시 해소수준의 차이
	행정 서비스	읍면동	• 현재 읍·면·동 행정서비스 만족도	• 미래 읍·면·동 행정서비스 기대감	• 읍·면·동 행정서비스 전달의 공평성
		시군구	• 현재 시·군·구 행정서비스 만족도	• 미래 시·군·구 행정서비스 기대감	• 시·군·구 행정서비스 전달의 공평성
		시도	• 현재 시·도 행정서비스 만족도	• 미래 시·도 행정서비스 기대감	• 시·도 행정서비스 전달의 공평성
		중앙정부	• 현재 중앙정부 행정서비스 만족도(고용센터, 고용보험 등)	• 미래 중앙정부 행정서비스 기대감(고용센터, 고용보험 등)	• 중앙정부 행정서비스 전달의 공평성
건강·복지	건강상태	건강상태	• 현재 건강수준 만족도	• 미래 건강수준 기대감	• 소득수준 등에 따른 건강 불평등 정도
	보건의료	보건	• 현재 보건서비스(보건소 등) 만족도	• 미래 보건서비스(보건소 등) 기대감	• 보건서비스(보건소 등) 형평성
		의료	• 현재 병·의원 이료 서비스 만족도	• 미래 병·의원 의료 서비스 기대감	• 병·의원 의료서비스 형평성
	복지	복지서비스	• 현재 복지서비스 만족도	• 미래 복지서비스 기대감	• 복지서비스 공평성
생활편의	주거	주택	• 현재 주택에 대한 만족도	• 미래 주택 수준 향상(재개발, 재건축 등)에 기대감	• 공공임대주택 공급 공평성
				• 미래 주택 다양성에 대한 기대감	• 사회적 약자에 대한 주택개량 사업 추진의 공평성
	근린생활시설	근린생활시설	• 현재 근린생활시설의 만족도(슈퍼마켓, 일용품점, 미용원, 목욕장 등)	• 미래 양호한 근린생활시설의 기대감(슈퍼마켓, 일용품점, 미용원, 목욕장 등)	• 근린생활시설 접근성에 대한 형평성(슈퍼마켓, 일용품점, 미용원, 목욕장 등 생활밀접시설)
	교통	대중교통	• 현재 대중교통서비스에 대한 만족도	• 미래 대중교통서비스 개선에 대한 기대감	• 교통약자를 위한 교통수단(저상버스, 나드리 콜 등)의 접근성

		주차 공간	• 현재 주차 공간에 대한 만족도	• 미래 양호한 주차 공간에 대한 기대감	• 교통약자를 위한 편의시설(Barrier free) 설치 정도
	정보	인터넷	• 현재 인터넷 활용에 대한 만족도	• 미래 양호한 인터넷 활용에 대한 기대감	• 인터넷 접근성에 대한 박탈감 정도
		이동통신	• 현재 이동통신망(wi-fi 등) 서비스에 대한 만족도	• 미래 양호한 이동통신망(wi-fi 등) 서비스에 대한 기대감	• 이동통신 기지국 설치에 대한 형평성
재해·안전	치안	치안 서비스	• 현재 시점에서 범죄(강도, 폭력 등)로부터 안전성	• 미래 시점에서 범죄(강도, 폭력 등)로부터 안전한 정도	• 양호한 치안서비스에 대한 박탈감 정도
	방재	인적재해(소방)	• 현재 소방서비스에 대한 만족도	• 미래 소방서비스에 대한 기대감	• 소방서비스에 대한 박탈감 정도
		자연재해	• 현재 자연재해(홍수, 가뭄, 태풍, 지진 등)에 대한 대비 만족도	• 미래 자연재해(홍수, 가뭄, 태풍, 지진 등)에 대한 대비 정도	• 자연재해 대처에 대한 공평성(홍수, 가뭄, 태풍, 지진 등)
녹색환경	경관	공원녹지	• 현재 공원녹지에 대한 만족도	• 미래 공원녹지 수준에 대한 기대감	• 공원녹지에 대한 박탈감 정도
	환경	상수	• 현재 수돗물에 대한 만족도	• 미래 양호한 수돗물에 대한 기대감	• 양호한 수돗물에 대한 박탈감 정도
		소음	• 현재 조용한 환경에 대한 만족도	• 미래 소음 저감에 대한 기대감	• 조용한 환경에 대한 박탈감 정도
		대기	• 현재 대기의 질에 대한 만족도	• 미래 건강한 대기에 대한 기대감	• 건강한 대기에 대한 박탈감 정도
		쓰레기(폐기물) 처리	• 현재 쓰레기 처리(청소상태, 공공시설의 청결)에 대한 만족도	• 미래 쓰레기 처리(청소상태, 공공시설의 청결)에 대한 기대감	• 쓰레기처리(청소상태, 공공시설의 청결)에 대한 지역 격차 정도

2. H_2O 산출지표

차원	영역	세부 영역	지표	통계자료 출처	공간단위
경제	고용	일자리(취업)	• 경제활동 참가율	• e-지방지표	• 대구경북 시·군·구
		종사상 지위	• 종사자 지위별 취업자(상용, 임시, 일용, 자영, 무급)	• 경북사회지표	• 경북 시·군
	소득	임금	• 지역내 총생산 • 연간 가구소득	• 경북사회지표 • 경북사회지표	• 경북 시·군 • 경북 시·군
	자산	(부)동산	• 부채가 있는 가구 • 1인당 자동차 등록대수	• 경북사회지표 • e-지방지표	• 경북 시·군 • 대구경북 시·군·구
	세금	조세	• 지방세 부담액	• 시군구 통계연감	• 대구경북 시·군·구
사회·교육	가족	자녀	• 소년 천명당 소년범죄 발생건수	• e-지방지표	• 대구경북 시·군·구
		부부	• 인구 천명당 이혼율 (조이혼율)	• e-지방지표	• 대구경북 시·군·구
		세대	• 인구 십만명당 자살률	• e-지방지표	• 대구경북 시·군·구
사회·교육	사회	직장	• 일과 가정의 우선도 • 고용안정성(만족도) • 일과 가정 양립제도 인지도	• 통계청(사회조사) • 통계청(사회조사) • 통계청(사회조사)	• 대구경북 • 대구경북 • 대구경북
		이웃	• 자원봉사자 수	• 대구경북통계연감	• 대구경북 시·군·구
		지역사회	• 다문화가정 비율 • 사회적 관계망 • 단체 참여율	• 통계청(인구동향조사) • 통계청(사회조사) • 통계청(사회조사)	• 대구경북 • 대구경북 • 대구경북
	교육	평생교육	• 문해율	• 경북사회지표	• 경북 시·군
		의무교육	• 진학률(초·중·고등학교) • 교수당·학급당 학생수 (초·중·고등학교)	• 경북사회지표 • 대구경북통계연감	• 경북 시·군 • 대구경북 시·군·구
		대학교육	• 대학교 진학률	• 경북사회지표	• 경북 시·군

여가 문화	여가	시간	• 여가시간 충분도	• 통계청(국민여가 활동조사)	• 전국
		공간	• 인구 십만명당 체육시설수	• e-지방지표	• 대구경북 시·군·구
		활동	• 10대 여가활동 참여 비율 • 60대 여가활동 참여 비율	• 통계청(국민여가 활동조사) • 통계청(국민여가 활동조사)	• 전국 • 전국
	문화 예술	활동	• 문화예술 관람인구 비율	• 경북사회지표	• 경북 시·군
		공간	• 천명당 문화관련 시설수	• 대구경북통계연감	• 대구경북 시·군·구
		프로그램	• 지역 문화예술행사 만족도	• 경상북도 생활의식 조사	• 경북 시·군
정치 · 행정	정치	기초의회	• 기초의회비 비중	• 지방재정통계	• 대구경북 시·군·구
		광역의회	• 광역의회비 비중	• 지방재정통계	• 대구경북
		국회	• 투표율	• 중앙선거관리 위원회	• 선거구
	행정 서비스	읍·면·동	• 읍·면·동 공무원수/전체 공무원수	• 행정조사	• 대구경북 시·군·구
		시·군·구	• 지방자치단체 공무원 정원	• e-지방지표	• 대구경북 시·군·구
			• 민원서류처리(건)	• 대구경북통계연감	• 대구경북 시·군·구
		시·도	• 민원서비스 만족도	• 경상북도 생활의식 조사	• 경북 시·군
		중앙정부	• 행정정보 공개율	• e-지방지표	• 전국
건강 · 복지	건강 상태	건강상태	• 흡연율, 음주율	• e-지방지표	• 대구경북 시·군·구
			• 공공체육시설	• 대구경북통계연감	• 대구경북 시·군·구
			• 하루평균 수면시간	• 경북사회지표	• 경북 시·군

	보건의료	보건	• 건강보험 적용 인구	• 경북사회지표	• 경북 시·군
			• 보건소 인력	• 대구경북통계연감	• 대구경북 시·군·구
		의료	• 인구 천명당 의료기관 종사 의사수	• e-지방지표	• 대구경북 시·군·구
			• 병원수 및 병상수	• 대구경북통계연감	• 대구경북 시·군·구
	복지	복지서비스	• 사회복지예산 비율	• e-지방지표	• 대구경북 시·군·구
			• 사회복지시설	• 대구경북통계연감	• 대구경북 시·군·구
			• 국민기초생활보장 수급자	• 대구경북통계연감	• 대구경북 시·군·구
			• 소년소녀 가정, 장애인 등록 현황, 저소득 한부모 가정	• 대구경북통계연감	• 대구경북 시·군·구
			• 유아 천명당 보육시설수	• e-지방지표	• 대구경북 시·군·구
생활편의	주거	주택	• 주택의 종류	• 시·군·구 통계연감	• 대구경북 시·군·구
			• 전월세가구 현황	• 경북사회지표	• 경북 시·군
			• 전세가구의 월세·전세금	• 경북사회지표	• 경북 시·군
	근린생활시설	근린생활시설	• 거주지 만족도	• 경상북도 생활의식조사	• 경북 시·군
	교통	대중교통	• 자동차대수/총도로연장	• 행정조사	• 대구경북 시·군·구
		주차 공간	• 자동차등록 대수	• 대구경북통계연감	• 대구경북 시·군·구
	정보	인터넷	• 인터넷 이용횟수	• 경북사회지표	• 경북 시·군
			• 개인 이메일 주소 및 홈페이지 보유	• 경북사회지표	• 경북 시·군
		이동통신	• 휴대전화 보유	• 경상북도 생활의식조사	• 경북 시·군

<table>
<tr><td rowspan="6">재해
·
안전</td><td rowspan="2">치안</td><td rowspan="2">치안서비스</td><td>• 경찰관 1인당 주민수</td><td>• 경북사회지표</td><td>• 경북 시·군</td></tr>
<tr><td>• 범죄발생(건) 및 범죄 검거율</td><td>• 대구경북통계연감</td><td>• 대구경북 시·군·구</td></tr>
<tr><td rowspan="4">방재</td><td rowspan="3">인적재해
(소방)</td><td>• 소방인력 및 장비(소방차, 구조차 등) 수</td><td>• 경북사회지표</td><td>• 경북 시·군</td></tr>
<tr><td>• 화재 및 풍수해(건)</td><td>• 대구경북통계연감</td><td>• 대구경북 시·군·구</td></tr>
<tr><td>• 산림피해 면적 및 피해액</td><td>• 시·군·구 통계 연감</td><td>• 대구경북 시·군·구</td></tr>
<tr><td>자연재해</td><td>• 풍수해 피해액</td><td>• 대구경북통계연감</td><td>• 대구경북 시·군·구</td></tr>
<tr><td rowspan="6">녹색
환경</td><td>경관</td><td>공원녹지</td><td>• 인구 천명당 도시공원 조성면적</td><td>• e-지방지표</td><td>• 대구경북 시·군·구</td></tr>
<tr><td rowspan="5">환경</td><td rowspan="2">상수</td><td>• 환경오염 배출사업장수 (수질)</td><td>• 대구경북통계연감</td><td>• 대구경북 시·군·구</td></tr>
<tr><td>• 상하수도 보급</td><td>• 시·군·구 통계 연감</td><td>• 대구경북 시·군·구</td></tr>
<tr><td>소음</td><td>• 환경오염 배출사업장수 (소음 및 진동)</td><td>• 대구경북통계연감</td><td>• 대구경북 시·군·구</td></tr>
<tr><td>대기</td><td>• 환경오염 배출사업장수 (대기)</td><td>• 대구경북통계연감</td><td>• 대구경북 시·군·구</td></tr>
<tr><td>쓰레기(폐기물) 처리</td><td>• 생활폐기물 발생량</td><td>• 대구경북통계연감</td><td>• 대구경북 시·군·구</td></tr>
</table>

3. H_2O 투입지표

차원	지표
조직	• 중점사업 추진을 위한 TFT 구성 횟수
	• 일하는(생산적) 조직문화 구축 노력
	• 동기 수준을 높이기 위한 포상 및 인센티브 부여
인력	• 인구 천명당 지자체 공무원 수
	• 직무분석에 의해 적정인력이 적재적소에 배치되었는지 여부
	• 능력 향상을 위한 제도 도입 및 교육(신규, 보수) 실적
주민참여	• 주민참여 제고를 위한 사업 발굴 및 업무관행(제도) 개선
	• 주민 의견 및 요구사항 파악을 위한 조사 활동
사업계획	• 비전과 중장기계획의 구체성과 현실성
	• 계획 달성을 위한 세부계획의 수립
	• 비전 실현을 위한 연도별 구체적인 계획 수립
예산	• 경상경비 증감율
	• 정부 국비사업 수주 실적
	• 재정자립도(재정자주도) 제고 노력
제도	• 사업추진의 효율성 제고를 위한 제도(규칙, 업무관행 등) 개선
	• 사업과 관련된 조례 제정 건수
리더십	• 단체장의 주요 대외활동(제도 개선, 예산확보 노력 등)
	• 주요 사업지표와 문제점이 있는 사업 등에 대한 확고한 대응방안 모색

Ⅱ. H_2O 전략지표

◆ H_2O 전략지표 구성

- 소통전략: 4개 키워드, 16개 지표
- 순환전략: 6개 키워드, 13개 지표
- 생태전략: 3개 키워드, 15개 지표
- 평등전략: 3개 키워드, 10개 지표
- 투명전략: 3개 키워드, 10개 지표
- 소통전략: 3개 키워드, 10개 지표

1. 소통전략지표

Keywords	설문 문항
개인 소통역량	• 나는 업무 추진 상에 발생된 문제를 해결하는 데 관련된 당사자가 전체 내용을 상세하게 아는 것이 중요하다고 생각한다
	• 나는 내가 추진하는 업무에 대한 정보를 당사자가 아니더라도 지역사회 주민 모두에게 공개하고 공감대를 형성하는 것이 중요하다고 생각한다
	• 나는 다른 사람의 의견을 이해하는 데 어려움이 없다
	• 나는 다른 사람의 의견을 충분히 듣는다
조직 내 소통	• 나는 내가 속한 조직의 구성원(동료, 부하직원, 상사 등)과 평상시 의사소통이 원활하다
	• 나는 내가 추진하는 업무와 관련된 정보를 내가 속한 조직 내 관계자와 충분히 공유한다
	• 나는 내가 추진하는 업무와 관련된 조직 내 관계자의 전문성과 역량에 매우 만족한다
조직 외 소통	• 나는 내가 추진하는 업무와 관련된 정보를 유관기관 혹은 단체와 충분히 공유한다
	• 나는 내가 추진하는 업무와 관련된 유관기관 혹은 단체(담당자)와 정보 공유를 위해 정기적으로 교류한다
	• 나는 내가 추진하는 업무와 관련하여 활동하는 유관기관 혹은 단체의 역할과 역량을 신뢰한다
	• 나는 내가 추진하는 업무와 관련하여 활동하는 유관기관 혹은 단체와의 네트워크가 풍부하다

이해관계 조정과 합의 형성	• 나는 내가 추진하는 업무(정책) 대상자와의 합의과정을 반드시 거친다
	• 나는 나의 업무와 관련해서 문제가 발생하거나 의사결정이 필요한 경우 조직 내 관계자와 충분히 상의한 후 결정한다
	• 나는 나의 업무와 관련해서 문제가 발생하거나 의사결정이 필요한 경우 유관기관 혹은 단체와 충분히 상의한 후 결정한다
	• 나는 우리 지역사회문제에 대해 다른 사람과 함께 집단학습(집단지성 제고)을 기꺼이 할 의향이 있다
	• 나는 우리 지역사회에서 발생한 구성원 간 지역 갈등을 해결하기 위해 갈등조정기구를 활용할 의향이 있다

2. 순환전략지표

Keywords	설문 문항
인재순환	• 나는 평소 우수한 중고등학생들이 타 지역으로 전학가는 것이 지역발전을 위해 바람직하지 않다고 생각한다
	• 나는 평소 대학교 이상의 학력을 가진 구직자가 타 지역으로 이동하는 것이 지역발전을 위해 바람직하지 않다고 생각한다
	• 나는 평소 여성 및 퇴직 전문인력을 적극적으로 활용하는 것이 중요하다고 생각한다
정보순환	• 나는 평소 지역사회 내 효율적으로 정보를 순환시키는 시스템이 구비되었다고 생각한다
자금순환	• 나는 평소 지역사회 내 자금이 원활하게 순환하고 있다고 생각한다
	• 나는 평소 지역사회 내 비공식 경제활동이 많지 않다고 생각한다
물자순환	• 나는 평소 효율적인 폐기물 재활용을 위한 통합수거체계가 적절하게 구축되었다고 생각한다
	• 나는 평소 불법 폐기물 매립으로 지역사회가 심각한 위해를 받고 있다고 생각한다
지역순환	• 나는 평소 농촌 소재의 전통산업(농산물의 가공 특산품화, 농촌문화 관광산업화 등)을 토대로 도농 간의 기능적 연계가 적절하게 이루어지고 있다고 생각한다

정책순환	• 나는 조직의 내외적인 상황 변화와 시민, 단체, 정부 등 다양한 이해관계자에 의하여 문제를 인식하고 정책을 발굴하고 있다
	• 나는 최적의 정책계획 수립을 위해서 전문가들과 시민들의 의견을 충분히 수렴하고 있다
	• 나는 특정집단이 아닌 지역 전체에게 긍정적인 영향을 미치는 쪽으로 정책을 집행하고 있다
	• 나는 정책이 집행되고 나면 목표달성도, 제기된 문제 해결정도 등을 종합적으로 평가하여 향후 유사한 정책을 추진하는 데 반영한다

3. 생태전략지표

Keywords	설문 문항
녹색성장	• 나는 우리지역이 신재생에너지 보급 · 확산에 적극적이라고 생각한다
	• 나는 우리지역이 지속적으로 녹색인증기업을 늘이는 데 노력하고 있다고 생각한다
	• 우리 지역에서 평상(출퇴근)시 대중교통 및 자전거를 이용하고 있다
	• 나는 우리지역이 기존 산업단지를 친환경 녹색산업단지로 전환하는 데 적극적이라고 생각한다
	• 나는 업무상 필요한 물품의 경우 친환경적으로 생산된 상품을 우선적으로 고려한다
	• 나는 우리지역이 재활용 쓰레기 분리 배출하는 데 어려움이 없다고 생각한다
지속가능발전	• 나는 업무를 추진하는 데 있어 지역의 생태보전 및 복원, 환경친화적 개발을 우선적으로 고려하고 있다
	• 나는 우리지역이 인구 증가를 위해 효과적이고 지속적인 정책을 추진하고 있다고 생각한다
	• 나는 우리지역이 환경문제 해결을 위해 하수 및 폐기물 처리시설 등에 대한 투자가 잘 이루어지고 있다고 생각한다
	• 나는 우리지역이 지역내(동, 면지역) 생활환경 격차가 더욱더 좁혀지고 있다고 생각한다
	• 나는 지금이 좋아서 다른 지역으로 이사하지 않을 생각이다

	• 나는 우리지역이 지역발전을 위해 다른 지역과 연계와 협력에 적극적이라고 생각한다
기후변화 대응	• 나는 기후변화에 대한 심각성을 염두에 두고 저감, 적응 정책 모두를 계획하여 추진하고 있다
	• 우리 지장에서 계절별(여름 · 겨울) 적정 실내온도를 유지하고 있다
	• 우리지역에서 자동차 요일제나 대중교통 이용 활성화 등 탄소 배출량 줄이기가 효과적으로 이루어지고 있다

4. 평등전략지표

Keywords	설문 문항
대상별 공평한 기회	• 관리직/고위직(여성위원 등) 내 여성과 남성의 고용의 몫이 동등하게 할당되어야 한다
	• 똑같은 일을 하더라도 우리나라 근로자와 외국인 근로자 간 임금격차를 두어야 한다
	• 직무수행 결과에 차이가 없다면 장애인을 고용해도 상관없다
	• 직무수행 결과에 차이가 없다면 노인을 고용해도 상관없다
정책대상에 대한 인식	• 정책입안 시 사회적 약자(소외 계층)에 대한 정책적 배려를 계획이나 프로그램에 반영해야 한다
	• 정책을 추진할 때 다양한 정책대상(계층)의 의견을 수렴하여야 한다
	• 정책추진 시 발생하는 이익은 누구에게나 공평하게 배분되어져야 한다
수직적 형평성	• 지방보다 수도권에 좀 더 많은 개발과 투자가 필요하다
	• 일반시민보다 취약계층에게 좀 더 많은 보건의료복지 서비스를 지원해야 한다
	• 직무수행 결과에 차이가 없더라도 비정규직과 정규직은 임금과 처우가 달라야 한다

5. 투명전략지표

Keywords	설문 문항
정보의 공개와 유통	• 공공기관의 정보라고 하더라도 모든 정보가 투명하게 공개될 필요는 없다
	• 지역사회 주민의 이해관계와 관련된 정보라면 모든 주민은 공개를 요구할 권리를 가진다
	• 너무 모든 공공기관의 결정과정과 정보를 공개하는 것은 때때로 효과적인 역할 수행에 장애가 된다
조달 등 공공재정의 사용	• 공적인 물품의 구매와 계약은 가능한 한 최대로 공개된 경쟁 입찰에 의해서 이루어져야 한다
	• 공적 예산을 사용하는 계약이나 구매 결정에 있어서 사적 이해관계가 관련이 조금이라도 있을 수 있는 공무원은 배제되어야 한다
	• 공적 재정이 사용되는 모든 과정에는 정치적이나 사적 이해관계와 자유로운 위원회와 같은 독립적인 기구에서 감시할 수 있도록 해야 한다
	• 공무원이 모든 사적인 이해관계나 인간적인 관계를 완벽하게 배제하고 공적 결정을 한다는 것은 불가능하다
양심선언에 대한 조치	• 작은 부정이나 부패가 발견되라도 어떠한 인간적이나 조직 내 관계를 배제하고 지체 없이 신고하여야 한다
	• 내부 고발한 경우 다른 조직 내 사람들로부터 배척당하고 불이익을 받는 것은 현실적으로 어쩔 수 없는 일이다
	• 내부 고발은 부정과 부패를 막을 수 있는 매우 중요한 수단이므로 적극적으로 장려되고 적절한 포상이 주어져야 한다

6. 융합전략지표

Keywords	설문 문항
협력적 이익에 대한 인식	• 지역사회의 문제를 해결하는 데 있어서 하나의 기관이 나서는 것 보다 이와 관련된 유관기관들이 협력하는 것이 필수적이다
	• 자신의 기관이 모든 중요한 일을 다 하려고 하는 것 보다 더 적합한 다른 기관에서 할 수 있도록 하는 것이 더욱 바람직하다
	• 유관기관들이 협력적으로 일하는 것이 이상적이지만 현실적으로 어렵거나 오히려 비효율적인 문제점이 더 많을 수 있다
협력전략의 적용	• 나는 어떤 일을 처리할 때 도움을 받을 수 있는 유관기관이 있다면 지체 없이 협조를 구하거나 방법을 모색한다
	• 나는 다른 기관에서 내 담당분야와 관련된 도움을 요청한다면 이해관계를 따지기보다 공공의 이익을 위해서 적극적으로 응할 것이다
	• 나는 필요한 도움을 얻고 협력을 얻어내기 위해 평소에도 관련된 공공기관이나 민간기관과 좋은 관계를 쌓으려고 노력한다
	• 공적 사안에 대해서 유관기관이 지식이나 정보를 요청할 경우 규정과 절차를 따지기보다는 일단 적극적으로 검토한다
공동생산에 대한 인식	• 지역사회의 발전을 위해서는 주민들의 적극적인 참여가 필수적이며 이는 주요 의사결정에 대한 보다 직접적인 참여를 포함한다
	• 주민들은 자신이 받는 서비스와 관련해서 보다 많은 결정권한을 부여받을 때 더 높은 효과를 얻을 수 있다
	• 공적 서비스가 제공될 때에는 서비스를 받는 주민이 자존심에 상처를 입기보다는 자신감을 더 얻을 수 있도록 신중해야 한다

Ⅲ. 영국 런던의 '평등한 삶의 기회' (Equal Life Chances for All)

◆ 측정영역
- 다양한 공동체
- 발전 지원(시장, 노동력, 공급부문 등)
- 삶의 질 향상을 위한 형평성 증진
- 형평성 증진을 위한 공공, 민간, 공동체의 협력
- 도시서비스의 접근 용이성과 적절성

1. 다양한 공동체

▷ 희망하는 결과(Outcome): 상대적 박탈을 경험하는 개인이나 취약한 공동체를 지원하고, 공동체 통합 증진

세부영역	세부영역에서 희망하는 결과	모니터링 방안
정책 홍보	• 소외공동체 사회통합 정책이 런던 전략, 계획, 프로그램 속에 반영되도록 하는 것	• 사회통합 정책 관련 담당자를 파악하고 자문이 적절하게 실행되는 지 모니터링
		• 시의 프로그램, 전략 개발에 다양한 런던의 공동체가 참가하는 지 조사
도시의 다양성	• 도시의 다양성을 긍정적으로 인식	• 도시의 다양성을 긍정적으로 인식하는 시민의 비율
차별의 저감	• 3년 전 혹은 그 이전과 비교하여 차별이 저감되었다고 느끼는 것	• 차별이 저감되었다고 느끼는 시민의 비율
자발적 참여	• 범죄율 감소, 삶의 질 향상, 청소년층의 기회를 증진시키기 위해 다양한 계층의 참여 유도	• 자원봉사자수

2. 발전 지원(시장, 노동력, 공급부문 등)

▷ 희망하는 결과(Outcome): 소외 계층의 고용 증진

세부영역	세부영역에서 희망하는 결과	모니터링 방안
노동계층의 다양성	• 런던의 다양성이 노동계층에도 반영 필요	• 노동계층 비율
사회 참여	• 사회 참여활동이 미진하고, 낮은 사회적 성공을 경험하는 개인(공동체)과 그렇지 않은 사람(공동체)과의 차이를 감소시키는 것	• 고용률(총 고용률 중 배제된 집단 비율)

▷ 희망하는 결과(Outcome): 소외 계층과 일반 계층 간의 임금 차이 감소

세부영역	세부영역에서 희망하는 결과	모니터링 방안
고용주의 성향	• 런던 물가를 고려한 임금 수준 책정	• 런던 물가를 고려해서 노동자의 임금을 책정한 고용주의 수
임금 수준	• 소외 계층과 평균 계층의 임금 차이 감소	• 소외 계층의 임금 수준
노동자의 기술 능력	• 노동자의 기술 능력 향상	• 자격증이 없는 노동자의 수
고용 기회	• 청년층 및 소외 계층에 대한 고용 기회 확대	• 수습사원의 수
	• 런던시민의 고용 기회 증가	• 계층간 고용격차의 감소
		• 교육, 훈련, 고용에서 제외된 16~18세 청소년
		• 빈곤계층의 어린이 비율

▷ 희망하는 결과(Outcome): 비즈니스와 정부조달 과정의 형평성 증진

세부영역	세부영역에서 희망하는 결과	모니터링 방안
조달 계획의 투명성	• 중소기업 등을 포함한 모든 사업체에게 정부의 조달 과정에 대한 정보를 제공하는 것	• 지역 중소기업이 조달한 상품과 서비스 비율

기업 지원 프로그램 참여	• 보다 많은 사업체가 'diversity works' 프로그램에 참가하는 것	• 'diversity works' 프로그램에 참가한 사업체수
조달 계획	• 보다 많은 지자체가 'responsible procurement' 정책에 참가하는 것	• 'responsible procurement' 정책에 참가한 지자체수
기업의 계약 부문 지원	• 보다 많은 사업체가 'competeFor' 프로그램에 참가하는 것	• 'competeFor' 프로그램에 참가한 사업체수

3. 삶의 질 향상을 위한 형평성 증진

▷ 희망하는 결과(Outcome): 삶의 질, 건강, 기대 수명 증진

세부영역	세부영역에서 희망하는 결과	모니터링 방안
삶의 질	• 삶의 질 향상	• 런던 플랜의 성과지표 및 관련 지수
건강	• 건강 불평등 감소	• '런던건강위원회'의 건강 불평등 지수의 개선
		• '국가 공공건강 Outcomes' 모니터링

▷ 희망하는 결과(Outcome): 리더십과 실행력 향상

세부영역	세부영역에서 희망하는 결과	모니터링 방안
계획 점검	• 형평성 증진 계획의 갱신과 실행	• 매년 형평성 계획을 검토
계획의 시의적절성	• 시의적절한 형평성 정책의 실행	• 정책과 실행의 시의적절성
연구 성과	• 실행력을 결정하는 관련 전략적 연구 분석	• 출판 및 사용 보고서
형평성 체계의 우수성	• 형평성 체계를 excellence 단계로 평가 받기	• excellence 평가 획득
프로그램의 개선	• 다양성과 사회통합 프로그램의 개선	• 프로그램의 평가 및 audits

▷ 희망하는 결과(Outcome): 런던의 다양성 증진

세부영역	세부영역에서 희망하는 결과	모니터링 방안
다양한 배경의 공무원	• 시장이 결정하는 인사가 런던 인종의 다양성을 반영	• 시장 인사의 다양성
다양한 배경의 선출직 대표자	• 시의회 의원 등이 런던 인종의 다양성을 반영	• 선출직 대표자의 다양한 인종의 구성

4. 형평성 증진을 위한 공공, 민간, 공동체의 협력

▷ 희망하는 결과(Outcome): 학업성취도 향상

세부영역	세부영역에서 희망하는 결과	모니터링 방안
중학생 학업성취도	• 소외 계층과 일반 계층 간의 학업 성취도 개선	• 중학생 졸업 학업 성취도
16세 청소년의 교육, 고용, 직업	• 16세 청소년의 교육, 고용, 지업 교육 기회 증가	• 교육, 고용, 직업에서 제외된 16세 청소년 비율

▷ 희망하는 결과(Outcome): 노숙자의 감소와 주택 유형의 다양화

세부영역	세부영역에서 희망하는 결과	모니터링 방안
노숙자	• 노숙자의 감소	• 노숙자수
Affordable 주택	• Affordable 주택의 증가	• Affordable 주택수
		• 가족이 거주할 만한 크기이면서 Affordable 주택수
		• 주거의 최소기준을 충족하는 Affordable 주택수
		• 열악한 가정의 수
Lifetime 가정	• Lifetime 가정의 증가	• Lifetime 가정의 수
주택	• 주택 부족 해소	• 과밀 주택의 수

▷ 희망하는 결과(Outcome): 어린이 돌봄 공간의 증가

세부영역	세부영역에서 희망하는 결과	모니터링 방안
탁아소	• 부모가 일할 수 있도록 어린이 돌봄 공간의 증가시키는 것	• 어린이 돌봄 공간 증가
		• 어린이 돌봄 서비스 수혜자

▷ 희망하는 결과(Outcome): 감소하는 교통사고

세부영역	세부영역에서 희망하는 결과	모니터링 방안
교통사고	• 청소년층의 교통사고 감소	• 교통사고 다발지역에 대해 정기적으로 교통사고 모니터링
		• 다양한 그룹의 도로교통 사고의 수

5. 도시서비스의 접근 용이성과 적절성

▷ 희망하는 결과(Outcome): 보다 접근가능하고, 저렴하며, 안전한 교통서비스 제공

세부영역	세부영역에서 희망하는 결과	모니터링 방안
버스정류소, 지하철역 접근성 향상	• 이동의 접근성 향상	• 계단대신 엘리베이터를 이용(step-free access)하고, 지상철과 버스 정류장의 수를 모니터링
		• '교통 전략 지수' 사용
교통비	• 저소득층이 이용할 수 있을 정도로 저렴한 교통비	• 어린이, 연금 수급자, 구인자를 위해 할인된 요금
안전	• 안전한 여행	• 대중교통 이용시 개인이 느끼는 안전도
야간이동	• 야간 이동의 안전도	• 여성이 야간에 버스, 지하철, 택시를 이용할 시 느끼는 안전도

▷ 희망하는 결과(Outcome): 도시 안전성 향상

세부영역	세부영역에서 희망하는 결과	모니터링 방안
안전도	• 도시 어디에 있건, 언제든지 안전하다고 느끼는 시민의 비율 증가	• 안전하다고 느끼는 사람의 비율

범죄 신고	• 증오에 의한 범죄를 감추지 말고 신고하도록 하는 것	• 증오에 의한 범죄의 신고 건수
동성애, 인종, 종교에 기인한 범죄	• 동성애, 인종, 종교에 기인한 범죄를 적발하고 처벌하는 수 증가	• 범죄 적발 및 처벌수
가정폭력 등	• 가정폭력, 강간, 성범죄를 적발하고 처벌하는 수 증가	• 가정폭력, 강간, 성범죄를 적발하고 처벌하는 비율
		• '여성에 대한 범죄 방지 전략'에 기초
치안서비스 만족도	• 치안 서비스에 대해 피해자가 느끼는 만족도 증가	• 다양한 계층의 만족도
청소년 범죄	• 구류에 대한 현명한 대처 및 사회 • 재정착률 증가	• 감소된 청소년 범죄

▷ 희망하는 결과(Outcome): 2012년 런던 올림픽 및 장애인 올림픽 개최 시 접근성 개선과 사회 통합 실현

세부영역	세부영역에서 희망하는 결과	모니터링 방안
올림픽 개최와 관련한 고용	• 2012년 올림픽 관련해서 고용된 소외계층의 수	• 올림픽과 관련하여 자치구별 고용인 비율
		• 이전에 실업자였으나 2012년 올림픽 개최로 인해 고용된 비율
올림픽 관련 계약채결	• 2012년 올림픽과 관계된 프로그램을 계약한 런던소재 중소기업수	• 런던의 중소기업이 올림픽과 관련하여 채결한 계약
접근성 및 사회통합 실현	• 올림픽과 관련하여 접근성 및 사회통합 향상	• 올림픽공원에 대한 접근성 및 호텔, 여행정보
		• 적어도 80% 이상의 네티즌이 홈페이지를 이용하여 올림픽관련 정보를 찾을 수 있는 지 여부 조사
도시 재생	• 2012년 올림픽 개최를 통한 도시 재생(지역공동체 편익발생)	• 올림픽을 개최하는 런던 내 5개 지자체(구)의 직업 및 고용 훈련 프로그램
스포츠 기회	• 스포츠 및 체육활동 기회 증진	• 여성을 위한 스포츠 프로그램의 비율

Ⅳ. 영국 국가지표(National Indicators)

◆ 영국 국가지표: 4개 영역, 총 198개 지표로 구성
- 동질성이 강하고 안전한 공동체(Stronger and Safer Communities)
- 어린이와 청년층(Children and Young People)
- 성인의 건강, 웰빙, 배제의 극복, 형평성 증진(Adult Health & Well-Being and Tackling Exclusion & Promoting Equality)
- 지역경제와 환경적 지속가능성(Local Economy and Environmental substantiality)

1. 동질성이 강하고 안전한 공동체(Stronger and Safer Communities)

영역	지표
공동체의 소속감	NI 1 배경이 다른 개개인의 공동체에 대한 적응성 NI 2 공동체에 대한 소속감 NI 3 시민의 지역사회에 대한 참여 정도 NI 4 지역사회의 주요사안을 결정할 시 이에 대해 영향력을 미치고 있다고 생각하는 사람들의 비중 NI 5 지역사회에 대한 일반적인/전반적인 만족감 NI 6 정기적으로 자원봉사활동에 참여하는 정도 NI 7 사회적 기업, 바자회, 공동체 단체 등의 제3섹터 부문 활동 여건 NI 8 성인의 스포츠 참여도 NI 9 공공도서관 사용 NI 10 박물관 및 미술관 방문 NI 11 예술분야 참여도 NI 12 불법체류자 혹은 비공식부분의 경제 활동을 수행했던 가구수 NI 13 영어에 대한 능숙도 및 지식 NI 14 행정기관과 Contact하는 방식의 효율성
보다 안전한 공동체	NI 15 강력범죄율 NI 16 심각하게 재산상의 손실을 끼친 범죄 NI 17 반사회적인 활동에 대한 지각 NI 18 보호관찰 기간 동안 또다시 범죄를 저지르는 성인수 NI 19 청소년 재범 비율 NI 20 상해범죄폭행률 NI 21 반사회적인 행위 및 범죄를 다루는 행정기관과 경찰서에 대한 신뢰도 NI 22 책임감을 갖고 자녀 예절교육을 시키는 부모

	NI 23 주민 상호간의 존경과 배려심 NI 24 반사회 행위를 다루는 경찰과 공무원 직무 수행에 대한 만족감 NI 25 경찰과 공무원이 반사회적 행위를 다루는 방법에 대한 다양한 그룹들의 만족도 NI 26 심각한 성범죄 희생자들에 대한 전문가 지원정도 NI 27 반사회적 행위 및 범죄관련 지역문제에 대한 공무원과 경찰의 이해도 NI 28 심각한 흉기범죄율 NI 29 총기범죄율 NI 30 각기 다른 인종에 있어 반사회 행위를 다루는 경찰과 공무원 직무 수행에 대한 만족감 NI 31 성범죄 재범률 NI 32 가정폭력 재발생률 NI 33 방화발생률 NI 34 가정폭력－살인 NI 35 극단주의에 대한 대처 능력 NI 36 테러리스트 공격에 대한 방어 능력 NI 37 시민 보호제도 인지의 정도 NI 38 마약과 관련된 범죄율 NI 39 음주로 인한 입원율 NI 40 효과적인 치료를 받고 있는 마약 사용자 NI 41 알콜중독과 난폭한 행동을 문제로 인식 NI 42 마약 복용과 거래를 문제로 인식 NI 43 유죄의 판결을 받은 청소년의 범죄율 NI 44 청소년 범죄자의 인종 구성 NI 45 청소년 범죄자의 교육, 고용, 직업교육의 참가의 정도 NI 46 청소년 범죄자에게 있어서 양질의 주택에 대한 접근도 NI 47 교통사고로 인해 목숨을 잃거나 심각하게 상해를 입은 주민 NI 48 교통사고로 인해 목숨을 잃거나 심각하게 상해를 입은 어린이 NI 49 화재 및 화재와 관련된 재난, 사고의 수

2. 어린이와 청년층(Children and Young People)

영역	지표
건강	NI 50 어린이의 정신 건강 NI 51 어린이와 청소년의 정신건강 치료서비스의 효율성 NI 52 학교 지원 급식 수급율

	NI 53 6~8주 영아를 대상으로 한 모유 수유 비율 NI 54 장애 어린이에 대한 서비스 NI 55 초등학교 학생(Reception Year)의 비만 NI 56 초등학교 학생(Year)의 비만 NI 57 체육교육과 스포츠 활동을 하는 어린이와 청소년의 참가도 NI 58 정서 및 행동장애로 치료 중인 어린이
안전	NI 59 어린이의 사회적 보호에 대한 초기 대응평가(근무일 7일 이내) NI 60 어린이의 사회적 보호에 대한 핵심 대응평가(근무일 35일 이내) NI 61 입양 중에 있는 어린이가 머무르는 장소의 적절성 NI 62 보호를 필요로 하는 어린이가 머무르는 장소의 안정성(아동의 수) NI 63 보호를 필요로 하는 어린이가 머무르는 장소의 안정성(머무르는 기간) NI 64 2년 이상 지속되는 '어린이 보호 지원' NI 65 '어린이 보호 지원' 프로그램에 해당되는 어린이(2회 이상) NI 66 보호가 필요한 어린이가 있는 지 검토하는 건수 NI 67 어린이 보호 건수 NI 68 어린이가 사회적 보호가 필요하다는 소견을 낸 건수 NI 69 괴롭힘을 경험한 어린이 NI 70 예상치 못한 상해와 예상된 상해로 인해 어린이와 청소년이 병원에 입원하는 비율 NI 71 밤에 가출을 한 어린이
여가 및 성취도	NI 72 사회, 정서 개발, 소통, 언어, 문학 등과 관련한 과목에서 적어도 78점 이상의 학업성취도(Early Years Foundation Stage) NI 73 영어, 수학 과목에서 레벨 4 이상의 학업성취도(Key Stage 2) NI 74 영어, 수학 과목에서 레벨 5 이상의 학업성취도(Key Stage 3) NI 75 영어, 수학을 포함하여 GCSE 혹은 동등한 수준의 교육 과정 중 5 또는 A*~C 이상의 학업성취도 NI 76 영어, 수학 과목에서 레벨 4 이상의 학업성취도(KS 2) NI 77 영어, 수학 과목에서 레벨 5 이상의 학업성취도(KS 3) NI 78 영어, 수학 GCSEs를 포함하여 GCSE 혹은 동등한 수준의 교육 과정 중 5 또는 A*~C 이상의 학업성취도 NI 79 19세까지 레벨 2 자격증 획득률 NI 80 19세까지 레벨 3 자격증 획득률 NI 81 19세까지 레벨 3 자격증 획득률에 있어서 불균형 정도 NI 82 19세까지 레벨 2 자격증 획득률에 있어서 불균형 정도 NI 83 과학 과목에 있어 레벨 5 이상 학업성취도(Key Stage 3)

NI 84 GCSE 혹은 동등한 수준의 교육 과정 중 과학과목에서 2 또는 A*~C 이상의 학업성취도
NI 85 16세 이후 물리과학(물리학, 화학, 수학) 교과목 이수
NI 86 1등급(outstanding)과 2등급(good)의 중학교
NI 87 중학생 출석률
NI 88 방과 후 학교
NI 89 부실 학교
NI 90 14~19분야의 수업 개설
NI 91 17세 청소년의 교육과 훈련 참가율
NI 92 저학년의 학업성취도 격차 감소
NI 93 Key Stage 1에서 Key Stage 2 단계로 진학하는 학생이 영어 과목에서 레벨 2 수준까지 학업성취도를 향상시키는 것
NI 94 Key Stage 1에서 Key Stage 2 단계로 진학하는 학생이 수학 과목에서 레벨 2 수준까지 학업성취도를 향상시키는 것
NI 95 Key Stage 2에서 Key Stage 3 단계로 진학하는 학생이 영어 과목에서 레벨 2 수준까지 학업성취도를 향상시키는 것
NI 96 Key Stage 2에서 Key Stage 3 단계로 진학하는 학생이 수학 과목에서 레벨 2 수준까지 학업성취도를 향상시키는 것
NI 97 Key Stage 3에서 Key Stage 4 단계로 진학하는 학생이 영어 과목에서 레벨 2 수준까지 학업성취도를 향상시키는 것
NI 98 Key Stage 3에서 Key Stage 4 단계로 진학하는 학생이 수학 과목에서 레벨 2 수준까지 학업성취도를 향상시키는 것
NI 99 Key Stage 2 단계에 있으며, 돌봄 서비스를 받고 있는 아동이 영어 과목에서 레벨 4 수준까지 학업성취도를 향상시키는 것
NI 100 Key Stage 2 단계에 있으며, 돌봄 서비스를 받고 있는 아동이 수학 과목에서 레벨 4 수준까지 학업성취도를 향상시키는 것
NI 101 Key Stage 4 단계에 있으며, 돌봄 서비스를 받고 있는 아동이 GCSE과정에서 5 A*~C 수준의 학업성취도를 달성하는 것
NI 102 Key Stage 2와 4 단계의 학생을 대상으로, 무료 급식을 받고 있는 학생과 그렇지 않은 학생 사이의 학업성취도 격차를 감소시키는 것
NI 103 특별 교육의 수요
NI 104 특별 교육의 수요 (영어와 수학과목, Key Stage 2 학생)
NI 105 GCSE과정에서 5 A*~C 수준의 학업성취도를 달성하기 위해서 필요한 특별 교육의 수요
NI 106 고등교육과정으로 진학하는 저소득층 배경의 청소년
NI 107 유색 및 소수인종에 속한 학생의 학업성취도(Key Stage 2)

	NI 108 유색 및 소수인종에 속한 학생의 학업성취도(Key Stage 4) NI 109 'Sure Start 어린이 지원센터'의 수
긍정적 활동	NI 110 스포츠, 문화 등 긍정적인 활동에 참가하는 청소년 NI 111 10~17세 청소년 중 소년원 수감자수 NI 112 18세 이하 청소년 임신율 NI 113 20세 이하 Chlamydia 성병 발병률 NI 114 영구적인 재적생 비율 NI 115 청소년의 마약, 술 등의 남용
경제적 웰빙	NI 116 가난한 상태에 있는 어린이 비율 NI 117 교육, 훈련, 고용에서 제외된 16~18세 청소년 NI 118 저소득층 및 맞벌이 가족의 자녀로 공식적인 돌봄 서비스를 받는 경우

3. 성인의 건강, 웰빙, 배제의 극복, 형평성 증진(Adult Health & Well-Being and Tackling Exclusion & Promoting Equality)

영역	지표
건강 및 웰빙	NI 119 건강과 웰빙에 대한 개인의 주관적 평가 NI 120 사망률 NI 121 호흡기 질환에 기인한 사망률(75세 이하) NI 122 암에 기인한 사망(75세 이하) NI 123 16세 이상 흡연율 NI 124 장기요양환자 NI 125 노년층의 사회 복귀 비율 NI 126 초기 임산부의 의료서비스 접근성 NI 127 사회보호프로그램 이용자의 경험 NI 128 의료, 사회보호서비스 이용자의 만족도(respect과 dignity) NI 129 집에서 사망할 수 있도록 도와주는 서비스 NI 130 사회보장서비스 수급자 NI 131 퇴원의 지체 NI 132 사회보장 심사평가의 적시성 NI 133 사회보장서비스의 적시성 NI 134 응급의료실 병상수 NI 135 사회보장서비스에 관한 평가, 심사, 조언, 정보를 받는 수급자

	NI 136 사회보장서비스 수급자(전연령)
	NI 137 65세 건강 기대치
	NI 138 가정과 이웃에 대한 만족도(65세 이상 연령층)
	NI 139 노년층에 대한 지원의 정도
사회적 배제 및 형평성	NI 140 지역 서비스에 대한 공정한 대우
	NI 141 독립적인 삶을 영위하는 데 취약한 계층
	NI 142 독립적인 삶을 유지하는 데 도움이 필요한 계층
	NI 143 보호관찰아래 있는 범법자
	NI 144 보호관찰아래 있는 범법자(고용된 상태)
	NI 145 학습 장애가 있는 성인
	NI 146 학습 장애가 있는 성인(고용된 상태)
	NI 147 19세 이상의 주민(적당한 주거형태에 거주)
	NI 148 19세 이상의 주민(고용, 교육 혹은 훈련을 받고 있는 상태)
	NI 149 정신병과 관련하여 2차 진료기관에서 치료를 받은 경우(거주지 일정)
	NI 150 정신병과 관련하여 2차 진료기관에서 치료를 받은 경우(고용된 상태)

4. 지역경제와 환경적 지속가능성(Local Economy and Environmental substantiality)

영역	지표
지역경제	NI 151 고용률
	NI 152 근로가능 나이의 인구수(실업수당을 받지 않는 경우)
	NI 153 근로가능 나이의 인구수(쇠락한 지역에 거주하는 경우)
	NI 154 주택증가율
	NI 155 주택가격을 감당할 수 있는 수준의 주택수
	NI 156 임시주택에 거주하는 가구수
	NI 157 개발계획 행정처리 기간
	NI 158 양호한 공공주택
	NI 159 택지공급
	NI 160 공공임대주택 거주자의 만족감
	NI 161 읽고 쓰는 능력에서 레벨 1을 성취한 학습자
	NI 162 수학에서 Entry 레벨 3을 성취한 학습자

	NI 163 적어도 레벨 2 이상을 성취한 근로가능 인구수 NI 164 적어도 레벨 3 이상을 성취한 근로가능 인구수 NI 165 적어도 레벨 4 이상을 성취한 근로가능 인구수 NI 166 지역 내 근로자의 평균 임금 NI 167 혼잡(평균출근시간) NI 168 관리가 필요한 주도로 NI 169 관리가 필요한 간선도로 NI 170 개발되었으나 5년 이상 방치된 토지 NI 171 부가세 등록 비율 NI 172 부가세를 납부하는 사업체 NI 173 실업수당 수급자 NI 174 근로자의 기술수준과 고용자가 요구하는 기술수준 사이의 격차 NI 175 대중교통, 도보, 자전거와 관련된 서비스 및 시설에 대한 접근도 NI 176 대중교통을 이용하여 출퇴근하는 근로가능 인구수 NI 177 지역버스 운행 횟수 NI 178 정시에 운행되는 버스서비스 NI 179 현금의 가치 NI 180 주택보조금, Council Tax 지원금 수급자의 변화율 NI 181 주택보조금, Council Tax 지원금 행정처리 소요기간 NI 182 지자체 법령에 대한 사업체의 만족도 NI 183 공정거래환경 조성에 지자체 서비스가 미치는 영향 NI 184 음식위생법을 준수하는 식당수
환경의 지속가능성	NI 185 지자체 주도 이산화탄소 저감량 NI 186 1인당 이산화탄소 배출 저감량 NI 187 연료 빈곤 극복 NI 188 기후변화에 대한 적응 NI 189 홍수와 해안침식 위험 관리 NI 190 동물의 건강을 위한 통제시스템 마련 NI 191 1인당 가정폐기물 발생량 NI 192 폐기물 재활용 가구 NI 193 매립장의 여분 NI 194 대기질(NOx, primary PM10) NI 195 도로 및 주변 환경의 쾌적성(낙서, 쓰레기 등) NI 196 도로 및 주변 환경의 쾌적성(자갈, 토양 등) NI 197 생물의 다양성 증진 NI 198 어린이의 등교 교통수단

Ⅴ. OECD 'Your Better Life Index'

◆ OECD 'Your Better Life Index': 11개 차원, 22개 세부지표 구성
- 측정영역: 물질적인 삶의 조건(Material Living Conditions), 삶의 질(Quality of Life)

1. 물질적인 삶의 조건(Material Living Conditions)

차원	세부지표	지표설명
소득	• 가계순가처분소득	• 근로 및 금융소득과 사회적 이전 등 소득에서 조세와 사회보장비용 등을 뺀 순가처분소득
	• 가계순금융자산	• 가계가 보유한 금융자산(현금, 예금, 주식 등)
직업과 임금	• 고용률	• 15~64세 인구의 취업률
	• 장기 실업률	• 15~64세 인구 중 1년 이상 실업상태에 있는 인구 비율
	• 1인당 연산 임금	• 정규직 근로자의 1인당 평균총임금
주거	• 방의 갯수	• 거주공간의 방의 개수/거주인 수
	• 주거의 질	• 욕실, 화장실 등 기본 위생시설이 없는 주거지에서 거주하는 인구 비율

2. 삶의 질(Quality of Life)

차원	세부지표	지표설명
건강상태	• 기대수명	• 출생시 기대수명
	• 주관적 건강수준	• 스스로 평가한 건강수준이 '매우 좋다' 또는 '좋다'고 판단한 비율
여가	• 장기근무시간	• 주 50시간 이상 초과근무 근로자 비율
	• 개인 여가시간	• 상근근로자가 하루 중 취미, 여가, 자기관리를 위해 사용하는 시간
	• 주부 고용률	• 6~11세 학령기 아동을 가진 주부의 취업률

교육	• 주거수준	• 중등교육(secondary education) 이상 교육을 받는 인구비율
	• 인지능력	• 15세 학생의 읽기 능력(PISA score)
사회적 관계	• 사회적 관계 지원	• 도움이 필요할 때 믿을 수 있는 친척·친구가 있는 비율
사회참여와 정치	• 투표참여율	• 투표가능인구 중 투표에 참여한 비율
	• 정책결정 참여	• 정책결정에서 공식적이고 개방적인 협의구조·과정의 수
환경	• 대기오염	• 10만명 이상 거주지역의 1m^3당 미세먼지(PM10) 농도
치안	• 살인율	• 인구 10만명당 고의적 살인 비율
	• 위험인지도	• 지난 1년간 폭력·폭행 등을 경험한 비율
주관적 행복	• 삶의 만족도	• 전반적인 삶에 대한 만족도
	• 정서적 균형감	• 삶에 대해 긍정적 인식을 가진 인구 비율

행복·희망·기회균등한 사회를 위한
H_2O 지역개발론

2012년 10월 20일 초판인쇄
2012년 10월 25일 초판발행

저 자 대구경북연구원 이 성 근 외
발행인 위 호 준
발행처 도서출판 **집현재**
121-130 서울특별시 마포구 토정로
198번지 204호
전화 (02)332-4922 Fax (02)3142-4922
홈페이지: www.jhjbook.co.kr
e-mail: jyp4922@naver.com
출판등록 2010년 10월 25일
등록번호 제105-91-57581호

정가 23,000원 ISBN 978-89-97304-12-7